经济学学术前沿书系

# 企业核心竞争力与出口竞争优势

庄思勇 等◎著

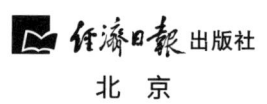

经济日报出版社

北京

图书在版编目（CIP）数据

企业核心竞争力与出口竞争优势／庄思勇等著．
北京：经济日报出版社，2024.12.
ISBN 978-7-5196-1405-8

Ⅰ．F271.3

中国国家版本馆 CIP 数据核字第 2024S0C838 号

## 企业核心竞争力与出口竞争优势
QIYE HEXIN JINGZHENGLI YU CHUKOU JINGZHENG YOUSHI

庄思勇 等 著

| | |
|---|---|
| 出　　版： | 经济日报出版社 |
| 地　　址： | 北京市西城区白纸坊东街 2 号院 6 号楼 |
| 邮　　编： | 100054 |
| 经　　销： | 全国新华书店 |
| 印　　刷： | 三河市国英印务有限公司 |
| 开　　本： | 710mm×1000mm　1/16 |
| 印　　张： | 15.75 |
| 字　　数： | 241 千字 |
| 版　　次： | 2024 年 12 月第 1 版 |
| 印　　次： | 2024 年 12 月第 1 次印刷 |
| 定　　价： | 58.00 元 |

本社网址：www.edpbook.com.cn，微信公众号：经济日报出版社
请选用正版图书，采购、销售盗版图书属违法行为
**版权专有，盗版必究。** 本社法律顾问：北京天驰君泰律师事务所，张杰律师
举报信箱：zhangjie@tiantailaw.com　　举报电话：（010）63567684
本书如有印装质量问题，由我社事业发展中心负责调换，联系电话：（010）63538621

# 前　言

核心竞争力的概念是 1990 年美国密西根大学商学院教授普拉哈拉德和伦敦商学院教授加里·哈默尔在其合著的《公司核心竞争力》一文中首先提出来的。这一概念进入中国后，一直在不断完善中。对企业核心竞争力评价和判断的研究，经过了从定性描述到定量分析的发展过程，评价指标体系经历了从单纯的量化指标到主观评分与纯量化指标相结合的转变。我国学者在介绍、学习和借鉴国外核心竞争力理论的基础上，结合我国企业的实际，对企业核心竞争力评价理论与方法进行了扩展研究和适应性改进。

国内学者对企业核心竞争力的评价研究，主要是通过设计核心竞争力的评价指标体系，然后利用评价模型来评价该企业的核心竞争力。本书的特色在于针对不同企业的核心竞争力进行相对差异性评价。不仅对核心竞争力进行评价，而且针对基于核心竞争力的顾客价值也进行了相对差异性评价，并分析不同的核心竞争力在创造顾客价值时，所产生的贡献率。此外，本书还分析了核心竞争力在创造顾客价值方面，是否需要提升的问题。

本书第 4 章评价了核心竞争力的刚性问题并得出了核心刚性相对大小。核心竞争力的刚性问题在国内学术界研究成果比较少，本书在该领域是一个较重要的贡献，为企业调整核心竞争力的刚性提供了依据。本书还评价了核心竞争力的生命周期问题，分析了核心竞争力的生态位，评价了核心竞争力的成长效率。其评价结果有利于企业分析核心竞争力的成长效率，以及是否应该打造新的核心竞争力。

本书第 5 章给出了核心竞争力的综合评价，综合了核心竞争力的顾客价值评价、刚性评价、生命周期评价，创建了核心竞争力的整体评价模型，对核心竞争力的综合状态进行了评价，使企业可以从整体上把握自己的核心竞争力的状态。

本书第 8 章分析了技术创新博弈与企业核心竞争力的问题，即如何在保持现有核心竞争力的前提下争取技术创新的优势，并进行了技术创新与核心竞争力实证研究，提出了技术创新促进核心竞争力成长策略。

本书第 9 章分析了我国高新技术产品国际竞争力现状，并且对高新技术产品的国际竞争力影响因素进行了测算，提出了我国高新技术产品国际竞争力的对策建议。

本书的撰写成员有：庄思勇、刘丽文、余沛贞、单琳琳、赵黎和高峦。希望本书能够对研究核心竞争力与出口竞争优势方面的学者有一定的借鉴作用。

由于水平有限，在撰写过程中，难免存在一些错误，也请读者批评指正。

庄思勇
2024 年 8 月 20 日

# 目 录

## 第1章 绪 论 ············· 1
1.1 问题的提出 ············· 1
1.2 研究的目的与意义 ············· 3
1.3 国内外研究综述及述评 ············· 5
1.4 本书的研究内容与方法 ············· 25

## 第2章 企业核心竞争力评价模型架构的设计 ············· 29
2.1 企业核心竞争力评价模型的构成要素与表现形式 ············· 29
2.2 企业核心竞争力评价模型的提出与评价原则 ············· 36
2.3 企业核心竞争力评价模型的架构 ············· 38
2.4 本章小结 ············· 44

## 第3章 企业核心竞争力综合评价与相对效率评价 ············· 45
3.1 企业核心竞争力综合评价指标体系 ············· 45
3.2 企业核心竞争力综合评价方法的确定 ············· 52
3.3 企业核心竞争力模糊综合评价模型的建立 ············· 54
3.4 企业核心竞争力相对评价的有效性与其前沿 ············· 57
3.5 企业核心竞争力有效性的测算方法 ············· 61
3.6 本章小结 ············· 63

## 第4章 基于核心刚性的企业核心竞争力的评价 ············· 64
4.1 核心刚性产生的原因与分析 ············· 64
4.2 核心竞争力与核心刚性的载体 ············· 66
4.3 核心刚性的指标体系 ············· 72

4.4 基于核心刚性的企业核心竞争力相对评价模型 ······················ 74
4.5 本章小结 ····················································································· 78

**第5章 基于顾客价值的企业核心竞争力评价** ································ 79
5.1 顾客价值与企业核心竞争力 ···················································· 79
5.2 顾客价值创造与企业核心竞争力 ············································ 83
5.3 顾客价值评价模型 ···································································· 86
5.4 基于顾客价值的企业核心竞争力应用效率评价模型 ············ 89
5.5 本章小结 ····················································································· 93

**第6章 企业核心竞争力生命周期评价** ············································· 94
6.1 企业核心竞争力生命周期分析 ················································ 94
6.2 企业核心竞争力生命周期各个阶段的评价 ·························· 101
6.3 基于生态位理论的企业核心竞争力成长效率评价 ·············· 108
6.4 本章小结 ··················································································· 112

**第7章 企业核心竞争力评价实例测算与结果分析** ······················ 113
7.1 企业核心竞争力评价样本的选择 ·········································· 113
7.2 基于核心刚性的企业核心竞争力评价测算实例与结果分析 ······ 114
7.3 企业核心竞争力应用效率评价测算实例与结果分析 ·········· 119
7.4 企业核心竞争力成长效率评价测算实例及结果分析 ·········· 124
7.5 企业核心竞争力价值评价测算实例与结果分析 ·················· 131
7.6 企业核心竞争力整体评价测算实例与结果分析 ·················· 133
7.7 本章小结 ··················································································· 134

**第8章 技术创新博弈与企业核心竞争力** ······································· 136
8.1 技术创新博弈策略 ·································································· 136
8.2 企业技术创新模式 ·································································· 141
8.3 技术创新与核心竞争力 ·························································· 148

**第9章 技术创新与核心竞争力实证研究** ······································· 151
9.1 研究的对象和调查问卷的设计 ·············································· 151
9.2 企业技术创新及核心竞争力指标 ·········································· 152
9.3 核心竞争力变量的测量与数据处理 ······································ 159

9.4 核心竞争力和技术创新测量模型 …………………………………… 168
9.5 核心竞争力与技术创新影响因素的实证分析 ………………………… 177

# 第10章 技术创新促进核心竞争力成长策略研究 …………………… 180
10.1 提升技术创新的策略 …………………………………………… 180
10.2 技术创新对核心竞争力的培育与成长策略 ……………………… 183

# 第11章 高新技术产品国际竞争力现状分析 ………………………… 186
11.1 我国高新技术产品进出口现状 …………………………………… 186
11.2 高新技术产品国际竞争力的指标分析 …………………………… 191
11.3 高新技术产品国际竞争力影响因素 ……………………………… 199
11.4 本章小结 ………………………………………………………… 203

# 第12章 高新技术产品国际竞争力影响因素测算 …………………… 204
12.1 结构方程相关概念界定 …………………………………………… 204
12.2 基于结构方程的高新技术产品国际竞争力的影响因素测算
模型 ………………………………………………………………… 207
12.3 实力测算 ………………………………………………………… 210
12.4 本章小结 ………………………………………………………… 221

# 第13章 提高我国高新技术产品国际竞争力的对策建议 …………… 222
12.1 高新技术产品国际竞争力影响因素实证结果分析 ……………… 222
13.2 提高我国高新技术产品国际竞争力的对策建议 ………………… 223
13.3 本章小结 ………………………………………………………… 229

**参考文献** ……………………………………………………………………… 230

# 第1章 绪 论

## 1.1 问题的提出

随着经济全球化的不断深入，国际竞争逐渐延伸到国内市场，在这一新的竞争态势下，市场竞争尤其是跨国公司对中国市场的争夺将更加激烈和残酷，同时竞争也促使技术加速发展。企业只有确定好自己的位置，才能从容地迎接挑战，获得无限的发展机会，从而为核心竞争力的提升提供更大的发展空间。如果企业不能正确识别与评价其核心竞争力，不能制定相应的战略定位，不仅原有的核心竞争力难以保持，还会导致核心竞争力的衰退以至丧失。面对激烈的市场竞争和其他企业核心竞争力的不断发展，企业如何应对，才能在核心竞争力竞争中取得竞争优势，是所有企业不得不面对的问题。

世界上著名企业、跨国公司几乎都在产品开发、技术创新、管理方式、市场营销、品牌形象、顾客服务等方面具有独特专长、技能，形成了具有一定特色的核心竞争力，取得了竞争优势。而那些在市场竞争中败北的企业，大多是因为在面临重大选择时，不能正确地认识、评价企业的核心竞争力，不能有效地利用自身的核心竞争力取得竞争优势。因此，不仅要重视拥有核心竞争力，而且也要重视企业自身的核心竞争力在竞争中所拥有的竞争优势。

首先，我们分析几个企业核心竞争力的实例。

（1）在1986年《财富》杂志的排名中，IBM名列全美公司榜首，但是到了1995年，IBM排名却掉到第281名。原因是IBM的能力集中在大型主机的制造、销售和服务上。随着时间的推移，该产品的市场逐渐萎缩，然而，IBM

却没有进行相应的战略转换。尽管它的主机生产能力很强,但基本上已成为过时的能力。结果,IBM 把个人计算机的巨大市场拱手让给了 Compaq 和 Dell 等公司。如果 IBM 适时进行战略转换,把竞争优势建立在动态核心能力之上,主动开发新产品与新市场,就可能避免这一结局。由此可见,一旦核心能力变成了核心刚性,企业必将走向衰败。

(2) 在 20 世纪七八十年代,美国许多企业,包括通用电气、摩托罗拉、GTE 公司、索恩公司和 GEC 公司都选择了退出他们认为是成熟的电视产业,结果使这些公司不仅脱离了电视机产业而且也关闭了依靠影视基础和核心能力通往未来商机的大门,导致在争夺高清晰度彩色电视机(HDTV)市场中处于劣势。通用电气还把自己几个关键的电子业务卖给了已是核心能力领导者的竞争对手——布莱克·戴克公司和法国的汤姆逊公司。而汤姆逊公司正急于在微电子方面建立自己的核心能力。由此可见,正确判断核心竞争力所处生命周期的不同阶段,对于核心竞争力的决策是非常重要的。

(3) 宝丽来公司是由投资家爱德文·兰德创立的,由于在一系列技术上的领先地位,使其声名显赫,公司研发部门领导层非常自豪。但是随着时间的流逝,宝丽来公司对卓越的研究活动的倾心变成了对其他业务活动的轻视。特别是宝丽来的经理们认为,只要公司仍拥有领先的技术,营销和财务是相对次要的。他们认为技术突破高于一切,他们继续对研究开发进行大量投资,而对消费者会作何种反应则考虑不足。因此,销售陷入停滞。由此可见,忽视消费者,忽视顾客价值,即便拥有强大的技术能力,包括核心竞争力也不一定能够在市场上取得好的效果。

从上面几个例子中能够发现,企业要在竞争中取得竞争优势,核心竞争力强大是必要条件,除此之外,至少还要考虑顾客价值问题、核心刚性问题,以及核心竞争力的生命周期等问题。这些问题可以帮助我们解释这样的现象:具有同样强大的核心竞争力,为什么在市场竞争中,取得的竞争优势却有很大的差别?

因此,我们认为虽然核心竞争力是现代企业保持竞争优势的重要手段,但是还要看核心竞争力在企业之间的竞争中发挥的作用与效率如何。如何增强企业核心竞争力,一直为从事具体经营活动的企业家所关注,也是当前经济学家和管理学家研究的热点问题之一。在考虑顾客价值、核心刚性以及核心竞争力生命周期问题的前提下,研究与评价核心竞争力在企业竞争中所发挥的效率问题,将是一个极富挑战性的现实问题和理论课题。

## 1.2 研究的目的与意义

### 1.2.1 研究的目的

本书的研究目的包括以下几个方面:

(1) 根据管理有效性的理论与方法,结合企业的核心竞争力特点及其现状,提出核心竞争力有效性的概念与评价方法。通过测定核心竞争力的有效性,反映核心竞争力在竞争中的效率,为企业深入研究核心竞争力在应用过程中的效率问题提供理论与方法。

(2) 以分析企业核心竞争力的刚性为目标,从分析核心刚性评价和核心竞争力评价入手,提出核心竞争力刚性相对评价方法,其目的是为企业研究核心刚性对核心竞争力的影响提供研究方法,并且为企业在竞争中如何依据自身的核心竞争力对核心刚性进行合理调整,提供理论支持。

(3) 以分析企业核心竞争力的应用效率为目标,从分析顾客价值及其评价和核心竞争力评价入手,提出核心竞争力应用效率的评价模型,其目的是为企业分析核心竞争力对顾客价值的影响提供研究方法,为企业判断核心竞争力在创造顾客价值方面的大小提供分析方法。

(4) 通过建立核心竞争力整体评价模型,使企业在竞争中从整体的角度分析与评价核心竞争力,不仅包括核心竞争力构成要素的强弱,而且包括核心竞争力的状态评价与核心竞争力的应用评价,其目的是为企业在竞争中全面研究竞争对手的优势和劣势提供有效的方法。

### 1.2.2 研究的意义

核心竞争力是企业拥有的一种独特能力。这种能力不是企业某一方面的能力,而是多种能力整合形成的集合体,难以被竞争对手模仿和替代;核心竞争力支撑企业的一般竞争力，是企业长期竞争优势的源泉。核心竞争力的评价研究与分析是核心竞争力在其成长过程中最重要的发展问题，这些问题的有效解决将对核心竞争力与企业产生重大影响，研究意义主要表现在以下几个方面：

（1）核心竞争力与企业发展战略。企业竞争力之间较量往往发生在企业的重大转折阶段，核心竞争力能否有效支持企业的发展战略、能否积极配合，将决定企业的生存与发展。本研究在理论上丰富了核心竞争力的评价体系，使核心竞争力的评价能够考虑更多的问题与状态。在实践中能够为企业选择与核心竞争力有关的战略提供有力的支持。当今的企业面临更激烈的竞争，顾客需求的快速变化和剧烈变动的外界环境，单纯依靠以往的产品差异、品牌差异等方式来竞争将难以为继。在这样的背景下，实质上是以能力差异来取代产品差异、品牌差异，进行竞争能力分析，在有其他企业核心竞争力形成的竞争优势的情况下，寻找企业可能获得长期竞争优势的关键因素以及在竞争中可能发挥的最大竞争优势。因此，对核心竞争力的正确评价深化了核心竞争力理论的内涵，为企业在竞争环境中提供了发展战略。

（2）核心竞争力与其生命周期、生存环境。在理论方面，本研究为企业在核心竞争力的生命周期中分析与评价核心竞争力在竞争环境中的成长效率，提供了理论依据与方法支撑，在实践中更有利于企业在其生命周期中有效管理核心竞争力。如在 20 世纪初，福特汽车公司以低成本确立了汽车霸主的地位，处于弱势地位的通用汽车公司，根据顾客需求多样化的特点，抓住市场变化带来的发展机遇，采用差异化战略，逐步扩大市场占有率，赢得了竞争优势，从而成为汽车业的新霸主。但是，当企业竞争环境激烈，且核心竞争力已经发展成熟的情况下，再靠传统的以产品、服务等的差异为基础提升核心竞争力的方法已难以奏效，在这种情况下，就需要分析核心竞争力所处的生命周期，并且有效地整合企业的各种资源。在分析竞争对手核心竞争力时，需要研究核心竞争力的生存状况，只有制定出能够在竞争中发挥自身核心竞争力优势或形成新的核心竞争力的战略，才能在市场竞争中处于优势地位。

（3）核心竞争力与核心刚性。在形成核心竞争力的同时，也形成了核心刚性。但是核心刚性太大会影响核心竞争力的正常发挥。本研究为研究核心竞争力与核心竞争力的刚性相对大小，提供了理论与方法支持。在实践方面，为企业在选择提升核心竞争力还是调整核心竞争力刚性上，提供了方法指导。世界上许多大公司当面对新形势、新需求时往往由于核心刚性问题，导致反应太慢，最终被市场淘汰。例如，美国的费尔斯通公司，虽然拥有比较强大的核心竞争力，但是较高的核心刚性妨碍了核心竞争力的发挥，更妨碍了新的核心竞争力的形成，使得其在竞争中失败。因此在评价核心竞争力时，不能只看核心竞争力是否强大，还要看其核心刚性是否强大正确，评价核心竞争力与核心刚性对于发挥核心竞争力的竞争优势，将有重要作用。

（4）核心竞争力与顾客价值。核心竞争力的重要作用就是产生顾客价值。在这方面，核心竞争力的作用有两个：一是最大化从当前顾客处获得的收益，二是增大顾客总量。为了使核心竞争力更好地达成这两个目标，企业必须弄清楚两个重要的问题：①你为顾客解决了什么问题，还有没有别的解决方式？②你的顾客从你的企业中获得了怎样的利益，从别的企业中能否更好地获得这些利益？通过对竞争对手的分析以及与竞争对手的比较，企业会更明确地知道自己所处的市场地位及其在顾客心目中的形象，也会了解到自己核心竞争力的主要弱点以及下一步努力的方向，做到比竞争对手更能创造顾客价值。如何有效度量核心竞争力在这方面的效果，本研究不仅提供了理论分析，也提供了评价方法，能够为企业在实践中进行分析与评价。因此评价核心竞争力对顾客价值的贡献，将对有效发展与管理核心竞争力产生重大作用。

## 1.3 国内外研究综述及述评

长期以来，以企业为主要研究对象的企业经济学和管理学一直面对一个至关重要的问题：为什么有的企业能够在竞争中长盛不衰、持续发展和壮大，而有的企业却在竞争中衰败和消亡？也就是说，在激烈的市场竞争中，企业竞争与生存发展的规律是什么？决定企业持续发展背后的最根本的因素是由什么决定的？由于企业的持续发展是以激烈的竞争为前提的，具体地说，就是要回答几个方面的问题：一是什么给企业带来了持续竞争优势，即企业持续竞争优势的"源"的问题，在什么情况下这些"源"会发生变化，甚至消失。二是企业产生持续竞争优势的因素与企业绩效、产品的顾客价值之间有着怎样的"内在逻辑"关系。三是如何获得企业的持续竞争优势，如何在其生命周期内，发挥更大的竞争优势。这三方面的内容一直是企业管理学和经济学的研究热点。核心竞争力理论就是要在经济学和管理学已有研究成果的基础上，试图对这些问题做出回答。

### 1.3.1 核心竞争力国外研究综述

目前，国外学者研究核心竞争力是以 Prahalad 和 Hamel 的研究为重要标志的。比较经典的学者研究核心竞争力可以归纳为几个研究角度：

（1）从核心竞争力作用的角度研究核心竞争力的是 Prahalad 和 Hamel。他们在界定企业核心竞争力概念的基础上，提出了判断核心竞争力的三条准则：一是可扩展性，即核心竞争力使企业具有更为广泛以及更具竞争的市场潜力；二是价值性，即核心竞争力可以提供顾客从最终产品感知到的价值；三是难以模仿性，即核心竞争力难以被竞争对手模仿。

（2）从核心竞争力的存在载体的角度研究核心竞争力的代表学者是 Kesler 等。他对核心竞争力的判断是，核心竞争力是组织的标志，即"我们是谁""我们最擅长做什么"。

（3）从核心技术与核心产品的角度研究核心竞争力的代表学者是 Dorothy Leonard-Barton 等。他们根据公司项目开发小组及公司多数员工的意见，判断得出五个公司的传统核心竞争力：Ford，汽车，车辆总体构架；Chaparral Steel，铸模学；惠普，测量技术；Chemicals，卤化银技术；Electronics，网络技术。

（4）从核心竞争力的作用效果角度研究核心竞争力的代表是芬兰学者 Marko Torkkeli 等。他们认为在识别企业核心竞争力的过程中要回答以下几个问题：①在价值链中企业在哪方面做得最好？②这些是竞争能力（基于功能的）、能力（基于 SBU 的）或者是核心竞争力（跨 SBU 的）吗？这个问题有助于帮助经理级别的人员理解企业各种能力的目前增值水平。③公司的实际能力与竞争力比同行业中的其他公司都强吗？④企业的竞争优势和核心竞争力之间的联系如何？⑤企业的竞争性优势持续了多长时间？⑥产业中发生了哪些关键性的变化？⑦如果产业中发生了关键性的变化，那么，哪些能力将过时或者变得不相关？哪些能力将能够维持或获得提高？如何较好地平衡企业现有资源、能力和竞争力？应该发展哪些新的竞争力或者能力？⑧企业从此走向何处？在此阶段企业的能力发展必须与企业战略规划紧密地联系在一起。

以上研究主要通过文字描述的方式对企业核心竞争力进行初步判断、评价，属于定性描述或评价，此外，也有关于核心竞争力的定量评价研究，典型代表如 Meyer、Prencipe、Patel、Henderson 等。

（1）对核心竞争力的主观判断。代表学者有 Meyer。他通过在产品族和产品平台背景下，从产品技术、对用户需要的理解、分销渠道、制造能力四个维度评价企业核心竞争力。Durand 把企业核心竞争力分为卓越资产、认知能力、程序与常规、组织结构、行为与文化五个维度，并提出一个度量能力差距的测度框架。二者采用的方法主要是构造指标体系，然后用主观判断对各指标评分，综合计算出核心竞争力水平。

（2）对核心竞争力的客观判断。代表学者有 Prencipe、Patel 等。他们是用专利指标来测度和评判企业核心竞争力。由于专利指标度量只是企业的技术能力，因此忽视了企业组织结构、文化、战略等重要影响因素。

（3）对核心竞争力的主观与客观的综合判断。代表学者有 Henderson 等人。他们结合了主观评分方法和纯粹定量指标的优点，认为核心竞争力分为元件能力和构架能力。元件能力是局部能力与知识，是日常解决问题的基础，构架能力是运用元件能力的能力，即对元件能力的有效整合，并开发所需新元件的能力，针对具体行业提出了两种能力包含的指标：KPATS，即专利存量；PROPUB，在科学共同体中占有的重要地位；CEOG，企业公司总部与研究大学联系的紧密程度；UNIV，企业参与大学合作研究的紧密程度；CROSS，在研究项目解决问题过程中，经常跨学科或领域间交换信息的丰富程度；GLOBAL，各地域分散的研究机构集中管理的程度；DICTATOR，研究资源分配集中控制的程度等。

Tschirky H, Koruna SM, Lichtenthaler 认为，全球性知识的生产和消费，不再呈指数增长，企业也不再依赖于单独的战略建设。核心竞争力的主要驱动因素将面临挑战，认为知识的获取和利用知识的过程也是核心竞争力的获取形成要素的主要途径，在分析与评价企业核心竞争力时，需要核心竞争力面临的新问题、新的驱动因素。

Major E.、Asch D.、Cordey-Hayes M. 认为，有远见将对战略业务方面产生重大贡献。特别是企业的发展战略方面的远见，对核心竞争力的确定、培育与评价有着重大影响。

Hafeez K.、Zhang YB.、Malak N. 认为，核心竞争力应该精心培育和发展，公司就可以决定自己在未来竞争力基础上的优势和经营方向。但是，就广义而言，在如资源、资产、能力和不明确解释的素质能力理论方面，将构成困难。他们提出了一种资产之间的联系机制，资源、能力和核心竞争力。提供一种方法来识别、评价该公司的独特而灵活的能力，即核心竞争力。

Tucker、Robert B.（2002）提出创新是一种新的核心竞争力。他通过分析创新成功的公司四个基本创新原理，提出创新必须传播到每一个公司的业务层面和新市场的开拓，创新必须在每一个公司的商业模式和新市场等方面有所成就，才能成为核心竞争力的形成要素。

Fleury、Afonso Fleury、Maria Tereza 认为，新经济的主要特点之一是从个人到集体效率的变化：企业的能力和影响力的战略制定的条件以及工业的竞争力的大局问题，核心竞争力的构建与评价必须考虑新经济的问题。

Geert Duysters、John Hagedoorn 在讨论和测试不同企业之间的核心能力和性能，并进一步研究企业之间的核心能力问题，特别是兼并与收购，以及通过战略技术联盟等方式，认为核心竞争力能够为企业带来重大的经济利益，在分析与评价核心竞争力时，应该考虑核心竞争力的应用效果。

Gilgeous V.、Parveen K. 在研究制造业为中心的管理水平的重要文献中，分析了核心竞争力，得出的结论是企业经理需要提高他们的知识水平和对核心能力的理解力，提出了核心竞争力为维护共同利益的框架。为了提高竞争力，企业运作必须在向外策略驱动的道路上获得更大发展的战略架构，使企业发展所需的核心能力得到有效的成长。

Leemann, James E 研究发现，企业的专业人员必须掌握牢固的专业技能，以充分体现公司价值的具体能力。专业人员可以使用证明的增值贡献，这样可以使其业绩显著提高，从而实现卓越的个人业绩与企业的业绩。这些技能将成为核心竞争力的形成要素，同时也影响核心竞争力的应用效果。

综合国外文献研究资料，对企业核心竞争力的评价方法可以归纳为定性描述、半定量描述、定量方法、半定量和定量相结合方法等四类，详见表1-1。

国外学者对企业核心竞争力评价和判断的研究，经过了从定性描述到定量分析的发展，评价指标体系从单纯的量化指标到主观评分与纯量化指标相结合的转变。不仅静态地识别企业目前和历史的能力和竞争力，而且提供了一个动态的识别方法，通过联系企业内外，将企业核心竞争力与企业战略规划进行整合。但是，国外研究的结论大多基于国际一流企业、世界500强企业，对我国一般的企业难以适用，而且国外研究的个案分析居多，普遍探讨核心竞争力评价和识别的一般性研究偏少。据此，我国学者在介绍、学习和借鉴国外核心竞争力理论的基础上，结合我国企业的实际，对企业核心竞争力评价理论与方法进行了扩展研究和适应性改进。

表1-1　各种核心竞争力评价方法

| 各种理论观念 | 关注点 | 能力表示或维度 | 优点 | 缺点 |
| --- | --- | --- | --- | --- |
| 整合观<br>Prahalad and Hamel（1990）<br>Kesle（1993） | 不同技能与技术流的整合 | 文字描述，是组织的标志 | 强调能力整合，便于组织内外良好交流与沟通 | 分解性差，层次性不强 |
| 网络观<br>Klein（1998） | 技能网络 | 各种技能及根据其相互关系所构成的网络 | 可分解性强，直接深入技能层，比较直观 | 重点不突出，对组织文化因素考虑不够 |
| 协调观<br>Sanchez（1996）<br>Durand（1997） | 各种资产与技能的协调配置 | 卓越资产、认知能力、程序与常规、组织结构、行为与文化 | 强调协调配置，能力五要素中有三个要素与协调配置有关 | 层次性不强，过多强调组织、文化方面的因素 |
| 组合观<br>Prahalad（1993）<br>Coombs（1996）<br>等 | 各种能力的组合 | 企业战略管理能力、企业核心制造能力、企业核心技术能力、企业核心营销能力、企业组织/界面管理能力 | 强调能力的组合，以组合创新过程为基础，可分解性强，具有一定的可操作性 | 层次性不强 |

续表

| 各种理论观念 | 关注点 | 能力表示或维度 | 优点 | 缺点 |
| --- | --- | --- | --- | --- |
| 知识载体观<br>Dorothy<br>Leonard - Barton<br>（1992） | 知识载体 | 用各种知识载体来指示；员工、技术系统、管理系统、价值与规范 | 强调能力的知识特性；明确能力载体，具有一定的可操作性，可以深入项目与企业进行研究 | 更多地强调能力的知识存量特性，对能力的动态性重视不够 |
| 元件-构架观<br>Henderson and Cockburn（1995） | 能力构成 | 元件能力与构架能力 | 可分解性和可操作性强，具有系统观 | 层次性与动态性不够 |
| 平台观<br>Meyer, Utterback（1993）<br>Meyer and Lehnerd（1997） | 对产品平台的作用 | 用户洞察力、产品技术能力、制造工艺能力、组织能力 | 通过产品平台连接市场，强调市场，四个模块中两个与市场有关 | 不全面，对组织文化因素考虑较少 |
| 技术能力观<br>Patel and Pavitt（1997） | 用专利指示的相对技术能力 | 专利份额与技术优势 | 以专利定量描述 | 用专利做指标有局限，没有考虑组织文化因素 |

## 1.3.2 核心竞争力国内研究综述

国内对企业核心竞争力的评价研究，从最开始的介绍、学习和借鉴国外的基本理论与研究成果到探索适应我国的企业核心竞争力评价的理论与方法，至今已有十几年的时间，为核心竞争力评价理论在我国的研究和运用做了开创性的工作。据检索，目前我国学者关于企业核心竞争力评价的研究成果很多，但是有影响力的不多，以许庆瑞、王毅、郭斌、魏江、陈劲、杜纲等为代表。国内学者的研究，可以归纳为以下几个研究视角：

（1）从方便企业之间的核心竞争力进行比较的角度。王毅、陈劲认为，企业核心能力是竞争优势之源，是运用高标定位方法解决核心能力定量分析这一难题的。首先界定核心能力，并在此基础上构建核心能力高标定位分析工具。然后，运用这一工具分别对中兴通讯与邯钢进行了实证分析。实证分析表明，核心能力高标定位分析能够有效运用于企业，并辅助企业进行核心能力管理。

（2）从企业核心竞争力作用效果的角度。汤湘希以企业核心竞争力评价理论为基础，全面研究了企业核心竞争力分析评价方法。他认为，应以超额收益和超额收益率为核心指标来评价企业核心竞争力。在纵向评价方面，可采用多维分析法、战略矩阵图法、多因素分析法、超额收益法和平衡计分卡法予以评价；在横向评价方面，可采用模糊综合评价法、因子分析法和基于AHP法的指数标度法予以评价。

（3）从定量与定性相结合的角度。赵向飞、董雪静在分析现有企业核心竞争力评价方法和指标体系的优点和缺点的基础上，提出了一种以层次分析法、专家调查法和动态模糊评价法相结合的综合评价方法，对该方法的实用性进行了实证分析，并且利用事实证明了该方法在解决同时具有定性和定量指标问题的评价上的优势。

（4）从核心竞争力内涵与技术创新相结合的角度。莫兰琼等学者阐述了核心竞争力的内涵。在基于技术创新的维度下，构建了一个核心竞争力评估指标体系及其评价模型。该模型采用二级模糊综合评判的方法，将企业核心竞争力的指标体系量化，使企业能够方便、快捷地识别自己的核心竞争力，即企业的技术创新能力能否持续为企业塑造自己的核心竞争力奠定坚实的基础。

郭斌针对技术型企业，着重于技术创新，从企业战略管理能力（12个指标）、企业核心技术能力（40个指标）、企业核心制造能力（26个指标）、企业组织/界面管理能力（13个指标）、企业核心营销能力（3个指标）等五个维度共94个指标，同时考虑运用产业动态（5个指标）与企业绩效（8个指标）对核心竞争力进行诊断和评价。通过对21家大企业和26家中小企业进行问卷调查和统计分析，分别得出大企业和中小企业的核心竞争力测度公式。

袁岩在研究核心竞争力是企业获得持续发展的竞争优势的基础上，根据企业核心竞争力的含义及特征，提出了评价企业核心竞争力指标体系的设计原则，并据此设计了对企业核心竞争力评价的指标体系。

（5）从非定量、半定量与定量相结合的角度。王毅等学者在分析与总结国内外学者对核心竞争力评价方法的基础上，将核心竞争力的评价方法概括为非定量描述法、半定量方法、定量方法、半定量与定量相结合方法等四类方法。同时系统地评述了有关企业核心能力的测度方法，并在此基础上提出企业核心能力测度的原则。可分为两个层次：第一个层次为整体层次，采用非定量描述，用文字与网络图对企业核心能力进行综合描述；第二个层次为细分层次，采用半定量与定量相结合的方法，构造合适的指标体系，详尽具体地测度公司的核心能力，它是下一步研究的方向与重点。

（6）从核心竞争力构成的角度。曹兴等学者从企业核心能力的特征入手，试图将企业核心能力划分为"市场—技术—管理"三个层次。其中，"市场层"是企业核心能力的价值体现，"技术层"是企业核心能力的价值源泉，"管理层"体现了企业核心能力的整合过程。在此基础上，构建企业核心能力的评价指标体系，并采用量化—半量化相结合的多级模糊综合评价方法，分析影响企业核心能力提升的主要因素，从而找出培育和提高企业核心能力的切入点。

杜纲认为企业核心竞争力从三个层面来评价，分别为市场层面（11个指标）、技术层面（22个指标）、管理层面（17个指标），每个层面指标权重的确定采用AHP法，对各指标值进行加权平均，得到各层面评价的得分，三个层面再作加权平均，得到企业评价的总分。

戴俊良等学者从市场表现、技术实力或服务水平以及内部管理等三个层面详细分析了企业核心竞争力的内涵，在此基础上提出了一种评价企业核心竞争力的方法和指标体系。

李仁安等学者在《企业核心竞争力分析与评价》一文中提出，企业核心竞争力由核心技术能力、应变能力、组织协调能力和企业影响力构成，他们提出企业核心竞争力评价指标体系由5个一级指标和13个二级指标构成。①R&D能力，包括企业科技人员比重、R&D人员占科技人员比重、R&D经费比重。②创新能力，包括专利拥有比例、新产品产值率、产品和技术领先当时科技水平的程度、同类产品更新换代速度、企业具有与自己技术有关的产品族。③应变能力，包括应变能力一个二级指标。④组织协调能力，包括聚合力、生产能力有效利用率。⑤企业影响力，包括产品市场占有率、产品美誉度。

（7）从企业核心竞争力生存与发展的角度。韩建明认为，企业核心竞争力评价指标体系设置的依据是以企业竞争为前提的，因而将对企业的评价具体化为对企业核心竞争力的评价。如果把这个问题作进一步的学术性表述，可以转化为围绕企业竞争优势的三方面的问题：一是什么给企业带来了竞争优势，即企业竞争优势的"源"的问题；二是产生企业竞争优势的因素与企业绩效之间有着怎样的内在逻辑联系，即企业竞争优势的"内在逻辑"问题；三是企业的竞争优势的可持续性问题。

（8）从企业核心竞争力特性的角度。赫连志巍等学者在"企业核心竞争力评价指标体系及应用研究"一文中，所构建的企业核心竞争力的评价指标体系，是基于核心竞争力的三大特性所建立起来的，并且在其基本特性的基础上，将其归纳成能够进行实际应用的指标，以方便企业的实际操作应用。由此把企业的核心竞争力分为三个层次的指标体系，即适应性（价值性）指标、竞争性（独特性）指标和整合性指标。其中每个层次的指标还可以具体分为下一级层次的指标。

（9）从顾客需求的角度。聂亚菲站在顾客需求方的角度，构建顾客满意度视角下银行核心竞争力的评价指标体系，通过调查获得顾客对四大国有银行的评价数据，采用主成分分析去掉指标之间的重复信息，构建综合评价函数，以此对四大国有商业银行核心竞争力进行综合评价。

（10）从改进评价方法的角度。汪卫斌在主成分分析的基础上，构建出加权正交标准化系数矩阵，结合熵权这一客观赋权方法，运用双基点评价方法，对长沙高新区高技术企业的核心竞争力进行了综合评价。

张金隆等学者以军品制造业中的生产管理为背景，讨论了企业核心能力的评价准则，应用数据包络分析方法，解决了企业核心能力的评价问题，并对企业核心能力改进提出了建议。从一个新的角度实现了对企业核心能力的优劣排序，并用灵敏度分析的方法验证了它的可靠性。

通过上面的分析，我们可以发现国内学者对企业核心竞争力的评价研究，主要是通过设计核心竞争力的评价指标体系，然后利用评价模型，评价该企业的核心竞争力。不考虑核心竞争力的利用情况，目前没有学者对核心竞争力的应用效果进行评价，但是这方面将是企业构建核心竞争力的最重要的目的。同时，国内学者也没有考虑其他企业的核心竞争力的存在对该企业核心竞争力的影响。由于企业是在竞争的环境中生存与发展的，其他企业的核心竞争力不可能不对本企业的核心竞争力产生影响。因此，本书将在这些方面，进行重点研究。

### 1.3.3 与核心竞争力相关问题的研究综述

为了更深入研究核心竞争力的评价问题，本书对核心竞争力的相关问题研究也进行了梳理，主要有以下几个方面：

（1）核心竞争力刚性问题的研究综述

核心竞争力刚性问题，也可以称为核心刚性。其概念是巴顿于1992年提出来的。他认为企业由于核心竞争力的长期积累而产生了一种难以适应变化的惰性为核心刚性。核心刚性和核心竞争力是一枚硬币的两面，只有由核心竞争力所造成的企业刚性行为才能称为核心刚性行为。从企业是知识的集合体角度分析，企业内的惯性阻碍了知识的创新，阻碍了新知识的进入，导致核心竞争力转化为核心刚性。核心刚性通常是受企业以往惯例或成功经验的影响，企业的核心竞争力日益强化，并固化在一系列重要载体上，包括企业核心成员行为模式、价值观等。核心刚性的本质是一种路径依赖现象与工作惯性。

我们认为，核心刚性是企业核心竞争力在变化的环境中所表现出来的一种难以改变的惰性，它由多种原因造成。核心刚性和核心竞争力是一个事物的两面，企业产生核心竞争力的过程同时也产生了核心刚性。

最近几年，国内关于核心刚性的研究成果也比较多。学者们的观点可归为三类：第一类是以南京大学商学院陈传明为首，他们认为核心刚性的本质是路径依赖，导致核心刚性的原因有核心竞争力的独特性、不可模仿性等特性、主导逻辑、组织惯例、资产的专用性、认知模式惯性、人类厌恶风险的倾向、过于倾听客户呼声、对核心竞争力静态效率的追求等。第二类以邹国庆和徐庆仑为代表，他们认为核心竞争力在本质上体现了企业内部的隐性知识体系，由于核心竞争力的四个维度：技术维度、管理维度、制度维度、文化维度都存在着刚性特征，导致了核心刚性的形成。第三类以田红云为代表，他认为核心刚性的实质是如何使核心竞争力与行业竞争优势的源泉保持持续的一致，造成核心刚性的原因有：知识的历史依赖性和路径依赖性、知识交易市场的不完全性、企业文化的组织记忆性、企业资产的专用性和企业经营的范围。

通过对国内外研究文献的整理，把核心刚性形成的观点归纳为以下 7 种：

①知识载体观：以巴顿为代表的知识载体观认为，核心刚性形成的原因在于组织的活动阻碍了知识的创新。

②隐性知识观：邹国庆、谢佩洪、易法敏等认为，核心竞争力在本质上体现了企业内部的隐性知识体系，具有难以改变性，导致了核心刚性的产生。

③组织惯例观：以 Nelson 和 Winter 为代表的组织惯例观认为，组织惯例的难以改变性导致了核心刚性。

④路径依赖观：以陈传明等为代表，他们认为核心刚性的本质是路径依赖。

⑤能力陷阱观：Levinthal 和 March 为代表的能力陷阱观认为，片面强调核心竞争力静态效率的实现产生了能力陷阱，导致了核心刚性。

⑥主导逻辑观：Bettis 和 Prahalad 为代表的主导逻辑观认为，主导逻辑限制了新的商业机会的寻找，导致了核心刚性。

⑦动态发展观：以田红云为代表的动态发展观强调核心竞争力对外界环境变化的适应性，研究如何走出"能力陷阱"，如何使核心竞争力与行业竞争优势的源泉保持一致。

还有一些学者研究了核心竞争力与核心刚性问题：

毛武兴、许庆瑞、陈劲、王毅等认为，企业的核心能力和核心刚性是随着环境和发展阶段而动态变化的，同样的技术能力在 A 企业是核心刚性而在 B 企业却可能是核心能力。电话交换机技术在朗讯是核心刚性，是朗讯经过战略调整要放弃的能力，朗讯意识到电话交换机技术带来的刚性，并果断调整。而对华为来说，电话交换机技术则是核心能力，是其起飞和发展的基点。华为基于交换机技术发展了系列能力，并稳步发展。因此，需要将两者处于不同的发展阶段，在动态环境中对企业核心能力和刚性问题进行研究。

易法敏、樊胜、左美云认为，核心能力是组织中共享的知识，特别是如何协调分散的生产技巧及如何综合多样化技术的知识，它有稀缺性、可延展性、价值性、难以模仿性等特征；核心刚性的本质特征就是路径依赖，它主要是由于过分追求既定目标造成的；知识是企业动态核心能力的基础，企业为保持长期竞争优势，克服核心刚性，就必须构建基于知识的动态核心能力。

王锡秋认为，核心刚性实质上就是企业核心能力价值非有效性的程度，而核心能力的有效价值降低或丧失的过程，就是核心能力的刚性化。

从上面所整理的核心刚性的研究文献来看，不少学者不仅关心核心刚性，而且也关心其与核心竞争力之间的关系、相互影响程度、影响因素等方面的问题，从而为更深入研究核心刚性与核心竞争力之间的关系奠定基础。

（2）核心竞争力与顾客价值的研究综述

目前，国外学者在顾客价值内涵上存在不同观点，其主要原因是这些学者所选择的研究对象、涉及的时间范围、关注的主要问题有较大的差异。例如 Zeithaml 研究的顾客是大众消费者，而 Anderson et al. 研究的顾客是企业；Gale 是以感知质量为基础，利用市场价格的调整作用来定义顾客价值；而 Butz et al. 的研究不仅有企业提供的顾客价值，而且还研究企业与顾客之间培育出来的情感联系。

从以上这些学者对顾客价值的认识，我们能够发现企业的产品不仅存在巨大的差异，而且产品的效用也将对顾客产生巨大的差异。这就使得研究顾客的价值的内涵也变得非常丰富，需要从各个角度去研究顾客价值，如何才能提升顾客价值。

顾客价值的提出，其主要的创新之处在于从顾客的视角来分析与研究企业为顾客所提供的价值。从顾客的视角研究企业提供物的价值，就必须真正理解顾客价值的内涵。因此，我们必须首先分析顾客需求，企业依据顾客的需求变化，生产适应顾客需求的市场提供物，为顾客提供最大的价值。

顾客需求是顾客的客观需要，由于顾客具有某种尚未得到满足的需求，必须与供应商进行交易，才可能使其自身的这些需求得到满足。顾客从企业的市场提供物中，使其需求得到满足，并获得利益，如果顾客需求得到比较全面的满足，顾客得到的利益、价值就越大。由于顾客需求具有差别与层次性，顾客从不同层次需求的满足中也会得到不同的价值。

虽然顾客需求能够得到满足，但不能确定顾客需求得到满足的每种产品或服务都能为顾客创造价值。这是因为在顾客需求得到满足的同时，顾客还必须支付给企业所提供的产品或服务的购买价格等；如果顾客认为在满足自身需求的同时，支付了过多的资金，顾客会感到支付的价格大于获得的价值。如果在市场中，有多个企业提供相同的产品或服务，则顾客就会在多个企业提供的产品或服务中，选择那个能给自己带来最大价值的企业所提供的产品或服务。

随着顾客价值的提出，一些学者开始研究核心竞争力与顾客之间的关系。

美国著名的学者詹姆士·奎恩、乔丹·巴洛奇和卡伦·兹恩在其《创新爆炸：通过智力和软件实现增长战略》一书中指出："要想制定一个核心能力战略，一个企业只要选择少数（2 至 3 个）对顾客最重要的业务，并且在这些业务方面已经或者取得了世界上最优的能力，能为顾客带来独特的价值。这就是核心能力。"

石军伟认为，公司核心竞争能力不仅仅来自它在核心技术、R&D 团队、营销网络、企业文化等方面比竞争对手做得如何出色，还在于它能为顾客提供多少价值，而其中的核心价值将形成公司的核心竞争能力。如何将资源最大程度地、有效地转化为顾客价值，这将是企业获取核心竞争能力的一个新路径。

黄定轩、赵勇、陈光众等认为，研究表明：基于企业核心能力的企业产品，表现为要以企业产品的质量、性能、品牌、外观形象、用户服务等方面来赢得竞争优势，就要求企业的产品或服务具有特色，对顾客有强大的吸引力，使顾客因注重企业产品特色方面的原因而对价值不敏感，甚至可以出高价来购买企业的产品。由于在质量、性能、服务等方面与众不同，从而可以利用顾客对品牌的忠诚而降低其对价值的敏感性，避开同产业内竞争对手的正面竞争。顾客的忠诚以及形成自己的核心能力所付出的努力，就构成了较高的进入壁垒。

胡恩华等学者认为，企业所获得的核心竞争力，必须实现顾客所看重的核心价值。他们从研究顾客价值内涵出发，探讨了顾客价值与企业核心竞争力之间的关系，在此基础上，提出企业核心竞争力的建设和管理应围绕着顾客价值而展开，目的是寻找顾客的真正价值所在，为企业构筑自身的核心竞争力提供新的途径。

从目前整理的顾客价值与核心竞争力相关的研究文献来看，许多学者开始研究核心竞争力与顾客价值之间的问题，这个方面的问题，是目前的研究热点，基本上定性分析比较多，定量研究很少。

(3) 核心竞争力生命周期的研究综述

国内外学者分别从不同的角度探讨企业生命周期问题，企业生命周期理论形成的标志是美国学者伊查克·爱迪思博士发表的《企业生命周期》一书。在此理论形成之前的数年企业咨询过程中，爱迪思博士发现了许多不同企业的成长存在相同的规律，并且这种规律与人的成长规律有着惊人的相似性。例如，日本明治大学经营学部的藤芳诚一教授于1978年在其所著的《经营管理学》一书中提出了"蜕变的经营哲学"观点。在有关企业生命特征的探讨中，1995年美国学者高哈特和凯利提出的"企业蜕变"理论具有很强的代表性。该理论把企业生命周期形象地称为"企业蜕变"过程，他们还将企业体视为"生物法人"（biological corporation），号召企业家创造企业体独有的基因构造，并通过塑造12对染色体来确保企业健康成长。阿里·德赫斯从企业寿命角度研究企业生命周期问题。曾经是英荷壳牌石油公司董事的阿里·德赫斯在其所著的《长寿公司》一书中，研究成功企业的长寿特点。

我国学者陈佳贵、黄速建在《企业经济学》中提出了企业成长模型。该模型引入了企业规模要素，通过企业规模将企业划分为大中型和小型两类企业，并依次描述两类企业的成长模式。我国学者韩福荣等从企业成长、企业寿命周期和企业年龄三个方面，对企业个体生命周期进行了仿生学研究。韩福荣等在分析企业生命成长性特点的基础上，认为应变性、可控性和企业规模三个生命指标可以完整描述企业的内涵与外延。应变性是指企业对企业外部环境和内部环境变化的反应速度，可控性是指企业对企业外部环境和内部诸要素的控制能力，企业规模反映了企业的大小。

从国内外研究的现状来看，企业生命周期作为一种管理理论，已经引起越来越多人的重视，将其应用于企业管理过程，特别是战略管理中，将成为有效的管理工具。

随着对核心竞争力研究的深入，一些学者将生命周期理论与核心竞争力理论相结合。

郭斌通过研究企业核心能力的动态演化来揭示企业创新过程对企业竞争优势的影响，提出了企业核心能力生命周期理论。他认为技术过程与组织过程之间的交互作用对企业核心能力演化存在较强的影响力，而产业动态则对核心能力的演化起着选择机制的作用。在产业演化的不同阶段，存在着不同的"产业竞争焦点"，预见产业竞争焦点的变化并进行适时的企业核心能力跃迁对于企业竞争优势而言是非常重要的。企业为了获取持续竞争优势，必须适时完成"跃迁"过程，使企业核心能力能够适应产业动态的更迭。

许可、徐二明认为：核心能力在企业发展的过程中是动态发展的，并且存在一个从孕育、成形、成长、稳定到衰退、灭亡或者蜕变的生命周期过程。核心能力是企业进行经营战略选择的根本依据。因此企业决策者在战略规划中必须对企业的核心能力生命周期进行确认并以此来指导自己的战略选择，并通过战略的实施来实现核心能力的持续成长，从而达到企业永续发展的目的。

吴小立认为，企业核心能力的各阶段特征及应对策略，是核心能力理论中的关键问题。他在综合竞争动力理论、生命周期理论和企业核心能力理论基础上，系统分析了企业核心能力的阶段性特征及对策，并在此基础上对不同生命周期阶段中的企业核心能力的战略选择进行了探讨。

张光灿认为，既然核心能力的本质是知识，那么，从知识管理的角度看，核心能力的生命周期就是知识的获取、积累、应用、更新的过程。基于核心能力生命周期的阶段，提出相应的管理策略，阐明组织学习层次越高，组织学习能力与创新能力越强，企业核心能力的生命周期也就越长，企业核心能力处在成长期或成熟期的时间越长的观点。

徐伟、赵海山认为，核心竞争力是企业持续竞争优势的源泉，然而它本身并不会自动转化为竞争优势。必须成功地识别、培育、实施、巩固和更新，并加以相关的机制与条件予以支持。以技术型企业为研究对象，探讨了核心竞争力在其生命周期内的演变轨迹，进而提出了提升企业核心竞争力的具体措施。

马卫东分析了不同生命周期中企业动态能力构成维度,指出企业生命周期的不同阶段对企业动态能力维度的要求不同,探讨在企业不同生命周期阶段企业动态能力演变方向。

从目前整理的核心竞争力生命周期的相关研究文献来看,许多学者开始研究核心竞争力的生命周期问题,这方面的问题是目前的研究热点,基本上定性分析比较多,定量研究很少。

### 1.3.4 关于核心竞争力的简要述评

从国内外的研究文献看,核心竞争力的研究,特别是关于其评价的研究还不成熟,主要可以通过以下几个方面得到体现:

(1) 对核心竞争力评价指标体系的研究视角存在巨大差异。要评价核心竞争力,首先就必须设计其评价指标体系,如何设计核心竞争力的评价指标体系,学者们各有其道。从核心竞争力特性的角度设计评价指标体系,如赫连志巍、范晶等。从技术创新的角度,如莫兰琼、刘东升、张敏等。从企业业务流程的角度,如郭斌、蔡宁等。从核心竞争力概念框架(层次系统模型)的角度,如王毅。从市场、技术与管理的角度提出核心竞争力的评价指标体系,如曹兴、陈琦。从企业核心竞争力内涵、决定因素的角度,如李存芳、蒋业香、周德群。以超额收益和超额收益率为核心指标来评价企业核心竞争力,如汤湘希。

从这些不同的视角,来设计核心竞争力的指标体系,反映了学者对核心竞争力本质的不同理解与认识。

(2) 对核心竞争力的评价,只注重当前核心竞争力的评价,缺乏对核心竞争力不同阶段的评价。有不少学者开始研究核心竞争力的生命周期问题,认识到了核心竞争力的发展存在不同的阶段,针对这些不同阶段的核心竞争力只有采用不同的发展策略与发展模式,才能在竞争中取得应有的竞争优势。但是对于核心竞争力的不同阶段,如何进行评价,有何特点,到目前为止还没有发现相关的文献。

(3) 对核心竞争力的评价,只注重核心竞争力形成要素的强、弱或者核心竞争力本身的强弱，忽视核心竞争力在竞争中的强弱。对核心竞争力的评价只有在竞争中评价，才能真正反映出核心竞争力的强弱。这就可以解释，为什么相同的产品，在不同的区域具有不同的竞争优势。因此核心竞争力只评价本身的强弱，不在竞争的环境中评价，其评价的作用与意义会大大降低。

（4）核心竞争力评价方法的选择趋势，从非定量到半定量、定量，半定量与定量相结合。

非定量描述法。从已有研究与文献来看，非定量描述法以 Prahalad（1990）等人为代表。半定量方法就是构造一个指标体系，用主观判断方法对各指标评分，然后综合计算出核心竞争力，典型代表有 Meyer（1993）、Durand（1997）等。定量方法为纯定量方法，不涉及主观评分的半定量指标。例如，Prencipe（1997）、Patel（1997）、Preast（1998）等，都是运用专利指标研究能力问题。半定量与定量相结合的方法就是在设计的测度指标体系中，既有纯定量的指标，也有通过主观评价打分的半定量指标。比较典型的有郭斌（1998）、魏江（1997）、Henderson（1994）等。2000 年以后的学者基本采用的是半定量与定量相结合的方法。这里反映一个事实，就是大部分学者认同评价核心竞争力需要设计一个指标体系，这个指标体系应该包括主、客观指标。

（5）对核心竞争力相关问题的评价研究，不够深入。从目前所能够检索的文献来看，国内外的学者对核心竞争力的评价，只评价核心竞争力的本身，不涉及核心竞争力的相关问题，如顾客价值问题、核心刚性问题以及核心竞争力的生命周期问题等。虽然已经有一些学者开始研究核心竞争力与顾客价值问题，如易法敏、黄定轩、石军伟等；核心竞争力与核心刚性问题如毛武兴、许庆瑞、陈劲、王毅等；核心竞争力的生命周期问题，如郭斌、吴小立等。这些学者对核心竞争力相关问题基本上是定性研究，还没有进行定量关系的研究。但是这些问题的研究有助于更深入认识核心竞争力。

（6）核心竞争力评价方法的研究。国内关于企业核心竞争力评价研究采用的方法是基本相同的，所得到的结论也大致相似，即主要运用模糊评价的方法或 AHP 方法（当然也有使用其他方法，如人工神经网络方法，但是作用基本相同），按照已经设计的评价指标体系，或者借鉴已有的核心竞争力评价指标体系，把企业的各种资源、能力指标化，所得出企业的核心竞争力评价的过程，与企业竞争力的评价非常类似。可见，目前国内对企业核心竞争力评价的研究主要是沿用了企业竞争力研究的体系和方法。

企业竞争力是能够直接在市场上表现出来的，虽然企业核心竞争力是企业竞争力的核心部分，但是企业在市场竞争中能够直接表现出来的是企业竞争力，其中虽然也包含了部分核心竞争力的内容，但并不是核心竞争力。虽然在某种程度上也能够表现出核心竞争力，但是最直接的还是竞争力。概念、内涵的区别决定了各自的研究体系和方法，虽然有很大相同之处，但也不可能完全相同。无论是学者还是企业家，他们研究企业竞争力的评价问题，是要弄清楚企业竞争力的强弱程度，以及企业在整个市场竞争环境中的地位、影响力。关于企业核心竞争力评价，有的学者认为主要是解决企业究竟有没有核心竞争力的问题，以及如何识别核心竞争力。但是作者认为，在企业的竞争力中，包含了企业的核心竞争力，一个成功企业对于企业核心竞争力的关注和识别核心竞争力只是处于对核心竞争力认识的初级阶段，企业在识别核心竞争力之后，将更关注核心竞争力在竞争中能够表现出来的竞争优势问题。由于企业竞争力是显在的，核心竞争力是企业竞争力中最重要的部分，在竞争中也是要表现出来的。有些学者在研究企业核心竞争力评价时认为，核心竞争力是潜在的，研究更侧重于从众多的资源、能力中挖掘，认为在企业的各种资源与能力中寻找那些能够在长期市场竞争中为企业获得竞争优势做贡献的关键部分或核心成分。这些学者没有评价这些关键要素或活动对企业在竞争中所做的贡献程度。作者认为，在实际的竞争环境中，如果核心竞争力中的某个关键要素或活动没有表现出来，也就是说这些关键要素在竞争中没有起作用，将从企业核心竞争力的构成体系中删除该关键要素或活动。

核心竞争力评价研究涉及的内容非常广，例如核心竞争力的生命周期评价问题，以及核心刚性评价问题等。核心竞争力的生命周期评价问题是在生命周期中核心竞争力是如何成长的，在成长过程中如何与其他企业进行竞争的问题。核心竞争力也存在刚性问题，在核心竞争力存在较大刚性时，可能要影响核心竞争力的发挥，以及新的核心竞争力的形成等问题。企业在市场竞争中，能够比其他竞争对手更有竞争优势，特别是能够保持这种竞争优势，是一个企业拥有核心竞争力的重要基础。因此,我们要分析与评价企业是否具有核心竞争力,或者其核心竞争力的内容包含哪些关键部分,首先要分析的是企业在与其他竞争对手的竞争中是否具有相对竞争优势,这种竞争优势能够持续多长时间的问题。其次要分析核心竞争力的效率问题,也就是核心竞争力的应用是否有效问题。如果其他企业的核心竞争力相对较小,而在竞争中,却取得了至少相同的竞争力优势,那么该企业的核心竞争力的应用将是效率较低的。因此,只评价企业核心竞争力的强弱应该是远远不够的,企业核心竞争力评价研究也应该对应用效率进行评价。

对企业核心竞争力的评价研究在很大程度上借鉴了企业竞争力评价,有些学者甚至把企业竞争力评价的方法,直接应用于对企业核心竞争力的评价研究,这种研究模式所获得的研究结论存在很大的不足:① 评价结果的有效性比较低。利用该方法得到企业核心竞争力的形成要素的综合评价值的高低,既不能判定企业具有的核心竞争力是否具有竞争优势的问题,也无法识别出核心竞争力的具体表现。评价结果只能说明企业核心竞争力的强弱状况,例如:某企业在有些方面超出其竞争对手的程度。② 许多实证研究证明,某些理论对当前的核心竞争力指导效果不佳。由于企业核心竞争力的"复制"效果不好,过去的成功不一定能够指导当前的实践,一个企业的成功也不一定能够在另一个企业进行复制,只有从动态的角度分析企业核心竞争力,评价核心竞争力,才能在竞争中有效地指导企业在其资源与关键环节中识别和培育核心竞争力。③ 企业核心竞争力评价结果,对提升核心竞争力的指导效果不佳。目前关于企业核心竞争力的研究定性方面偏多,导致核心竞争力评价理论在企业应用中缺乏足够的吸引力和现实指导意义,在核心竞争力评价定量的研究中,其评价结论只能提供核心竞争力的强弱,不能提供可供操作的结论。因此,关于核心竞争力的评价研究,不仅需要能够对核心竞争力进行有效的评价,而且能够提供指导企业进行核心竞争力的有效改进或提升的方法,对企业的核心竞争力,无论是成长阶段还是成熟阶段,都能够提供指导与借鉴。

国内外学者的研究重点是核心竞争力本身的评价,研究对象是某一个企业。但是核心竞争力是企业竞争力的重要组成部分,能够在激烈的市场竞中有所反映。因此对于核心竞争力的评价，不能只停留在核心竞争力的强、弱，更应该评价核心竞争力在市场竞争中所表现出来的竞争优势。

作者认为，对于核心竞争力的评价应该包含四个部分：①核心竞争力的内部构成；②核心竞争力的外在表现（在市场竞争中所表现出的竞争优势，如：产品的顾客价值等）；③核心刚性；④核心竞争力的生命周期。

有的学者认为，企业有强大的核心竞争力，则在市场竞争中一定会具有竞争优势，但是实际情况，并不是这样的。许多具有强大核心竞争力的公司，在市场上不一定总有竞争优势。因为企业的核心竞争力是相对稳定的，其变化与发展是一个相对较长的过程。而市场需求与竞争，则是瞬息万变的。因此企业必须依据市场的竞争状况与需求及时调整核心竞争力，使其在市场竞争中，发挥出竞争优势。国内外的学者，目前还没有研究核心竞争力之间的相互作用所形成的竞争优势。

依据以上分析，作者认为，核心竞争力的评价，必须在竞争环境中进行。必须考虑其他企业的核心竞争力的状况，以前的学者关于核心竞争力的评价，往往都是只评价一个企业的核心竞争力，分析其强弱。这种评价的实用性往往很低，很难比较企业之间的核心竞争力的差距与在市场中竞争优势的强弱，很难发现应用核心竞争力在市场竞争的效率。以前的学者研究的重点是核心竞争力本身的强弱，本书的研究重点是核心竞争力在相互间的竞争之中，所能够取得的竞争优势。为了便于核心竞争力在竞争环境中进行竞争效果评价的研究，作者定义核心竞争力的竞争环境为核心竞争力的竞争域。假设核心竞争力的竞争域，存在与评价企业核心竞争力相互竞争的其他企业的核心竞争力，各个企业核心竞争力的形成要素处于相同的级别。处于不同级别的核心竞争力的竞争可以忽略。

总之，国内外对核心竞争力的研究，基本上停留在研究核心竞争力本身的阶段，也就是单个企业的核心竞争力，没有把与核心竞争力的相关问题也纳入核心竞争力的评价研究中，例如核心竞争力在创造顾客价值中，所能够发挥的效率等。本书在分析与总结前人研究成果的基础上，研究核心竞争力在竞争中的评价问题，借鉴管理有效性理论，提出核心竞争力的概念与有效性测算模型，分析与研究核心刚性与核心竞争力的评价问题，顾客价值与核心竞争力的评价问题，以及核心竞争力的生命周期评价问题，最后提出核心竞争力的整体评价模型。这些研究不仅丰富了核心竞争力的评价理论与方法，而且也是具有开拓性的研究。

## 1.4 本书的研究内容与方法

### 1.4.1 本书的研究内容

（1）确定研究对象。国内外关于企业核心竞争力的评价研究已经有很多的见解和成果，但针对企业核心竞争力评价，还缺乏系统研究。明确企业核心竞争力评价作为研究对象，有助于核心竞争力理论有的放矢，提出切合实际的评价模型与方法。

（2）构建核心竞争力评价模型与研究框架。梳理核心竞争力理论的支持点，在系统分析企业核心竞争力特性的基础上，研究核心竞争力的顾客价值问题、核心刚性问题、核心竞争力的生命周期问题，形成核心竞争力的评价模型与方法。

（3）确立研究视角。以系统论的视角研究核心竞争力的评价问题，抓住企业核心竞争力复杂系统特征，剖析企业核心竞争力的评价模型和研究方法问题。

（4）确定研究方法。运用复杂系统论方法进行研究，以生态位理论研究企业核心竞争力的生命周期问题，以管理有效性理论为基础，研究核心竞争力的有效性问题，深入研究核心竞争力的顾客价值问题与核心刚性问题。

（5）确定核心竞争力的整体评价模型。从企业基本条件出发，确定核心竞争力的评价方式、模型选择及核心竞争力评价的具体运作与应用。

研究框架如图 1-1 所示。

图 1-1 研究框架

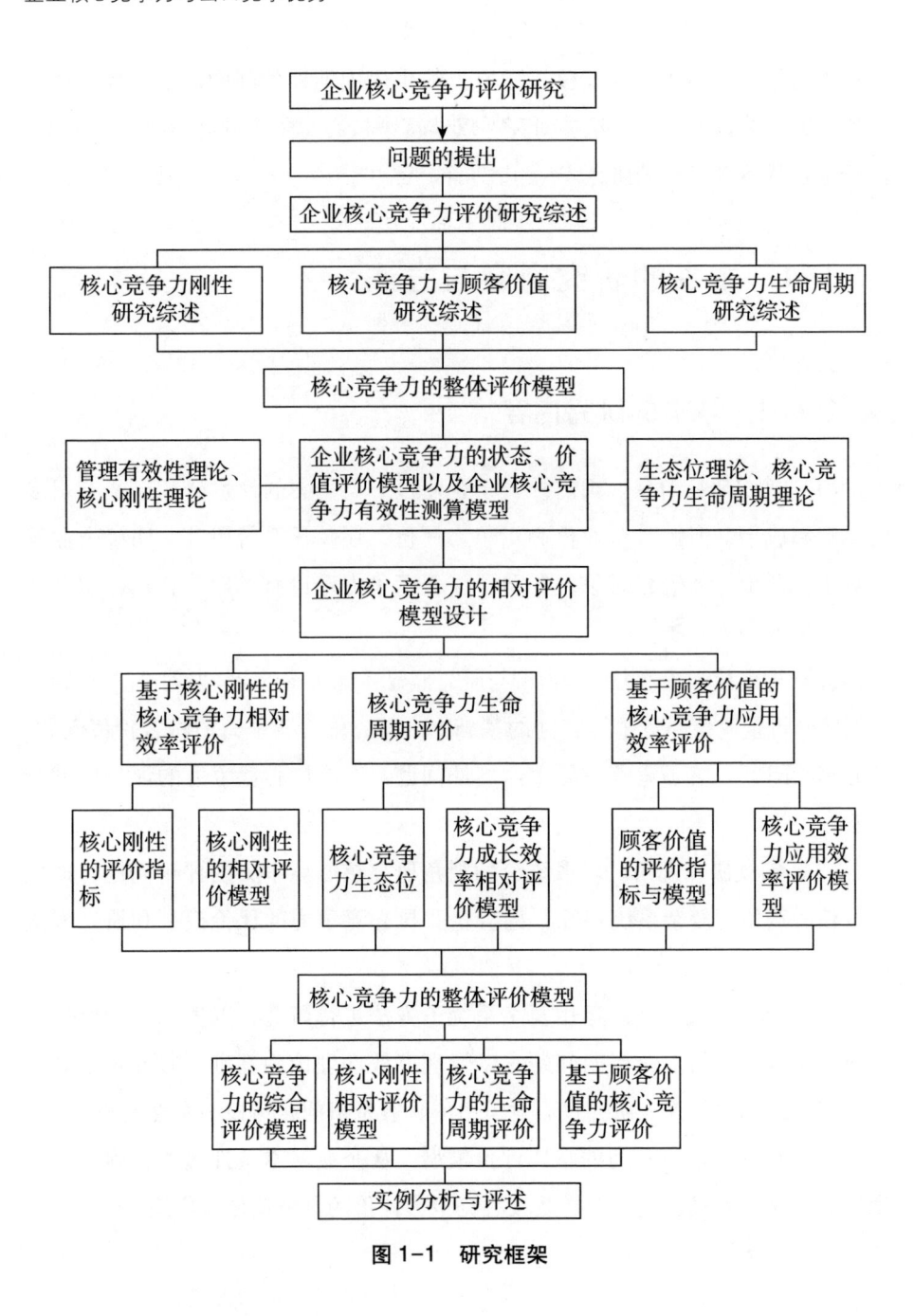

## 1.4.2 本书的研究方法

研究方法的选择，是以特定的研究对象来决定的。在已有企业研究核心竞争力及其评价理论与方法的基础上，本书以管理有效性理论、生态位理论、系统评价理论和核心竞争力理论、企业战略理论为指导，以数据包络分析为工具，实现规范分析与实例研究相结合、定性分析与定量分析相结合、比较分析与统计评价相结合。本研究是一种应用理论研究，综合运用以下研究方法：

（1）规范分析和案例研究相结合。本书检索大量文献，通过历史文献分析法，对核心竞争力评价的各种研究观点进行梳理与分析，导出企业核心竞争力研究的切入点。以企业顾客价值、生态位理论和核心竞争力相关理论为指导，以规范法分析企业核心竞争力要素构成，如何形成企业核心竞争力竞争方式等。构建新的企业之间的核心竞争力的评价模型和评价方法。

（2）定性分析与定量分析相结合。企业核心竞争力评价研究是一个十分复杂的问题，以定性分析方法分析企业的复杂系统，剖析各个企业核心竞争力之间相互作用的过程，采用管理有效性模型定量识别企业核心竞争力的作用效率与效果。

（3）比较分析法与系统综合评价法相结合。综观核心竞争力的评价理论研究，由于学者有不同的核心竞争力观点，而且不同类型企业的竞争力表现方式、路径都不尽相同，因此，这都使本文自然地应用比较分析法进行剖析，寻求适应企业核心竞争力的理论观点、方法。有关企业核心竞争力刚性评价的研究，将采用系统综合评价的方法对其进行分类评价。

根据国内外研究现状分析，国外研究主要是以实力较强的大型企业为背景，这些企业拥有较好的竞争能力。但在我国，绝大多数企业还处于发展壮大之中，并且国外企业所依赖的文化背景也与国内企业存在着巨大的差异，这就意味着我们不能完全照搬国外核心竞争力评价理论、方法，必须在借鉴国外核心竞争力评价理论、方法的基础上，结合我国企业特性和市场状态，从企业内挖掘核心竞争力作用机制与应用效率，在企业所处的市场环境中，分析各个企业核心竞争力之间的影响模式，建立企业核心竞争力评价模型、方法与研究框架，在评价模型、方法和研究框架的指导下，给出不同侧重点的研究。

本研究关键是从什么样的视角研究企业核心竞争力之间的竞争优势问题，

从处于竞争中的核心竞争力以及核心竞争力的应用视角,研究企业核心竞争力评价问题。由此可以确定本研究的思路:在充分分析大量文献的基础上,以系统论的视角剖析企业核心竞争力系统构成,构建核心竞争力评价模型、方法与研究框架,以系统的分析方法研究其形成机理、作用方式,运用数据包络分析方法对其进行评价,并设定企业不同能力层次、阶段的评价标准,对不同能力层次的企业实施相应的战略运作,达到在核心竞争力之间相互竞争中提升企业核心竞争力的作用效果的最终目的。

# 第 2 章　企业核心竞争力评价模型架构的设计

## 2.1　企业核心竞争力评价模型的构成要素与表现形式

### 2.1.1　企业核心竞争力评价模型的构成要素

对于核心竞争力评价模型的构建，主要考虑的是如何全面评价核心竞争力，解决以前学者在评价核心竞争力方面出现的问题。换言之，就是解决具有大致相同强度的核心竞争力在市场竞争过程中，表现出来的竞争优势却有较大的差别这一问题。出现这一问题的原因不仅是核心竞争力的强度问题，还要涉及其他问题，例如核心竞争力的应用效率问题，因此在构建企业核心竞争力评价模型时，只考虑企业核心竞争力强度方面的因素是不够的，还应该考虑更多的因素。因此作者认为还应该包含下列因素：

（1）核心刚性

我们可以从以下几个角度来分析包含核心刚性的原因。

①从核心竞争力的沉没成本的角度。企业为了发展核心竞争力，在长期发展过程中，已经将大量资金、技术、人才以及稀缺资源，投入核心竞争力上，这些资源已经沉没了，并且使核心竞争力形成刚性。企业虽然可以获得超额收益，以此来弥补核心竞争力的投资，但是这个过程还远没有结束。如果企业考虑到顾客需求的变化，转而发展其他方向的核心竞争力，以前投入

的资源会全部或部分地失去价值。在这个时候，已经建立起核心竞争力的企业由于购置了大量固定资产，围绕核心竞争力所形成的成熟技术在生产规模方面所具有的低操作成本，使企业相信该成熟技术在市场上的竞争力，因此会极力维护采用现有的成熟技术，即使有对现有技术改变的倾向，也不可能不增加大量成本地进行改进，其维持的前提是基本保持当前的技术稳定从而使企业会坚决反对利用增加大量成本的新技术。因此评价核心竞争力，应该包括核心刚性的评价，知道核心刚性的程度以及对核心竞争力的影响程度。

②从核心竞争力竞争效应的角度。诺贝尔奖得主阿罗认为，企业如果有能力降低产品的平均变动成本，往往会利用其核心竞争力通过企业采用工艺创新来完成。在这种情况下，若是企业工艺创新成功，使其平均变动成本降低，那么无论具有强大核心竞争力的企业还是具有弱小核心竞争力的企业，或者没有核心竞争力的企业，它们都从这个过程中获得了竞争优势，但是它们的竞争优势的程度却有相当大的不同。对于已经建立核心竞争力的企业，由于该企业已经依据原有的核心竞争力在竞争中取得了竞争优势，所以它从创新中获得的收益比还没有建立核心竞争力的企业要少。这就可以部分地解释为什么已经建立起核心竞争力的成熟企业比没有建立核心竞争力的企业，在其核心竞争力的方向上很少采用增加大量成本的技术创新，这表明已经建立起核心竞争力的企业产生了核心刚性。从这个角度，我们能够看出核心竞争力的竞争效应与核心刚性之间的关系，因此它也成为评价核心竞争力必须包含核心刚性的原因。

③从核心竞争力变动的角度。核心竞争力在企业中，虽然相对稳定，但是也不是固定的，经过一段时间之后也会发生变化。这种变化往往会给企业带来不确定性。企业核心竞争力变化越大，所带来的不确定性也会越大。某些经济学理论给出的观点是，企业利润的最根本来源是不确定性中的机会，企业在经济活动中的重要协调机制，是否能够在不确定条件下做出正确决策和有效风险分摊，将决定企业所获得的利润。面对不确定性，不同的企业，会有很大的差距。核心竞争力比较强大的企业，面对隐藏在高度不确定性后面的高额利润，可能更多地考虑不确定性以及形成的不可保险化的特征。由于核心竞争力变动，不确定性会使企业面临许多经营风险，需要做出很多重

大决策，这就增大了企业失败的概率。如果企业由于核心竞争力变动增加了不确定性，使企业经营失败，那么企业以前拥有的核心竞争力也就无法生存，同时也使应该获得的利益受到损失。在这种情况下，由于企业尽可能避免风险，因此面对核心竞争力变动的不确定性，企业会选择在稳定当前已有的核心竞争力的前提下，进行适当改进，通过这种相对保守、安全的途径来强化自身的核心竞争力，对抗竞争对手的新建核心竞争力，这种由于核心能力刚性导致的阻止核心竞争力的变动，在进行核心竞争力评价时就必须考虑。

（2）顾客价值

在核心竞争力的评价模型中，第一个要素，就是顾客价值方面的问题。这是因为企业核心竞争力同顾客价值是互生共存的关系：顾客价值为企业核心竞争力提供新的应用领域，而企业核心竞争力为顾客价值提供基础和长期保障。

顾客价值为企业核心竞争力的发展与应用提供发挥作用的空间。顾客价值概念的提出是社会不断进步、市场经济不断发展的表现，它比以往营销理念更先进，更有竞争力。由于顾客价值概念的提出，使许多企业将核心竞争力用于创造顾客价值、开发细分目标市场。企业的核心竞争力利用其最终产品与核心产品在市场中的竞争优势，不仅可以创造巨大的利润，同时也能有效阻止新的市场进入者，因为企业的核心竞争力支撑的产品能够制造难以逾越的市场壁垒。企业如果细分目标市场，将首先判断自身的核心竞争力能否在这些细分市场创造顾客价值。目前，很多跨国公司在进入新的市场或新的地区，首先考虑的就是自身核心竞争力能否创造比竞争对手更大的顾客价值。顾客价值不仅体现在由核心竞争力所支撑的企业的核心产品上，也体现在核心竞争力作用的细分目标市场上。顾客价值成为创建新兴市场所需考虑的关键因素，显示了顾客价值在企业核心竞争力中的重要作用。

企业核心竞争力是创造顾客价值的重要能力。顾客价值一般由两个方面组成：一方面顾客价值是由产品所提供的许多价值点构成，这些价值点的构成是由顾客需求决定的；另一方面这些价值点的大小通常是由企业的核心竞争力所决定的。企业依靠自身的核心竞争力，创造顾客价值，也会体现在这两个方面，使自身的核心竞争力靠近顾客需求，能够增大这些价值点的价值。

如果企业核心竞争力不强或者在经营中被竞争对手轻易模仿或者被其他企业所替代，那么该企业所创造顾客价值就会因竞争对手的顾客价值增大而使得与竞争对手的顾客价值的差距减小。因此只有企业拥有较强的核心竞争力，并且核心竞争力能够为产品的价值点提供支持，才能保证企业在激烈的市场竞争中获取稳定、丰厚的利润，而不会被竞争对手所夺取。

顾客价值是企业核心竞争力培育与发展的方向。由于顾客价值的动态性，围绕顾客价值来构筑核心竞争力，这就要求企业分析和研究顾客的需求和偏好及其变化趋势，不断地探索新的能力来充实核心竞争力满足顾客的现实和潜在的需求，从而不断地提升企业的核心竞争力。以顾客价值为基点培育与发展核心竞争力，在一定程度上可以避免企业之间的恶性竞争。如果企业把培育与发展核心竞争力的重点放在超越竞争者身上，必然在一定的程度上会忽视顾客的需求，而对市场发展趋势认识的模糊，使得企业的核心竞争力在新出现的顾客需求机会上很难有所作为。只有把培育与发展核心竞争力的重点放在顾客价值上，把精力和才智用于辨别企业的核心竞争力是否为顾客提供了独特的价值，才能保证企业核心竞争力对顾客价值贡献程度比较大。

(3) 核心竞争力的生命周期

核心竞争力在其生命周期内，不同的阶段有不同的强度与特性，在这些阶段核心竞争力的作用也不同。

从无竞争力到有竞争力。企业在创业者的艰苦努力之下，通过自主开发或者引进产品和技术的方式开始进入市场。这时的企业，不仅规模小，而且实力弱，企业只能通过在市场上发现机会、寻找目标，在市场上寻找其他企业的弱点或空白点，走专业化的路子来形成竞争力。

从有竞争力到一般竞争力。此时企业需要不断巩固传统优势市场，依据积蓄的能力着手准备进入与产品、技术有关联的新市场，使企业形成的竞争力不断增强。此时企业资金充足，人员完备，技术能力处于成长阶段，有各种经营人才在企业的吸引力作用下，从各方面聚集到企业中来，使企业形成较强的能力，其产品开始向相邻市场渗透。

从一般竞争力到初步核心竞争力。此时企业已经成为市场的领先者，在国内的业务趋于饱和，这时企业开始进一步整合自身的能力，考虑选择一部分产品进入国际市场,开展跨国经营。随着企业在国际市场的不断发展,逐步从一家国内企业走向跨国公司。

从初步核心竞争力到成熟核心竞争力。此时企业在市场上已经占据了比较大的市场占有率,能够拥有数额巨大、稳定的现金流。企业有能力支持核心竞争力进一步开发,在战略资源、组织结构、人员、技术等方面做积极的配合,使核心竞争力能够向新的方向跃迁。

从成熟核心竞争力到衰退核心竞争力。对于不能成功跃迁的核心竞争力,企业可以考虑采用保留仍有可观现金流的业务为重组或开发新核心竞争力提供支持,其他萎缩业务宜及早转让或出售,并用出售所得投入企业的新技术、新产品的研发中去。此时对于那些与衰退核心竞争力相关的人才,企业要尽量留住他们,使他们成为新核心竞争力中的核心技术人才和优秀管理人才。

从核心竞争力在其生命周期中的变化,我们可以看出核心竞争力的变化趋势。例如,核心竞争力从初步核心竞争力到成熟核心竞争力的成长速率问题。这些问题对于正确评价核心竞争力有着十分重要的作用,因此在核心竞争力的评价模型中,应该加入核心竞争力的生命周期问题。

## 2.1.2 企业核心竞争力评价模型构成要素的表现形式

从上一节的内容,我们能够看到在核心竞争力评价模型中,除了核心竞争力的强度之外,还应该包括核心刚性、顾客价值以及核心竞争力的生命周期。这些要素在核心竞争力的评价模型中,以何种形式出现,也是一个非常重要的问题。

王锡秋、席酉民两位学者在研究核心竞争力价值以及核心竞争力价值评价方法时,认为正确衡量和评价核心竞争力的价值,必须解决三个问题:第一,需要对顾客价值进行评价;第二,在顾客价值与核心竞争力价值之间建立某种联系;第三,充分考虑核心竞争力的延展性和不易模仿性。顾客价值是顾客感受到的企业产品或服务的价值,这种价值主要体现在经济、功能和心理三个方面。企业利用其所拥有的资源和能力(包括核心竞争力),生产出一定的产品或服务,并用这些产品或服务满足顾客的需要。在这一过程中,将企业核心竞争力和资源的价值转移到产品或服务中,使这些产品或服务具有价值或潜在价值；顾客购买和使用这些产品或服务满足其自身的需求，从而形成顾客价值。因此，核心竞争力和资源经过多级价值传递以后对顾客价值做出了贡献（图2-1）。

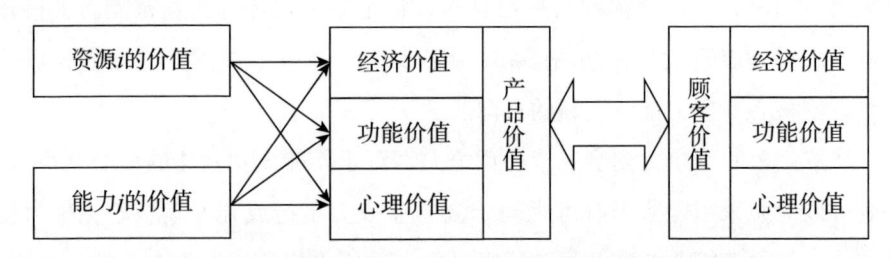

图 2-1　核心竞争力与顾客价值之间的多级价值传递模式

因此，核心竞争力价值的基本评价模型可表示为：

$$f = c \times r \tag{2-1}$$

式中　$f$——核心竞争力的价值；

　　　$c$——顾客价值；

　　　$r$——核心竞争力价值对顾客价值的转化系数。

由式（2-1）可知，核心竞争力的价值等于顾客价值乘以核心竞争力价值对顾客价值的转化系数。显然，对核心竞争力价值的评价，涉及两个重要的问题：一是如何评估顾客价值；二是要确定核心竞争力价值与顾客价值之间的转化系数。

这两位学者的研究对于以上两个问题的研究非常有价值，但是从发表的文献中，并没有给出核心竞争力价值对顾客价值的转化系数是如何计算的。

但是作者认为，该公式为本书深入研究核心竞争力构成要素的表现形式提供了借鉴，企业核心竞争力与顾客价值之间的关系问题，可以用顾客价值与企业核心竞争力之间的比值来反映企业核心竞争力对顾客价值的贡献程度。

同理，企业核心竞争力与核心刚性之间的关系问题，可以用核心刚性与企业核心竞争力之间的比值来反映企业核心竞争力的刚性化程度。

企业核心竞争力的生命周期问题的要素表现形式，选择与其他两个要素的形式相同，也就是采用相对比值来表示。通过核心竞争力的强度在其生命周期中的相对变化效率，来反映核心竞争力的生命周期问题。

企业核心竞争力的强度，本书采用以前学者的成果来设计评价指标体系，使用系统综合评价的方法,来获得评价值作为企业核心竞争力的强度值。

本研究核心竞争力的评价模型中,所涉及的顾客价值、核心刚性以及核心竞争力的生命周期等要素的表现形式,都借鉴了(2-1)式的模型,在以后的各个章节中,深入研究了类似核心竞争力价值对顾客价值的转化系数的问题。

## 2.1.3 企业核心竞争力评价模型构成要素的评价方法的选择

从前面的分析我们能够发现,企业核心竞争力的构成要素的表现形式有两种:一种是绝对计算值,另一种是相对比较值。企业核心竞争力的强度是绝对计算值;核心竞争力的顾客价值问题、核心竞争力的刚性问题以及核心竞争力的生命周期问题,则是相对比较值。因此,在选择评价方法时,核心竞争力强度的评价是选用综合评价方法,其他要素选用相对效率评价方法,具体见表2-1,评价方法的具体内容见第3章。

表2-1 企业核心竞争力构成要素的评价方法的选择

| 企业核心竞争力构成要素 | 核心竞争力综合评价方法 | 核心竞争力的相对评价方法 |
| --- | --- | --- |
| 核心竞争力的强度<br>(核心竞争力的综合评价) | √ | × |
| 核心竞争力的生命周期问题<br>(核心竞争力的生命周期评价) | × | √ |
| 核心竞争力的刚性问题<br>(基于核心刚性的核心竞争力的评价) | × | √ |
| 核心竞争力的顾客价值问题<br>(基于顾客价值的核心竞争力评价) | × | √ |

## 2.2 企业核心竞争力评价模型的提出与评价原则

### 2.2.1 企业核心竞争力评价模型的提出

核心竞争力的概念进入中国已经有十几年了,关于核心竞争力的评价问题,虽然已经有许多学者进行了研究,但是其研究核心竞争力的视角,总是把核心竞争力看作企业内部的能力,例如先设立核心竞争力的评价指标体系,然后利用评价模型进行评价,(无论是利用模糊评价模型,还是人工神经网络模型或其他评价模型),这样只能得到关于核心竞争力的评价值的一个点。这个点只能表示核心竞争力当前的强度状况,并不能从核心竞争力的生存环境、状态与发展的角度来分析与评价核心竞争力。

从前面几章的分析,我们能够发现核心竞争力是有生命周期的。在生命周期不同的阶段,核心竞争力的状态是不同的,对于核心竞争力所采取的措施也不同。因此在评价核心竞争力时,首先应该判定核心竞争力所处的生命周期的位置。例如,如果只用以前学者的评价方法,是无法判断一个处于上升阶段的核心竞争力与一个下降阶段的核心竞争力(可能这两个核心竞争力的评价值是相等的)的。

核心竞争力是企业内部的,但并不是孤立的。从核心竞争力的特性上分析(独一无二,稀缺的资源等),这些内容是需要与其他企业进行比较的。企业是在竞争的市场环境中生存的,企业核心竞争力也同样生存在竞争的环境中,也存在一个生态位的问题,在评价企业核心竞争力时,就必须考虑其相应的生存环境,利用生态位理论,对核心竞争力进行评价,反映企业核心竞争力所处的竞争状况是非常有效的。

以前的学者在评价核心竞争力时,不分析核心刚性问题,但是核心竞争力的刚性问题仍然是存在的,是不能回避的。在形成企业核心竞争力的同时,核心竞争力的刚性也产生了。核心刚性发展到一定时候,也会影响核心竞争力的发挥以及所产生的竞争优势与顾客价值。如果只评价企业的核心竞争力的强弱,不评价核心竞争力的刚性问题,在一定状况下是要出大问题的(例如美国的费尔斯通公司只看到自己核心竞争力的强大，没有分析其核心刚性问题，而最终倒闭）。因此在评价核心竞争力时，也必须评价其核心刚性。

以前的学者虽然也关注核心竞争力创造顾客价值问题，但是在评价企业核心竞争力时，只评价核心竞争力本身的强弱，没有评价核心竞争力创造顾客价值的大小。在这种情况下，如果企业创造的顾客价值不大，或者拥有的核心竞争力不强，企业无法知道是应该提升核心竞争力，还是在现有的核心竞争力的基础上提升顾客价值。

从以上几个方面的分析，我们能够发现核心竞争力的评价模型，不仅需要包括由核心竞争力的形成要素得出综合结果（也就是通过核心竞争力的评价指标与权重综合结果），而且也需要包括核心竞争力的生命周期评价与核心竞争力的刚性评价以及核心竞争力创造顾客价值效率的评价，只有这样才能真正了解核心竞争力的内部状况，而且也能正确认识核心竞争力的应用状况。

## 2.2.2 企业核心竞争力的评价原则

评价企业核心竞争力的角度是非常重要的，企业核心竞争力的状况，不一定越强大，就越有竞争力，在竞争中越有效率。而企业核心竞争力的整体能够反映核心竞争力的状况与应用结果，是反映核心竞争力在竞争中发挥优势的重要信息。

核心竞争力内部资源的有效匹配，核心刚性问题，核心竞争力创造价值的能力匹配是否恰当将影响核心竞争力的发挥。在分析核心竞争力评价的时候，更重要的是核心竞争力的内部各个部分是否协调。

从以前的文献研究中我们能够发现，核心竞争力的评价结果往往就是一个值。只关心核心竞争力的强弱，而不关心核心竞争力是否健康、是否协调、是否高效地发挥竞争优势。因此在对核心竞争力进行评价时，应遵循下列原则：

总体性准则：核心竞争力的组成部分及其相互关系的状况，会对核心竞争力的发挥产生重要影响，提供反映核心竞争力的组成部分及其相互关系的状况方面的信息，将对管理与应用核心竞争力产生重要影响。

协调性准则：核心竞争力的各个组成部分，相互之间的有效配合程度，形成的核心刚性与所获得的核心竞争力应该相匹配,才能使核心竞争力得到充分的发挥。

信息化准则:核心竞争力的状态信息,反映了核心竞争力的生存状况,不仅需要关心核心竞争力是否强大,更应该关心核心竞争力是否健康,因此反映核心竞争力的状况,不应该只是一个值,而应该是一组数据。

## 2.3 企业核心竞争力评价模型的架构

### 2.3.1 企业核心竞争力状态评价模型的架构

从核心竞争力本身的特点与核心竞争力的成长过程与核心竞争力在竞争过程中的应用效果出发,我们认为核心竞争力的状态评价模型,可以归纳为:核心竞争力的状态评价模型,包括核心竞争力的内部(要素)评价、核心刚性评价和核心竞争力的生命周期评价。它不仅代表了核心竞争力的实力,也代表了核心竞争力所处生命周期以及所处的环境,通过与其他企业的核心竞争力竞争,所取得的生存空间,在竞争中所拥有的竞争力,而且也代表核心竞争力的刚性的大小,以及在竞争中由于核心刚性所可能形成的阻力(图2-2)。

本书提出核心竞争力的价值评价模型为:

$$M = (NoHoQ) \qquad (2\text{-}2)$$

式中　$M$——核心竞争力状态评价值;

$N$——核心竞争力的综合评价值;

$Q$——核心竞争力的生命周期评价值;

$H$——核心竞争力的刚性评价;

$o$——$N$,$H$,$Q$ 之间的合并方式。

通常情况下,要素之间联系比较弱,可以采用加合;如果要素之间联系比较紧密,则采用乘合。

```
                    ┌─────────────────────────┐
                    │  核心竞争力的状态评价模型  │
                    └─────────────────────────┘
                                │
          ┌─────────────────────┼─────────────────────┐
          │                     │                     │
   ┌─────────────┐      ┌─────────────┐      ┌─────────────┐
   │核心竞争力（要│      │核心竞争力的生命│      │基于核心刚性的│
   │素）的综合评价│      │  周期评价    │      │核心竞争力评价│
   └─────────────┘      └─────────────┘      └─────────────┘
```

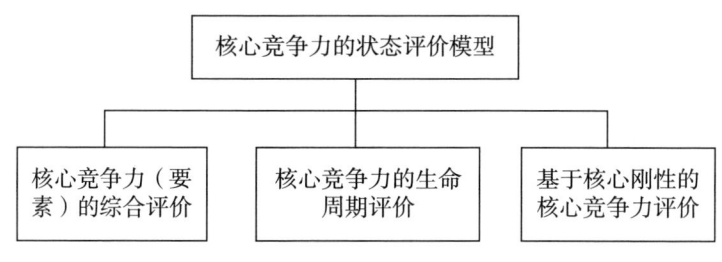

**图 2-2　核心竞争力的状态评价模型**

核心竞争力的状态评价模型的意义主要表现在以下几个方面：

（1）将核心竞争力的内部实力与核心刚性结合在一起，不仅要考虑核心竞争力的优势资源，而且也要考虑负面因素的影响。不仅体现处理优势资源的能力，也体现处理负面因素的能力与对核心竞争力的影响力度。

（2）在实践中，经常能够发现，曾经拥有较强核心竞争力的企业，由于被其他企业核心竞争力击败而突然倒闭。其重要原因就是，这些企业只重视其核心竞争力，没有重视其核心刚性及其危害。

（3）从相互竞争的角度分析与评价核心竞争力更符合实际情况。我们能够发现，虽然有些企业拥有强大的核心竞争力，但是在竞争中并没有取得很大的竞争优势。如果单纯考虑核心竞争力强大，就一定能够在竞争中取得竞争优势，那是非常片面的。

（4）核心竞争力的生存与发展，都存在一个生命周期问题，在不同的阶段，核心竞争力有较大的差异。核心竞争力的状态评价模型，充分考虑了核心竞争力的生命周期问题，这对于在竞争中管理与评价核心竞争力更加客观有效。

（5）为企业在竞争中更有效地提升核心竞争力，提供发展方向。单纯增强核心竞争力，在竞争中不一定能够取得较大的竞争优势，但是如果针对竞争对手的核心竞争力的特点，来发展自己的核心竞争力，该核心竞争力将在竞争中取得较大的竞争优势。

核心竞争力的状态评价模型，是分析与研究核心竞争力的应用过程与状态的情况，分析与研究核心竞争力在不同阶段、不同环节的使用与状况，是否针对竞争对手，从而达到最佳配置、最佳效率的问题。

### 2.3.2 企业核心竞争力的价值评价模型的架构

核心竞争力的重要特点就是，能够为顾客提供更大的顾客价值。顾客价值理论强调核心竞争力为顾客提供价值，并没有研究在竞争中，核心竞争力对顾客价值提供的效率问题。核心竞争力的顾客价值评价模型，强调核心竞争力在竞争中能够为顾客提供顾客价值的效率，是对核心竞争力的应用结果的评价。

从前面章节的研究中我们发现，处于同一层次的核心竞争力，对于提升顾客价值具有不同效率的可能性。

顾客所需的某种产品或服务包含若干特征要素，不同的顾客对每个特征要素的需求程度是不同的。通过对这些特征要素满足顾客需要的程度打分，将分值不同的需求要素点连起来，即构成某一产品或服务对某一顾客或顾客群的特定顾客价值曲线。根据马特莱法则（又称二八法则），企业80%的利润来自20%的顾客，少量的顾客为企业创造了大量的利润。因此，企业通过市场细分，可针对其目标顾客群的需求进行研究，描绘出企业产品及市场同类主流产品的顾客价值曲线，并发现目标顾客的关键需求要素，据之以创造新的顾客价值。

在这里就存在一个如何利用现有核心竞争力，高效地提升顾客价值的问题，在众多的企业中，要看哪个企业能够在提升顾客价值方面更好地利用核心竞争力创造更大的顾客价值。通过核心竞争力的价值评价模型可以分析，相同等级的核心竞争力能够为顾客创造相近的顾客价值。

核心竞争力的价值评价模型，包括核心竞争力的内部（要素）评价、基于顾客价值的核心竞争力评价和核心竞争力的生命周期评价。它不仅代表了核心竞争力的实力，也代表了核心竞争力所处生命周期以及所处的环境，通过与其他企业的核心竞争力竞争所取得的生存空间，在竞争中所拥有的竞争力，而且也代表核心竞争力创造价值的大小。（图2-3）。

## 第2章 企业核心竞争力评价模型架构的设计

```
        核心竞争力的价值评价模型
       ┌──────────┼──────────┐
  核心竞争力(要     核心竞争力的生命    基于顾客价值的
  素)的综合评价      周期评价         核心竞争力评价
```

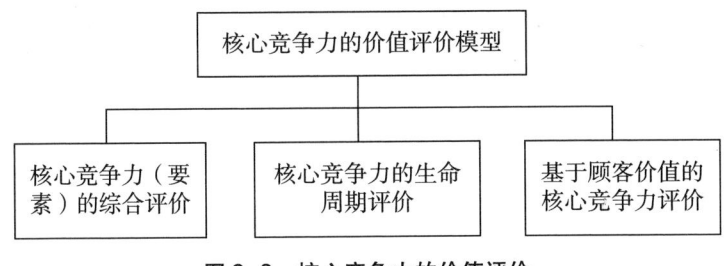

**图 2-3 核心竞争力的价值评价**

本书提出核心竞争力的价值评价模型为:

$$P = (NoGoQ) \qquad (2-3)$$

式中　$P$——核心竞争力价值评价值;

　　　$N$——核心竞争力的综合评价值;

　　　$Q$——核心竞争力的生命周期评价值;

　　　$G$——基于核心竞争力的顾客价值评价;

　　　$o$——$N$,$G$,$Q$之间的合并方式。

通常情况下,要素之间联系比较弱,可以采用加合;如果要素之间联系比较紧密,则采用乘合。

该模型的意义主要表现在以下几个方面:

(1) 有效地区分核心竞争力与其应用能力、水平对顾客价值的贡献。如果企业利用核心竞争力创造的顾客价值比较低,去提升核心竞争力而不分析核心竞争力的应用效率,则往往造成事倍功半的效果。

(2) 核心竞争力价值评价模型的提出,可以使企业不仅重视核心竞争力,而且重视如何应用核心竞争力在竞争环境中创造顾客价值的问题,重视应用核心竞争力的水平。

(3) 能够在竞争中分析核心竞争力的价值比较问题。以前的学者在分析顾客价值的时候,往往分析单个企业的顾客价值问题,追求顾客价值的最大化与企业利益最大化,而拿行业平均水平作比较,忽视了在竞争中,有强烈竞争关系的竞争对手的产品所带来的顾客价值对该企业顾客价值的影响问题。而核心竞争力的价值评价模型,则能够很好地解释该问题。

(4) 核心竞争力的价值评价模型,有利于企业对顾客价值进行有效管理。对于那些成功的顾客导向型的企业,有效地倾听"顾客的声音",从消费者中进行学习,已经变成了它核心竞争力的一部分(Slater and Narver,1998)。核心竞争力对顾客价值的作用,是长期的、持续的。

(5)核心竞争力的价值评价模型,有利于企业对核心竞争力形成要素的高效识别。核心竞争力的价值评价模型注重顾客价值的绝对评价与相对评价的结合,通过顾客价值的绝对评价,能够筛选出一些核心竞争力的形成要素,但是利用相对评价往往能够提出对顾客价值的提升更有效率的要素。

### 2.3.3 企业核心竞争力整体评价模型的架构

从前面几节的分析与研究中,我们能够发现,单纯研究核心竞争力的刚性问题、核心竞争力的综合评价值问题,核心竞争力的生命周期问题以及核心竞争力的顾客价值问题,只是从一个侧面去看核心竞争力,没有完整地、全面地、系统地认识核心竞争力,因此我们设计了核心竞争力的整体评价模型,来更加全面地分析与研究核心竞争力,具体见图2-4。

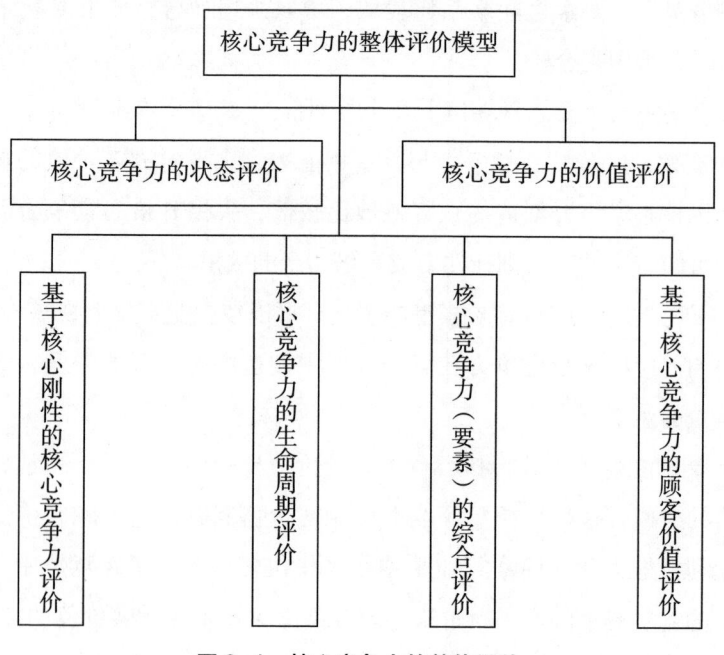

图 2-4 核心竞争力的整体评价

以前的学者们,对于核心竞争力的评价,往往希望得到一个评价值,目的是可以方便地进行比较，但是对于核心竞争力内部的更加深入的信息，往往没有进行挖掘，得不到关于核心竞争力的具体信息（例如质量方面的信息）。因此关于核心竞争力的整体评价值方面的信息，不希望只是一个值，应该是一个系统的数据信息，能够反映其核心竞争力的实力状况与应用结果方面的问题。

在研究核心刚性综合评价问题时（见第 4 章），我们发现核心竞争力的强、弱与核心刚性有一定的相关性，同时也受到其他相关因素的影响，在核心竞争力的成长过程中，核心刚性也是不可避免的，但是可以进行调整。

基于顾客价值的核心竞争力效率评价（见第五章），我们同样发现，并不是核心竞争力越大，顾客价值就越大，要看核心竞争力的利用效率。

从这两章的研究结果中，我们能够总结出，核心竞争力的刚性并不是随着核心竞争力的成长越来越大，这里有一个（在竞争的环境中，也就是核心竞争力所处的状态）阻止核心刚性的效率问题，利用核心竞争力所产生的顾客价值同样也有一个核心竞争力的生存状态、强弱与核心竞争力的利用效率的问题，如果两者相适应，则核心竞争力有一个好的整体状况；如果两者不适应，即使核心竞争力很强，也是有问题的，或者现在不表现出来，将来也会表现出来，也会对核心竞争力的整体状况带来不良的影响。世界上许多核心竞争力很强的大公司，例如通用公司的核心竞争力是非常强大的，但是 2009 年 6 月 1 日也申请了破产保护，这足以说明虽然有强大的核心竞争力，但是应用效率不高，应用方向不正确，同样也会造成巨大损失。因此我们认为，评价核心竞争力，不仅要看核心竞争力（形成要素）本身是否强大，还要看核心竞争力的刚性效率和核心竞争力的价值效率以及核心竞争力的成长效率对核心竞争力的作用。

核心竞争力的整体评价模型组合方式，需要依据核心竞争力整体评价模型中各个形成要素的相互作用的方式来决定，而不是仅仅依靠数学方法来决定，传统评价模型的合并模式就是加合模式。本书提出核心竞争力的整体评价模型为：

$$K = (NoHoGoQ) \tag{2-4}$$

式中　$K$——核心竞争力整体评价；

$N$——核心竞争力的综合评价值；

$H$——核心竞争力的刚性评价值；

$G$——基于核心竞争力的顾客价值评价；

$Q$——核心竞争力的生命周期评价值；

$o$——$N$，$M$，$P$，$Q$之间的合并方式。

通常情况下，要素之间联系比较弱，可以采用加合；如果要素之间联系比较紧密，则采用乘合。

本书在对企业的核心竞争力研究过程中，发现其核心竞争力的整体评价模型的各个形成要素之间，有比较强的相互作用关系，因此，采用乘合模式对各个形成要素进行乘合合并。

## 2.4　本章小结

本章在总结核心竞争力研究成果的基础上，分析了核心竞争力评价模型的构成要素以及表现形式，在此基础上提出了核心竞争力的状态评价模型、核心竞争力的价值评价模型以及核心竞争力的整体评价模型。

# 第3章　企业核心竞争力综合评价与相对效率评价

关于核心竞争力的评价研究，不仅要分析核心竞争力的综合评价值的大小，更要分析核心竞争力在竞争中的变化情况，也就是核心竞争力的相对效率的大小。只有这样，才能真正反映出核心竞争力在竞争中的状态。

## 3.1　企业核心竞争力综合评价指标体系

### 3.1.1　企业核心竞争力综合评价指标体系研究

在核心竞争力概念引入我国后，许多学者对如何评价企业的核心竞争力曾作了一定的研究。王毅（2002）认为，企业核心竞争力分为3个层次，即战略核心竞争力、组织核心竞争力和技术核心竞争力，各个层次分别包含不同的维度。按照这一界定，核心竞争力的层次与维度已经非常清晰，战略核心竞争力包括政策整合能力、竞争环境整合能力、技术环境整合能力、战略营销能力、战略预测能力、战略领导能力6个维度。组织核心竞争力包括研究发展能力、制造能力、营销能力、子公司/事业部能力、功能之间的界面整合能力、子公司/事业部之间的界面整合能力、内部管理意识、核心人才管理能力8个维度。技术核心竞争力包括学科整合能力、单元技术核心竞争力、产品整合能力、产品子系统整合能力4个维度。余伟萍、陈维政、任佩瑜在《中国企业核心竞争力要素实证研究》一文中，认为产业环境对企业竞争力的形成与提升有着重要的影响作用。企业核心竞争力形成要素有：人力资源、创新能力、组织管理能力、市场营销能力、企业文化、战略管理能力、生产制造能力等。

目前，很多学者对核心竞争力及其评价都有自己的意见和观点，但更多的是仁者见仁、智者见智。尽管方法很多，但分歧也很大，还没有足够的权威来统一人们的思想和观点。

笔者在总结前人研究成果的基础上，探索性地提出了企业核心竞争力的指标体系。企业核心竞争力是一个企业经过长期形成的、独有的，特别是能够在竞争中给企业带来长期持续超额利润。是企业具有独特的、先进的、有竞争优势的、不容易模仿的技能整体。但是在企业的技能体系中，也有些技能是容易学习的、可以模仿、引进的。如技术可以模仿和引进，生产方法也可以学习，市场营销也可以借鉴。在核心竞争力的评价指标体系中，应该反映核心竞争力的这些特征。

由于核心竞争力在企业发展中的重要地位，核心竞争力的评价结果对于企业正确认识核心竞争力及其在竞争中的地位，有着非常重要的作用。这就要求核心竞争力评价指标体系能够科学、有效、实事求是地反映核心竞争力的真实情况。因此在进行指标设计时，不仅要客观准确地反映企业的核心竞争力，还要注意适当控制其指标体系规模，做到科学、有效。企业核心竞争力的评价指标体系的设计过程：首先，要确定评价总目标，即企业核心竞争力；其次根据总目标的构成因素确定评价要素（准则层）；再次沿着评价要素所涉及的客观条件进一步确定评价的指标集；最后依据指标体系中各种指标的因果、隶属、顺序等关系，对指标进行关系划分、级别划分和类别划分，根据需要依次可以出现指标，最终得到企业核心竞争力评价指标体系。

针对企业的具体情况和需要，参考部分学者（如：王毅、郭斌、杜纲、余伟萍等）的研究成果，认为企业核心竞争力评价指标体系中应包括：核心业务能力、核心技术能力、核心员工能力、企业文化能力、组织协调能力、企业战略能力和市场竞争力七个方面的二级指标。

核心业务能力：核心业务能力是企业形成核心竞争力的重要基础。核心业务能力是企业核心竞争力在市场竞争中的重要表现形式之一。其通常包括：核心产品所占比重，主营业务收入所占的比重，核心产品的市场生态位，主营业务在竞争中的地位，核心产品的顾客价值，核心产品的市场占有率，核心产品销售收入年均增长速度，产品竞争优势系数。

核心技术能力：核心竞争力的实质是"关键知识和技能"，核心技术能力是企业形成核心竞争力的关键。其通常包括：年度研发投入强度，基于核心技术的专利拥有比例，基于核心技术的新产品开发数，核心技术成熟度，核心技术的延伸领域数。

核心员工能力：核心员工能力是企业核心竞争力的载体，核心员工能力代表企业重要隐性知识的作用。其通常包括：科技人员占专业技术人员总数比例，科技人员人均科技成果占有率，科技人员激励机制的有效性，专业技术人员占职工总数比例。

企业文化能力：企业文化能力是企业核心竞争力的重要成分之一。它以共同的价值标准、道德标准和文化信念为核心，能够最大限度地调动企业职工的积极性和潜在能力，将企业内各种力量聚集于共同的指导和经营哲学之下，能够把企业全体员工引导到企业所确定的目标上来。其通常包括：企业凝聚力，企业员工精神面貌（或素质），企业商誉及对外形象，企业负责人作风和感召力。

组织协调能力：企业核心竞争力既具有技术特性，又具有组织特性。正如 Coombs（1996）所指出的，企业核心竞争力的一个重要的潜在投入要素就是企业的"组织结构"，尤其是那些在企业的创新和产品开发过程中联结不同职能部门的组织因素。柔性、灵活的组织结构能促进核心技术、市场等的有效整合。其通常包括：企业管理与执行的有效性，企业资源有效利用率，管理团队的协作程度。

企业战略能力：企业战略能力对于企业核心竞争力的发展与壮大，具有决定意义。通常情况下，培育一个核心竞争力往往需要十年左右的时间，在这么长的时间内，企业面临的不确定性问题是非常多的，因此企业战略能力的强弱，决定了核心竞争力的发展方向与速度。其通常包括：战略竞争能力、决策能力，企业对外界环境的适应性，企业应变能力。

市场竞争力：对企业而言，核心竞争力最容易被感知的是其外部特征。市场竞争力是核心竞争力最重要的外部特征之一。通过其市场情况来确定企业的市场竞争力，如市场份额、市场前景、客户满意度等。其通常包括：市场研究能力，营销体制的适合度，营销网络的健全性，电子商务能力。

由上述分析可知，关于企业核心竞争力评价指标体系，目前的研究热点在于评价指标体系的设计和评价方法的有效性。主要存在的问题是：重视核心竞争力的强弱，影响核心竞争力的因素等，忽视核心竞争力创造顾客价值的有效性，更不能反映出核心竞争力创造价值的效率。

因此，企业核心竞争力评价指标体系的设计必须在借鉴现有研究成果的基础上，根据评价的需要，从企业核心竞争力的本质出发，不仅反映核心竞争力的强弱，而且反映核心竞争力的利用效率。

### 3.1.2 企业核心竞争力综合评价指标体系的建立

企业核心竞争力的综合评价主要是能够真正地反映核心竞争力的强弱。因此，在建立企业核心竞争力综合评价指标体系时，主要考虑的是所设计的评价指标是否能够真正反映核心竞争力的强弱，特别是企业的核心竞争力在竞争中的强弱。

企业核心竞争力综合评价指标体系的设计思想，应该是在保证指标能够反映核心竞争力的强弱的前提下，尽可能反映核心竞争力的本质，反映核心竞争力的整体状况。从具体指标的设计上，尽可能使用定量指标，如果使用定性指标也应该合理确定评分等级，使之能够反映出各个核心竞争力之间的差别。

企业核心竞争力的评价指标体系与企业的实际情况。我们在设计企业核心竞争力的评价指标体系时，应该考虑到企业的实际情况，考虑到评价指标数据的可获得性，以及实际数据的有效性。所设计的评价指标，尽可能使用企业的统计数据。因为核心竞争力的评价研究是一个长期的工作，需要长时间的数据支持，因此评价指标应该尽可能考虑企业的经济统计资料问题。具体评价指标见表3-1。

表 3-1　企业核心竞争力综合评价指标体系

| 目标层 | 主准则层 | 分准则层 |
|---|---|---|
| 企业核心竞争力 | 核心业务能力（$A_1$） | 主营业务中核心产品所占的比重（$B_{11}$） |
| | | 主营业务收入占总收入的比重（$B_{12}$） |
| | | 主营业务的市场生态位（$B_{13}$） |
| | | 企业主营业务在市场中的地位（$B_{14}$） |
| | | 核心产品的顾客价值（$B_{15}$） |
| | | 核心产品的市场占有率（$B_{16}$） |
| | | 核心产品销售收入年均增长速度（$B_{17}$） |
| | | 产品竞争优势系数（$B_{18}$） |
| | 核心技术能力（$A_2$） | 年度研发投入强度（$B_{21}$） |
| | | 基于核心技术的专利拥有比例（$B_{22}$） |
| | | 基于核心技术的新产品开发数（$B_{23}$） |
| | | 核心技术成熟度（$B_{24}$） |
| | | 核心技术的延伸领域数（$B_{25}$） |
| | 核心员工能力（$A_3$） | 科技人员占专业技术人员总数比例（$B_{31}$） |
| | | 科技人员人均科技成果占有率（$B_{32}$） |
| | | 科技人员激励机制的有效性（$B_{33}$） |
| | | 专业技术人员占职工总数比例（$B_{34}$） |
| | 企业文化能力（$A_4$） | 企业凝聚力（$B_{41}$） |
| | | 企业员工精神面貌（或素质）（$B_{42}$） |
| | | 企业商誉及对外形象（$B_{43}$） |
| | | 企业负责人作风和感召力（$B_{44}$） |
| | 组织协调能力（$A_5$） | 企业管理与执行的有效性（$B_{51}$） |
| | | 企业资源有效利用率（$B_{52}$） |
| | | 管理团队的协作程度（$B_{53}$） |
| | 企业战略能力（$A_6$） | 战略竞争能力（$B_{61}$） |
| | | 决策能力（$B_{62}$） |
| | | 企业对外界环境的适应性（$B_{63}$） |
| | | 企业应变能力（$B_{64}$） |

续表

| 目标层 | 主准则层 | 分准则层 |
|---|---|---|
| 企业核心竞争力 | 市场竞争力（$A_7$） | 市场研究能力（$B_{71}$） |
| | | 营销体制的适合度（$B_{72}$） |
| | | 营销网络的健全性（$B_{73}$） |
| | | 电子商务能力（$B_{74}$） |

指标的含义

（1）主营业务中核心产品所占的比重（$B_{11}$）。它是指在企业的主营业务中核心产品与终端产品的比例值。

（2）主营业务收入占总收入的比重（$B_{12}$）。它是指主营业务的销售收入与企业全部销售收入之比。

（3）主营业务的市场生态位（$B_{13}$）。它是指主营业务产品或服务在市场中是否具有良好的生存范围。

（4）企业主营业务在市场中的地位（$B_{14}$）。它是指企业主营业务在市场中所占有的份额及对市场的影响力。

（5）核心产品的顾客价值（$B_{15}$）。它是指企业的核心产品所能够给顾客的让渡价值。

（6）核心产品的市场占有率（$B_{16}$）。它是指企业核心产品的销售收入与市场上同类产品销售收入总和之比。

（7）核心产品年均销售收入增长速度（$B_{17}$）。它是指评价时期核心产品的销售收入比上一期销售收入的增长幅度。

（8）产品竞争优势系数（$B_{18}$）。它是指评价时期评价企业的产品竞争优势与行业最高水平的产品竞争优势之比。

（9）年度研发投入强度（$B_{21}$）。它是指评价时期评价企业每年用于研究与开发的投资占销售收入的百分比。

（10）基于核心技术的专利拥有比例（$B_{22}$）。它是指在核心技术方面企业拥有的专利数量与行业拥有的专利总数之比。

（11）基于核心技术的新产品开发数（$B_{23}$）。它是指企业应用核心技术开发的新产品的数量。

（12）核心技术成熟度（$B_{24}$）。它是指评价时期评价企业的核心技术在技术生命周期中的位置。

（13）核心技术的延伸领域数（$B_{25}$）。它是指企业所拥有的核心技术可以应用的领域数。

（14）科技人员占专业技术人员总数比例（$B_{31}$）。它是指科技人员中专业技术人员与总的科技人员的比值。

（15）科技人员人均科技成果占有率（$B_{32}$）。它是指企业科技人员人均占有专利、著作、学术论文以及获得局级以上科研奖励的数量。对于不同的科技成果可以按一定比例折算加总。

（16）科技人员激励机制的有效性（$B_{33}$）。它是指企业建立的科技人员激励机制是否能够有效调动科技人员的积极性。

（17）专业技术人员占职工总数比例（$B_{34}$）。

（18）企业凝聚力（$B_{41}$）。它是指企业制定的企业文化，使企业群体建立共同的价值观念、道德标准和经营理念而形成的内聚力。它包括领导班子的团结进取和职工群众的凝聚力，因为企业凝聚力是以企业为力场的一种动力，它对企业的整体行为具有决定性的作用，所以它用企业的全要素生产率与行业的全要素生产率之比来表示。

（19）企业员工精神面貌（或素质）（$B_{42}$）。它是指企业员工在该企业工作中，对企业文化的认可程度。

（20）企业商誉及对外形象（$B_{43}$）。它是指同行对企业的认可程度。

（21）企业负责人作风和感召力（$B_{44}$）。它是指企业负责人在员工中的影响力。

（22）企业管理与执行的有效性（$B_{51}$）。它是指企业生产管理与控制系统对企业生产运作顺利进行的保证程度。

（23）企业资源有效利用率（$B_{52}$）。它是指企业有效资源利用规模与总资源之比。

（24）管理团队的协作程度（$B_{53}$）。它是指企业管理层之间，相互协作而不影响企业的工作状况。

（25）战略竞争能力（$B_{61}$）。它是指企业发展战略问题的思维观念的发散程度、分析能力和创新能力。

（26）决策能力（$B_{62}$）。它是指关系到企业生存与发展的重大问题的决断能力。

（27）企业对外界环境的适应性（$B_{63}$）。它是指企业对外部经济、政治等社会环境变化的适应能力。

（28）企业应变能力（$B_{64}$）。它是指企业对外部环境突变的适应能力。

（29）市场研究能力（$B_{71}$）。它是指企业对市场信息的收集和对市场供求变动趋势的分析与把握的能力。

（30）营销体制的适合度（$B_{72}$）。指企业产品销售的需要，保证销售信息的通畅、销售工作的相互协调的程度。

（31）营销网络的健全性（$B_{73}$）。它是指企业营销网络的完善程度。

（32）电子商务能力（$B_{74}$）。指交易当事人或参与人利用现代信息技术和计算机网络（主要是因特网）所进行的各类商业活动的能力。

对于上述各层次的指标权重问题，有许多方法可以确定。我们采用层次分析（AHP）法来确定其权重。通过向有关专家反复征求意见，根据1-9比率标度法确定了一级指标及各一级指标下设的二级指标的判断矩阵，并利用层次分析法确定了各项指标的权重。

## 3.2　企业核心竞争力综合评价方法的确定

### 3.2.1　常用综合评价方法分析

（1）简单综合评价法。简单综合评价法是其他综合评价方法的基础。它的评价过程是将评价指标体系中的各项待评价的指标分别与相应的评价标准进行比较，然后根据一定的标准对各项指标的比较结果进行评分，最终将各单因素的分数简单综合。其中的核心思想是各个评价指标的得分。其含义是指标之间不相关。总分是评价对象优劣的根本依据。该方法简单、操作容易，对于各个指标之间重要程度不一致的评价对象，则不适用。

（2）功效系数法。功效系数法与简单综合评价法类似，也是其他综合评价方法的重要基础之一。其评价过程是根据多目标规划的原理，计算各指标实现满意值的程度，并转化为相等的评价分数，再对各单项指标分数进行加权几何平均得到综合评价分数，最后根据综合评价分数确定评价对象的优劣。与简单综合评价法相比，该方法的特点是各个指标之间通过几何平均得到综合评价分数。对各个评价指标进行几何平均，则表示各个评价指标之间有着非常紧密的联系。

（3）加权平均法。加权平均法是在简单综合评价法的基础上，发展起来的评价方法。其评价过程是根据各项指标在评价指标体系中的重要程度赋予其一定权重，对各项指标与评价标准比较后的得分进行加权处理，来获得评价总分。该方法主要解决了评价对象在评价指标体系中的指标权重不一致问题。

（4）指数评价法。指数评价法是根据经济指数的原理，采用加权算术平均数指数公式，对分析对象进行综合评价的一种方法。该方法具有简明、易懂、便于操作的优点。但是它也有局限性。它要求能够完全量化评价指标体系的数据。该方法不宜对多个评价单元进行整体评价。

（5）模糊综合评价法。模糊综合评价法又可以分为单层次的模糊综合评价和多层次模糊综合评价两种方法。

对于复杂的评价单元，一般采用多层次模糊综合评价方法。多层次模糊综合评价方法是在单层次模糊综合评价的基础上，得到评价对象的综合隶属度，并以此判定评价对象所处的状态。该方法的特点是解决评价指标体系中的定性评价指标量化问题。在复杂的系统中，各种因素之间存在一个层次结构问题，并且各个因素之间的权重也不一样，需要专家或有效的方法来确定权重。对于这样的评价问题采用多层次模糊综合评价方法比较合适。

（6）无标准排序评价法。无标准排序评价法是欧洲货币基金组织综合评估国家竞争能力的方法。这种方法的评价过程是先将被评价单位的每一个指标按指标值的优劣顺序进行排队，然后根据公式逐个计算评价单位指标体系中的各个指标的分数和各评价单位的各类指标的平均分数；确定各类指标的权重，将各评价单位的各类指标平均得分再加权求出算术平均，最后求得各评价单位的总分数，就可以排序进行综合评价。

无标准排序评价法的显著特征是采用位置平均数，而不是数值平均数。这使得该方法更适合评价一些难以确定评价标准的复杂问题。

（7）多级动态模糊测评方法。多级动态模糊测评方法的评价过程是首先对评价体系的每个子因素进行测评，然后将每个子因素的评测综合成对上级因素的测评。如果使用该方法评价核心竞争力，通常是先用层次分析法（AHP）建立企业能力的多指标体系，并计算指标权重，然后结合专家调研法权重进行修正，再采用多级动态模糊综合测评方法逐层计算企业核心竞争力评分。该方法的特点是强调动态性、可变性。

### 3.2.2 企业核心竞争力综合评价方法的选择

根据对以上各类综合评价方法的分析与比较，我们认为，各种方法都有一定的特点和适用范围。因此，在选择企业核心竞争力综合评价方法时，必须考虑核心竞争力的特点与实际应用来选择适宜的评价方法。①从核心竞争力的特点上看：一是企业核心竞争力的评价具有一定的模糊性，其主要原因是我们把核心竞争力强度分为非常强、较强、中等和较差4个等级；二是在核心竞争力的评价指标体系中，各项定性指标值的评价因为需要依靠人的主观判断给出得分，使得最后计算出的综合评价具有一定的模糊性。②从核心竞争力评价的应用效果上看，核心竞争力的评价结果主要应用于企业发展战略的制定等问题。在与竞争对手的核心竞争力相比较时，也只是需要大致的分析与评价结果，有大的差距，基本相同等。因此企业核心竞争力评价的方法如果采用模糊综合评价法，应该是可行、有效的。企业核心竞争力评价指标体系一般分为两个层次，因此应采用多层次模糊综合评价方法对企业的核心竞争力进行评价。

## 3.3 企业核心竞争力模糊综合评价模型的建立

企业核心竞争力的模糊综合评价模型可以通过以下几个步骤建立：

（1）建立企业核心竞争力的评价指标集。根据表3-1可知，企业核心竞争力评价指标体系包括7项一级指标，即核心业务能力、核心技术能力、核心员工能力、企业文化能力、组织协调能力、企业战略能力、市场竞争力。这7项指标构成了企业核心竞争力的一级评价指标集，即 $X = (X_1, X_2, X_3, X_4, X_5, X_6, X_7)$，其中 $X_1 \sim X_7$ 分别表示该评价体系的7项一级指标。其中各项评价指标的一级指标分别由其所属的若干项二级指标构成，也可以表示为 $X_1 = (X_{11}, X_{12}, X_{13}, X_{14}, X_{15}, X_{16}, X_{17}, X_{18})$，$X_2 = (X_{21}, X_{22}, X_{23}, X_{24}, X_{25})$，$X_3 = (X_{31}, X_{32}, X_{33}, X_{34})$，$X_4 = (X_{41}, X_{42}, X_{43}, X_{44})$，$X_5 = (X_{51}, X_{52}, X_{53})$，$X_6 = (X_{61}, X_{62}, X_{63}, X_{64})$，$X_7 = (X_{71}, X_{72}, X_{73}, X_{74})$。其中 $X_{ij}$ 为核心竞争力评价指标体系中的各项二级指标。

（2）关于评价指标体系中各指标层的权重确定。我们把一级指标中各项指标 $X_1$，$X_2$，$X_3$，$X_4$，$X_5$，$X_6$，$X_7$ 对目标层的权重分别表示为 $B_1$，$B_2$，$B_3$，$B_4$，$B_5$，$B_6$，$B_7$，其中评价指标的权重均为非负，$\sum_{i=1}^{7} B_i = 1$，评价指标的权重集 $B = (B_1, B_2, B_3, B_4, B_5, B_6, B_7)$。二级指标中各指标对应于一级指标的权重集分别为 $W = (W_1, W_2, W_3, W_4, W_5, W_6, W_7, W_8)$，$W_2 = (W_{21}, W_{22}, W_{23}, W_{24}, W_{25})$，$W_3 = (W_{31}, W_{32}, W_{33}, W_{34})$，$W_4 = (W_{41}, W_{42}, W_{43}, W_{44})$，$W_5 = (W_{51}, W_{52}, W_{53})$，$W_6 = (W_{61}, W_{62}, W_{63}, W_{64})$，$W_7 = (W_{71}, W_{72}, W_{73}, W_{74})$。其中 $W_{ij}$ 为评价指标体系中各项二级指标对于相应的一级指标的权重。

（3）关于企业核心竞争力评价等级集的建立。企业核心竞争力评价等级集是评价者对核心竞争力及其各项指标做出的各种可能的评价结果所组成的集合，即 $Y = (Y_1, Y_2, Y_3, \cdots, Y_m)$，其 $Y_j$ 为第 $j$ 项评价指标的测评结果，$m$ 为该评价指标体系的可能评价结果的等级数。

（4）企业核心竞争力评价指标体系中一级指标模糊评价矩阵的建立。该模糊矩阵的建立，主要依据测评者给出的核心竞争力评价指标体系的具体数据，根据评价标准，寻找并判断企业核心竞争力评价指标因素集中每一项要素与所建立的评价等级集中各个等级之间的隶属关系。评价指标体系中每一个因素构成一个模糊评价向量 $R_{ij}$：$R_{ij} = (r_{ij1}, r_{ij2}, r_{ij3}, r_{ij4})$，其中 $r_{ij1}$ 为第 $i$ 项一级指标中的第 $j$ 项二级指标相对于第1种评价结果的隶属度，$i = 1, 2 \cdots 7$，$j = 1, 2, \cdots k$，$k$ 为一级指标所属的二级指标个数。因此我们把所有单因素的模糊评价向量构成模糊评价矩阵：

$$R_i = \begin{bmatrix} r_{i11} & r_{i12} & r_{i13} & r_{i14} \\ r_{i21} & r_{i22} & r_{i23} & r_{i24} \\ \cdots & \cdots & \cdots & \cdots \\ r_{ik1} & r_{ik2} & r_{ik3} & r_{ik4} \end{bmatrix} \quad (3-1)$$

（5）关于一级指标模糊向量的运算。我们把评价指标体系的一级指标的模糊评价矩阵与其所属的二级指标的权重矩阵进行矩阵乘法运算，所得到的向量就是该评价指标体系的一级指标的模糊向量。

$$A_i = W_i \cdot R_i = (W_{i1} \ W_{i2} \ \cdots \ W_{ik}) \cdot \begin{bmatrix} r_{i11} & r_{i12} & r_{i13} & r_{i14} \\ r_{i21} & r_{i22} & r_{i23} & r_{i24} \\ \cdots & \cdots & \cdots & \cdots \\ r_{ik1} & r_{ik2} & r_{ik3} & r_{ik4} \end{bmatrix} = (a_{i1} \ a_{i2} \ a_{i3} \ a_{i4}) \quad (3-2)$$

（6）构造核心竞争力综合模糊矩阵。根据（5）中计算得到的各一级指标的模糊向量，可以构造出综合模糊矩阵 $R$。

$$R = \begin{bmatrix} a_{11} & a_{12} & a_{13} & a_{14} \\ a_{21} & a_{22} & a_{23} & a_{24} \\ \cdots & \cdots & \cdots & \cdots \\ a_{71} & a_{72} & a_{73} & a_{74} \end{bmatrix} \quad (3-3)$$

（7）核心竞争力模糊综合评价结果的计算过程。我们利用企业核心竞争力综合模糊评价矩阵与由该指标体系的一级指标的权重向量进行矩阵乘法运算，其运算结果，就是企业核心竞争力的模糊综合评价结果。

$$A = B \cdot R = (B_1 \ B_2 \ \cdots \ B_7) \cdot \begin{bmatrix} a_{11} & a_{12} & a_{13} & a_{14} \\ a_{21} & a_{22} & a_{23} & a_{24} \\ \cdots & \cdots & \cdots & \cdots \\ a_{71} & a_{72} & a_{73} & a_{74} \end{bmatrix} = (a_1 \ a_2 \ a_3 \ a_4) \quad (3-4)$$

在（3-4）式中，$a_i$ 表示企业核心竞争力评价值对第 $i$ 项评价等级的隶属度，通常的规则是在所有的隶属度中，选取最大者为企业核心竞争力的评价结果。

## 3.4 企业核心竞争力相对评价的有效性与其前沿

核心竞争力相对评价研究的是核心竞争力在竞争中的有效性问题,其核心思想是:有效利用核心竞争力能够增强企业实力与在竞争中的效果,通过实力的变化就能够反映出核心竞争力的相对效率程度。

经济理论中生产行为的有效性问题已经引起人们足够的重视,并且在测算方法上取得了比较成熟稳定的成果,这就是生产有效性与生产前沿的研究,借鉴生产有效性方法的研究,已经有学者建立起管理有效性的理论及测算方法,通过对这些方法的借鉴与研究,我们建立核心竞争力的相对评价的理论与测算方法。

### 3.4.1 企业核心竞争力有效性前沿的研究方法

企业核心竞争力的有效性前沿作为企业最优利用核心竞争力的管理行为与效果组合的有效边界,从理论上讲应该是唯一存在的。由于核心竞争力的竞争行为和竞争效果之间的关系非常复杂,因此很难确定他们之间的数量关系。我们认为,核心竞争力有效性前沿面的表现形式可采用非参数方法。为了能够深入研究核心竞争力的有效性,首先需要回顾生产有效性分析。

生产有效性分析研究是 Charnes、Cooper 和 Rhodes 这几位学者于 1978 年提出来的。该方法被称为数据包络分析(Date Envelopment Analysis,DEA)。该方法的产生基础是在总结与归纳经济学家 Farrell 的关于私人企业工作的基础上,不断深入分析其研究成果,而形成的一种评估相对有效性的方法。他们提出的 DEA 方法具有以下特点:①非参数性。生产系统的输入输出之间不需要任何参数来确定生产函数;②由观测样本直接确定生产前沿面。研究者只是通过收集每个评价单元的实际观测数据,然后把这些有效的实际数据点利用线性规划技术组合起来,这些通过线性规划技术组合的分段超平面,就是所谓的生产前沿面;③评价的相对性。利用每个单元与生产前沿面的差距,来评价其相对效率。

虽然通过 DEA 方法构造的生产前沿面能够包络所研究的全部数据观测

点，但是只有前沿面上的评价单元反映生产系统输入输出之间的最优关系。对于非前沿面上的评价单元，DEA 的方法是通过计算观测点至生产前沿面之间的距离，来判断评价单元的有效性，该距离能够反映出测评单元相对于生产前沿上的评价单元的投入减少或产出增加，利用该距离所反映的差距来分析判断其生产有效性。

DEA 的具体作法如下：

设有 $n$ 个同类型的被评价单位，第 $j$ 个被评价单位在一项经济（生产）活动中的输入向量为 $x_j = (x_{j1}, \cdots, x_{jm})$，输出向量为 $y_j = (y_{j1}, \cdots, y_{js})^T$，于是，可以用 $(x_j, y_j)$ 来表示这个被评价单位的整个生产活动。称集合

$$T = \left\{ (x, y) \,\middle|\, \sum_{j=0}^{n} \lambda_j x_j \leq x, \sum_{j=0}^{n} \lambda_j y_j \geq y, \lambda_j \geq 0, \sum_{j=0}^{n} \lambda_j = 1, j = 0, 1, \cdots, n \right\} \tag{3-5}$$

其中，$(x_0, y_0) = (0, 0)$，$T$ 为生产可能集。

集合 $T$ 是一个凸集，它满足无效性：设 $(x, y) \in T$，若 $x' \geq x$ 则 $(x', y) \in T$；若 $y' \leq y$ 则 $(x, y') \in T$。这表明在所研究或观测的研究样本中生产活动的基础上增加投入或减少产出的生产活动总是可能存在的。因此，所研究的生产可能集 $T$ 是满足上述条件（无效性与凸性）的所有集合的交集。

在 DEA 中的生产可能集 $T$ 通常是由两个部分构成：①集合的边界；②集合的内部。其集合的边界是由数据 $(x_j, y_j)$ $j = 0, 1, \cdots n$ 生成的包络面，也可以被称为生产前沿面。在集合边界上的研究单元所对应的生产活动，它们实现了在同样的投入状况下的最大产出，我们把这些生产活动称为有效的生产活动；那些落在集合内部的评价单元的生产活动被称为非有效的生产活动。

于是，对任意固定的 $j_0$，通过求解线性规划问题：

$$\max Z$$
$$s.t \sum_{j=0}^{n} \lambda_j x_j \leq x_{j0}$$
$$\sum_{j=0}^{n} \lambda_j y_j \geq Z y_{j0} \tag{3-6}$$
$$\sum_{j=0}^{n} \lambda_j = 1$$
$$\lambda_j \geq 0, j = 0, 1, \cdots n$$

可以确定（$x_{j0}$，$y_{j0}$）在生产前沿面上的投影（$\bar{x}_{j0}$，$\bar{y}_{j0}$），$\bar{x}_{j0} = x_{j0}$，$\bar{y}_{j0} = Z^0 y_{j0}$，如果 $Z^0 = 1$，则（$x_{j0}$，$y_{j0}$）位于生产前沿面上；如果 $Z^0 < 1$ 则表示（$x_{j0}$，$y_{j0}$）在生产可能集 $T$ 的内部，于是，$\mu = y_{j0}/\bar{y}_{j0} \cdot 100\% = 1/Z^0 \cdot 100\%$ 可以衡量被评价单位生产活动（$x_{j0}$，$y_{j0}$）的相对有效性，这个相对有效性称为生产有效性。显然生产有效性反映的是生产活动 $(x, y)$ 与其相对应的有效生产活动 $(x, \bar{y})$ 的差距。

虽然生产有效性能够有效解释被评价单元生产活动的投入产出效果的相对有效性，但是这里也存在一个问题，那就是生产有效性评价包含着评价单元的客观基础条件差异的影响，生产有效性评价仅仅是被评价单元的生产实力，在一定的条件下投入产出的最优比例。

### 3.4.2 企业核心竞争力的有效性

在借鉴了生产有效性研究的基础上，我们提出了核心竞争力的有效性。什么是核心竞争力的有效性呢？它是指评价单元利用最小的核心竞争力达到其期望目标，该目标也可以表示为企业达到预期效果的有效程度。因此我们可以从以下几个角度来理解核心竞争力的有效性：①假如一个评价单元利用自身的核心竞争力实现了比较理想的目标，我们就称之为有效；②假如一个评价单元利用自身的核心竞争力没有实现比较理想的目标，我们就称之为无效；③假如一个评价单元实现比较理想的目标，使用了比其他评价单元更大的核心竞争力，我们同样称之为无效。核心竞争力有效性的提出，为我们提供了判断核心竞争力有效性的方法，它将成为研究核心竞争力及其相关问题的重要的方法。

在借鉴关于生产有效性问题的基础上，为了更深入地研究核心竞争力问题，我们需要建立企业核心竞争力有效性可能集的概念。核心竞争力有效性的集合：

$T = \{(x, y)\}$，当前指数 $y$ 能由参考指数 $x$ 产生出来。

核心竞争力有效性可能集 $T$ 的构成应该满足下面的性质：

（1）可能集 $T$ 具有凸性。对任意的 $(x, y) \in T$ 和 $(\hat{x}, \hat{y}) \in T$，以及任意 $\lambda \in [0, 1]$ 均有：

$$\lambda(x, y) + (1 - \lambda)(\hat{x}, \hat{y}) = (\lambda x + (1 - \lambda)\hat{x}, \lambda y + (1 - \lambda)\hat{y}) \in T$$

(2) 可能集 $T$ 具有无效性。①对任意 $(x, y) \in T$，均有 $\hat{x} \geq x \in T$；②对任意 $(x, y) \in T$，并且 $\hat{y} \leq y$，均有 $(x, \hat{y}) \in T$。

(3) 可能集 $T$ 具有最小性。核心竞争力有效性可能集 $T$ 同时满足凸性和无效性的所有集合的交集。

从上面的定义中，我们能够发现核心竞争力有效性可能集也是由两部分组成：① 核心竞争力可能集合的边界；② 核心竞争力可能集合内部。为了研究方便，我们把核心竞争力有效性可能集的包络线称为核心竞争力有效性前沿。与生产有效性类似，我们利用核心竞争力有效性前沿来定义评价单元相对有效性，定义核心竞争力有效性前沿上的点为有效评价单元，核心竞争力可能集合内部的点为无效评价单元。

我们通过定义了核心竞争力有效性可能集和核心竞争力有效性前沿的概念，在 DEA 相关的理论支持下，就可以建立评价单元的核心竞争力有效性问题的评价方法。具体分析过程如下：

① 确定评价单元的投影。在确定评价单元 $(x, y)$ 之后，利用核心竞争力有效性前沿，就可以判定与它对应的单元 $(x, \bar{y})$。我们称 $(x, \bar{y})$ 为评价单元 $(x, y)$ 在核心竞争力有效性前沿上的投影。

② 确定评价单元的有效性效率。它表示在同样的参考指数的情况下应该达到的最佳核心竞争力的有效性状态，即

$$\eta = y/\bar{y} \times 100\% \tag{3-7}$$

为评价单元 $(x, y)$ 的核心竞争力有效性效率。从式 (3-7) 我们能够看出，核心竞争力有效性效率起到了消除核心竞争力绝对大小的影响，反映了应用核心竞争力的利用效率。因此，可以将核心竞争力有效性效率作为核心竞争力有效性的度量。

假设两个评价单元 $(x_1, y_1)(x_2, y_2)$，核心竞争力有效性效率分别对应为 $\eta_1$ 与 $\eta_2$，如果 $\eta_1 > \eta_2$，则称评价单元 $(x_1, y_1)$ 核心竞争力的应用效果优于评价单元 $(x_2, y_2)$，反之亦然。

核心竞争力有效性所要研究的是企业在市场竞争中，核心竞争力的应用效果与作用。建立核心竞争力有效性概念及其评估方法可真正做到对不同评

价单位都能做出客观公正的评价，从而有利于寻找差距，分析核心竞争力在竞争中的应用低效的深层原因，提高企业核心竞争力在竞争中的应用效率。核心竞争力有效性分析方法必然成为核心竞争力方面的管理与竞争问题的一个十分重要的新工具。

## 3.5 企业核心竞争力有效性的测算方法

根据核心竞争力有效性的定义，核心竞争力有效性能够消除核心竞争力绝对大小的影响，真正反映出管理者运用核心竞争力的能力与水平，在竞争中表现核心竞争力的应用效率。

### 3.5.1 测算企业核心竞争力有效性的总体思路

测算核心竞争力有效性，其评价思想是将参考指数作为横坐标 $X$，把当前指数作为纵坐标 $Y$。假设有三个被评对象参加评估，它们的指数状态分别是 $A(x_1, y_1)$，$B(x_2, y_2)$，$C(x_3, y_3)$，它们的平面坐标的位置如图 3-1 所示。评价对象 $B$ 的参考指数介于评价对象 $A$、$C$ 之间，即 $x_1 < x_2 < x_3$。如果评价对象 $B$ 的指数状态 $B(x_2, y_2)$ 低于 $A(x_1, y_1)$ 与 $C(x_3, y_3)$ 的连线 $AC$，那么可以认定评价对象 $B$ 的有效主观努力程度不如评价对象 $A$ 与 $C$。

我们可以在平面坐标上标出所有被评价对象的指数状态，采用数据包络分析（DEA）方法可以得到指数状态可能集的前沿面。任何被评价对象 $(x, y)$ 均介于某两个处于前沿面的被评对象之间（见图 3-2），将该被评对象的当前指数 $y$ 在前沿面上的对应值记为 $y'$，$y$ 与 $y'$ 的比值 $\eta$ 可作为有效努力程度的一种度量。

### 3.5.2 测算企业核心竞争力有效性的数学模型

设由系统综合评价等方法确定的 $n$ 个测评单位的指数状态为 $(x_j, y_j)$，$j = 0, 1, 2, \cdots, n$，由（3-5）式可以建立指数状态可能集 $T$：

$$T = \left\{ (x, y) \,\middle|\, \sum_{j=1}^{n} \lambda_j y_j \leq x, \sum_{j=1}^{n} \lambda_j y_j \geq y, \sum_{j=1}^{n} \lambda_j = 1, \lambda_j \geq 0, j = 1, 2, \cdots, n \right\}$$

(3-8)

其中，$(x_0, y_0) = (0, 0)$。

我们把核心竞争力的大小、强弱，作为参考指数的一种输入，把核心竞争力的应用效果作为当前指数的一种输出，由式（3-8）可以构造出核心竞争力的可能集（指数状态）前沿面。

指数状态前沿面包络了全部指数状态 $(x_j, y_j)$，$j=0, 1, 2, \cdots, n$，它反映了测评系统输入（参考指数）与输出（当前指数）之间的最优关系。

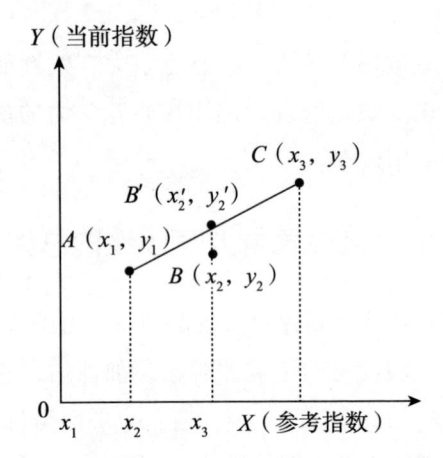

**图 3-1 被评对象有效应用效率程度的几何解释**

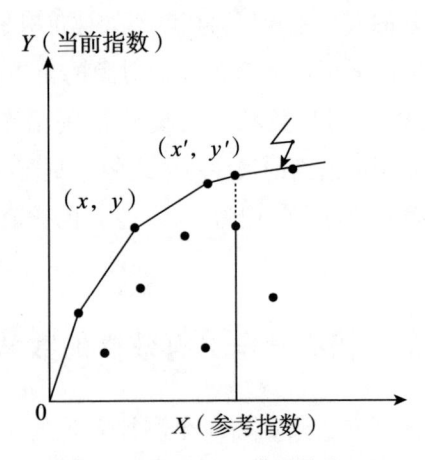

**图 3-2 指数状态可能集的前沿面**

如果线性规划式（3-6）的最优值 $Z^0 = 1$，则评价单元位于指数状态可能集 $T$ 的前沿面上。如果 $Z^0$ 是线性规划式（3-6）的最优值，则令 $\bar{x}_{j0} = x_{j0}$，

$\bar{y}_{j0} = Z^0 y_{j0}$，（$\bar{x}_{j0}$，$\bar{y}_{j0}$）为第 $j_0$ 个测评单位的指数状态（$x_{j0}$，$y_{j0}$）在指数状态可能集前沿面上的投影。

由式（3-8）可以得到各测评单位的相对效率：

$$\eta = y_{j_0}/\bar{y}_{j_0} \cdot 100\% = 1/Z^0 \cdot 100\% \tag{3-9}$$

相对效率 $\eta$ 满足核心竞争力有效性的定义要求，我们把它作为核心竞争力有效性的度量。

## 3.6 本章小结

在分析建立核心竞争力的综合评价指标体系与评价方法的基础上，建立核心竞争力有效性测评方法，准确判断企业管理者运用核心竞争力主观有效程度。本章提出采用建立参考指数、当前指数、指数状态可能集等相关的概念，并以参考指数为输入，当前指数为输出，建立 DEA 模型，确定核心竞争力相对效率的评价方法。这种方法能够较好地实现消除客观基础条件优劣与核心竞争力强弱的影响，真正反映企业管理者在竞争中运用核心竞争力的能力与主观有效努力的程度，因此它符合在竞争中企业核心竞争力的竞争有效性思想的要求。

# 第4章 基于核心刚性的企业核心竞争力的评价

## 4.1 核心刚性产生的原因与分析

核心刚性的出现可能基于以下几个原因。

（1）对过去经验的路径依赖的问题。企业在不断地提升核心竞争力的过程中，有许多成功的经验，会影响未来的活动。例如：核心竞争力的培养、提升需要不断更新知识。企业内部负责创造知识、整合知识的组织，习惯在现有系统内部创造效益，用擅长于过去的创造知识活动方式生产现有知识。由于人们在过去取得了某些方面的成功，就会更多地从过去所熟悉的方法经验中寻找新问题的答案。正是这种对过去经验的依赖阻碍了问题的解决。由于企业是在企业家的领导下，特别是关于企业核心竞争力问题，与企业家有着非常强烈的关系。企业的生产经营活动、市场营销活动，也会面临企业家的行为选择问题，是否对过去经验的依赖。这对企业的绩效和发展有着至关重要的作用。越是特别成功的企业家越容易丧失对环境变化的敏感觉察，从而形成重大失误。因为没有人对非常成功的过去经验表示质疑，特别是在遇到新问题、在某些方面与过去相似的问题时，企业家往往会按照过去的经验去解决。例如，格兰仕在其微波炉领域取得了巨大成功，希望用同样的方法在空调领域复制成功，但是实践证明，这种复制没有成功。由于企业核心竞争力是通过长期努力创建的，并且给企业带来了巨大成功，这种成功是企业从上到下的所有人员，在思想上形成潜移默化的作用，特别是核心集团都会极力维护这种处理核心竞争力问题的方式。因此这种模式会形成成功惯性，随着时间的推移与市场需求的变化，这些成功惯性逐渐渗入企业家的理念和决策行为、企业的活动和组织结构中。当企业环境发生重大变化时，企业的核心竞争力由于不能适应企业环境的变化而演变成核心刚性。

（2）成本转换方面的问题。由于核心竞争力的培育需要投入的资源非常多，而且时间长。降低企业核心刚性，就会导致企业核心竞争力的变更，这种变更往往对降低核心刚性非常有效，但是会使企业现有的核心竞争力被削弱，现有的和潜在的效益和市场占有率可能降低，现有的生产线需要变更，企业现有资产价值也可能减值。因此，这意味着核心竞争力变更的成本巨大，并且企业需要处理现有核心竞争力形成的巨大沉淀成本以及企业现有核心竞争力相关的巨大的互补资产。这种处理可能造成资产损失，形成巨大转换成本。这就使得企业不会主动放弃现有核心竞争力去重新建立新的核心竞争力，而是留在原有核心竞争力道路上继续前进。由于资产形成了专用性的知识，如果发生资产转换，那么专用性的知识也必须转换。资产转换只形成转换成本，而不是重置成本；而专用性知识的转换会导致重置成本。由于员工学习新知识与技能也需要一段时间的积累，因此转换核心竞争力对于核心员工也需要投入学习方面的成本，同时还必须让他们放弃已有知识与技能，这些都可能导致他们会反对甚至阻挠企业进行核心竞争力的转换。

（3）知识选择方面的问题。在核心竞争力的发展过程中，企业会不断发展与完善有竞争力的新知识与技能，同时企业会按照某种模式将其固定下来。因此，当核心竞争力进入成熟阶段之后，在核心竞争力成长过程中与各个阶段有关的方法、经验、技巧等就会被固定下来。这些固定下来的知识在沿着原有的方向或路径拓展，企业家与技术人员都会相信核心竞争力能够在竞争中保持竞争优势，这种信念使他们的兴趣和能力只会在原有的范围内进行创新活动。由于市场需求与技术的发展，新技术会不断替代陈旧的技术，新产品对老产品的替代也不断加速。因此企业需要不断开发新产品，这需要外部技术源和市场的信息，同时对这些信息进行筛选。需要认真研究这些外部知识的标准与流经的渠道。如果知识流动的方向只是朝着原有核心竞争力的方向、已有成果的方向流动，那么就可能阻碍未预期知识的流入，进一步影响企业的核心竞争力的转换。

（4）目标过度的问题。企业的核心竞争力在一些市场竞争中取得成功后，总是能够在这种成功战略的指引下，继续开展生产、扩大生产规模和新市场开拓，并且不断地做得更好，希望核心竞争力在市场竞争中表现得更好。但是这些企业所采取的一些活动和行为是一种潜意识的结果，这种潜意识就是企业的核心竞争力在市场竞争能够取得的竞争优势，比如，在 A 地能够取得成功，在 B 地同样能够取得成功。由于这种活动本质上属于探索性、实验性的，需要经过一段时间的实践活动，才可以作为竞争性优势的合理系统，但是企业过度强调企业目标，过度相信自身的核心竞争力，往往造成了严重的恶果，成功和优势诱使它们的核心竞争力很快从成熟阶段陷入了衰退阶段。

## 4.2 核心竞争力与核心刚性的载体

企业核心竞争力的本质是什么？它是具有企业特性的知识，能够为企业带来竞争优势的知识，它是以个体和组织为载体的，并且这些知识是依附于企业而存在的。在核心竞争力管理中，企业家遇到的一个困境就是核心竞争力能够为企业带来竞争优势的同时也会带来核心刚性，阻碍了企业对新知识、新技术的吸收。这就形成了一个问题。企业需要核心竞争力，但是不希望存在核心刚性。事实是两者相伴而生，是一个问题的两个方面。我们可以这样认为，核心竞争力的载体同时也是核心刚性的载体，核心竞争力在给企业带来竞争优势的同时也带来了阻碍企业发展的核心刚性。因为核心竞争力的刚性特征主要是通过核心竞争力的载体来反映的，而且每一个能够给企业带来核心竞争力的载体都会导致核心刚性的出现，因此我们有必要进一步分析核心竞争力的载体究竟有哪些？

### 4.2.1 核心竞争力的载体

核心竞争力的载体，可以从多个角度去分析与研究，主要有以下几个方面：

（1）从知识的角度。知识与核心竞争力之间的关系非常密切。首先知识是核心竞争力的构成要素，核心竞争力的强弱在很大程度上与知识的内容、多少有关。随着技术进步与市场需求的变化，企业核心竞争力也必须随之变化，以适应新的形势、新的变化。这里有一个核心问题是学习知识能力与创造知识能力的提高。这种提高有助于核心竞争力知识的更新，使企业面对新形势、新问题时还具有竞争力。企业核心竞争力的基础是企业在竞争中，具有相对竞争优势的知识体系。例如，生产系统、技能和知识系统、经营与管理系统、价值系统。企业核心竞争力的表现形式有多种，无论是特有技术、专有技能，还是核心知识、价值规范等，都是人员和组织通过学习与创新才得到的。

（2）从资源的角度。从核心竞争力与企业之间的关系上看，企业核心竞争力依附的载体应该是整个企业；在整个企业中，为核心竞争力提供基本支撑的企业资源，特别的是核心资源。为了形成核心竞争力，企业需要获得重要资源，虽然企业获得资源的过程各有不同，但是核心资源、稀缺资源的获得是非常复杂、艰难的。由于核心竞争力的表现形式是独特的资源和能力，从不同企业之间核心竞争力的差异上看，在某种程度上是由于在获取战略性资源时，在决策和获得过程上的差异构成了企业的核心竞争力的差异，在这点上也反映了企业的战略资源是核心竞争力的重要载体。

（3）从技术创新的角度。企业核心竞争力的作用点是存在于核心产品和特有技术体系上的，技术创新可以通过核心技术、核心产品使企业获得竞争优势。在企业核心竞争力的外在表现形式方面，企业的核心专长和特有能力也是可以通过技术创新来获得提升的。作为企业核心竞争力的重要组成部分，研究开发能力、生产制造能力和市场营销能力等，与技术创新有着非常紧密的联系。在这些部分中，利用技术创新来提升核心竞争力，其所利用的载体主要包括：核心员工、关键设备、有效的组织等。

（4）从组织的角度。核心竞争力是由许多要素组成的，核心竞争力能够使企业在经营环境中具有竞争力并且能够取得竞争优势。这些核心竞争力的形成要素，如核心员工、关键技术、稀缺资源等通过科学、有效的运行机制，融合于组织中。此时核心竞争力所依附的载体应该是核心员工、组织制度、稀缺资产和有效的机制。

(5) 从文化的角度。由于企业文化在企业中的地位越来越重要,因此企业文化也会影响到核心竞争力的各个层面。企业的核心竞争力存在于企业的运行系统中的同时也存在于企业的文化系统中。例如,核心竞争力中的隐性知识存在组织中,也固化于企业文化之中。因此,核心竞争力蕴积在企业的文化中,在企业的各个方面都有表现。此时,核心竞争力所依附的载体应该是核心员工和企业内部环境。

通过以上分析,我们能够发现核心竞争力存在于核心员工、关键知识、有价值的信息、稀缺资源和组织等不同的载体之中。

### 4.2.2 核心刚性的载体

在分析核心竞争力的载体时,我们能够把核心竞争力的载体分成两类:人力资本与非人力资本。这些载体是否也成为核心刚性的载体呢?非人力资本具有刚性特征是非常容易认定的,这是因为在企业有形或无形的资产中总会有一部分具有明显的专用性,这是因为这些具有专用性的资产通常是要与特定的工艺、技术以及特定领域的产品相联系的。如果有基于新技术的新机器在市场中出现,或者市场需求方向有重大调整,就有可能会导致企业发展战略发生重大变化,就意味着对这些专用性资产进行一定的调整、更换。对于企业的人力资本,是否也成为核心刚性的载体呢?在企业的人力资本中,核心人才,特别是稀缺专业技术人才,在某个领域的长期技术创新、具体技术实践使得他们积累了比较丰富的成功经验,这些使得他们形成了在特定的专业领域中拥有专门的知识与特殊的技能,成为处理企业相关的核心产品、终端产品方面的专家。但是如果企业在经营领域、方向或产品等方面进行调整,企业会因很难应对这些专门的技术人才,而变得非常困难。由于人力资本和非人力资本共同存在这种专用性,这将产生很大的障碍阻止企业适应需求变化。因此,这种障碍真正反映了核心竞争力的刚性特征。核心刚性的载体主要有以下几个方面:

(1) 资产。它作为核心刚性的载体,也可以分为有形资产和无形资产。由于是核心刚性的载体,而且还具有稀缺性,并且能够为企业带来利益,在市场上能够产生竞争优势。其中企业的有形资产的专用性是非常明显的,如专用的机器设备、专用技术等。企业的无形资产虽然不像有形资产的专用性那么明显,但也是与特定领域的产品相联系的。因此无论是有形的资产还是无形的资产,都可能产生刚性。由于企业的资产的专用性程度比较高,企业员工必须通过对资产的不断认识、使用、再认识,不断提高认识水平。同时在使用过程中,企业获取了资产相关的知识与技能,使企业的工作过程不断完善。因此这也是一个不断发现问题与解决问题的过程。在积累工作经验、技能、知识等具有竞争力要素的同时,核心刚性也被积累了,使得这类资产不容易变动。

(2) 知识。什么样的知识产生了核心刚性?首先,我们分析一下知识的产生过程。对于企业来讲,知识只有两种渠道,从外部引入和企业自己创造。从外部引入的知识,很难成为核心竞争力构成要素,也就不可能成为核心刚性。企业自己创造的知识,能够进入实际的使用过程,并且能生存下来,这种知识的增长潜力是非常巨大的。随着这些专用性知识在企业中不断得到应用与发展,这种知识在形态上也产生了差别,也就是企业的这种专用知识存量上的结构性。在这样的结构中,对企业核心竞争力起决定性作用的知识是那些能够发挥企业内部资源独特优势的知识。这种知识的特点是稀缺性、独特性、专用性、难以模仿性、非交易性、无形性、隐性的、非格式化的、动态的。由于这类知识特性既不能轻易被转移给其他企业又不容易被竞争对手模仿,所以企业在做这种知识的投资决策时,关键在于判断其是否具有价值,是否具有竞争优势等特征,并且能否将其真正转化为核心竞争力。企业的知识只有具有竞争优势,且经过长时间的积累,才能真正转化为竞争力。这种长时间在知识方面的积累也就产生了核心刚性。

(3) 人才。虽然人才在企业的各个环节都发挥了重要的作用,但是什么样的人才能够成为核心刚性的载体?我们认为需要满足几个条件:① 能够为核心竞争力的关键环节作出贡献;② 掌握企业的核心知识;③ 经过企业的长期培训与实践;④ 在企业的组织中,有重要地位与作用。人才成为核心刚性的载体,从另一角度也说明这些人才能够为核心竞争力作出重要贡献。他们掌握了核心竞争力的关键知识、技能。这些知识和技能包含了他们对知识、技能在特定条件下的应用、理解与认识,并且是无法替代的,是无法从市场上购得的。这种专用人才的作用是在企业内部能够与其他各种人才进行交互作用,对其他人才的成长有很大的促进作用,在这些人才所形成的整体能力中起到关键作用。无论在企业内部还是在外部市场上,都很难找到这种人才的替代品,并且单个的人才也很难在市场上向其他企业出售其专有的技术或技能,因此这些人才将与企业之间形成相互依赖的关系并产生核心刚性。

(4) 组织。要分析组织如何成为核心刚性的载体,首先我们要分析组织对核心竞争力的作用。组织对核心竞争力的作用就是积累知识、技能和配置资源,特别是稀缺资源。在企业的组织中,不同的人才具有不同的位置,如何让组织的人才发挥最大的效率,是组织的重要任务。通常情况下,为了保证人才能够发挥最大的效率,人才在组织中的位置相对稳定,使他们能够长时间进行知识、技能的积累与提高,使组织成员在各自的岗位上成长为技术能手。同时组织活动,不仅使企业员工的技能不断成长,而且也使得员工、知识和资产之间形成紧密的依赖关系,这些对核心竞争力的建立和积累有着重大的影响。随着组织活动的不断深入,企业的组织规则与组织成员的活动之间相互适应,能够把具有企业特性的知识和技能按照组织规则逐步积累起来,这种组织规则与结构的相对稳定程度产生了核心刚性。

通过以上分析,我们能够发现,核心竞争力的载体与核心刚性的载体大致相同,也就是说产生了核心竞争力的同时,也就产生了核心刚性。

### 4.2.3 核心刚性的两种形式

虽然核心刚性有许多载体,但是核心刚性对核心竞争力最突出的影响往往表现在技术方面。根据企业应对不同的技术变化所产生的行为,核心刚性可以产生不同的形式:核心刚性分为范式刚性与惰性刚性。惰性刚性是指核心竞争力中的核心技术按照一定的技术轨迹演变,企业的技术能力更新没有跟上竞争对手的技术能力更新,产生了因成功而形成的惰性,出现不适应环境的新变化、新趋势,市场占有率降低而引起企业收益的下降。范式刚性是核心竞争力面对技术的突然变化,近期无法迅速提升技术能力,而形成的技术差距导致企业市场占有率下降、收益降低。

核心竞争力与核心刚性的变化如图 4-1 所示,由于核心竞争力的产生与成长也包含着核心技术的产生与成长,因此同样遵循技术的 S 形生长曲线。企业开始形成核心竞争力时,可能会从众多的能力中培养、识别出核心竞争力,这需要一个相对比较长的过程,一旦确定核心竞争力的培养方向,核心竞争力的成长过程就会表现为一种相对稳定的模式。利用这种稳定模式,我们可以分析核心竞争力特征的演化过程。这里我们分析核心竞争力的能力特征随时间发生变化的过程。图 4-1 描述的曲线是核心竞争力的成长、发展以及核心刚性的演化过程,在这个过程中,核心竞争力从出现到其能力特征,能够凭借核心竞争力获得超额收益,到出现核心刚性使核心竞争力丧失超额收益的时间的长短也会因不同的企业而有所不同。

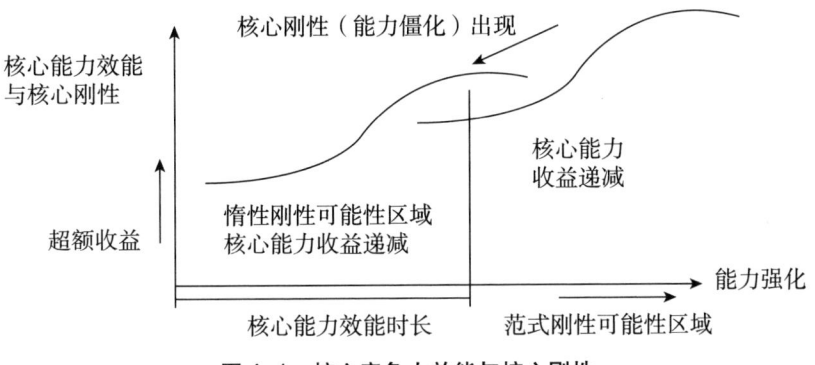

**图 4-1 核心竞争力效能与核心刚性**

为了更好地研究核心竞争力与核心刚性问题,我们把企业的某个核心竞争力从开始建立,能够在市场上为企业支撑产品,获得竞争优势并且能赢得超额收益,一直到开始出现核心刚性并且无法获得超额收益,称作核心竞争力的效能长度。核心竞争力的效能长度表示了核心竞争力能够为企业在市场上获得超额收益的时间长度。当外部因素发生变化时,如新技术的出现、消费趋势的变化以及竞争对手的能力增强等,都会使得企业核心竞争力效能长度发生变化。因为企业内部的核心刚性问题导致企业没有积极应对新变化而引起产品竞争力下降、市场份额降低,超额收益的下降或消失。这时核心刚性就会体现在企业的营销业绩上。

## 4.3 核心刚性的指标体系

### 4.3.1 核心刚性的测度

巴顿从知识创新的角度指出，核心刚性是同核心竞争力一样复杂的系统，同样由4个维度组成：物理系统、技能与知识、管理系统以及价值观。巴顿仅仅从组织是知识聚合体角度提出了核心刚性的四个维度，并没有确立具体的指标体系进行实证研究。

陈松涛等从核心刚性的五种表现形式（即战略管理子系统、资产子系统、组织子系统、技术子系统和人力资源子系统）构建核心刚性的评价指标体系。该指标体系分为三层：① 目标层：核心竞争力刚性；② 主指标层：包括战略资源和组织的自我强化性、投资的不可还原性、核心技术的低开拓性、知识和信息流动的限定性和组织心智模式的封闭性五个指标；③ 分指标层：通过对五个主指标的细化，提出一些反映五个主指标的分指标。

陈传明等做了企业组织刚性影响因素的实证研究。他从以下五个方面构建了指标体系：①权力因素；②文化因素；③激励平衡因素；④人力资源因素；⑤制度和规则因素。在这五个方面的指标中，还包含了17个分指标。该学者还针对这些指标进行了主成分因子分析。其实证结果表明，影响组织刚性的因素可分为5个因子：权力因素测量了两个部分：权力集中因素和文化影响因素中的变量。文化因素测量了四个部分：①核心与非核心部门财务支持比较；②核心与非核心部门人员晋升机会比较；③核心与非核心部门人员收入水平比较；④实验性活动。激励平衡因素测量了三个部分：①中高层管理人员总体外聘情况；②核心部门人员的知识结构；③核心部门人员总体更新情况。人力资源因素测量了三个部分：①组织制度变化情况；②工作标准化；③工作专门化。制度和规则因素主要是通过测量权力平衡和决策制定这个变量。

综上所述，目前国内外的学者对核心刚性的测度主要采取了知识载体观和路径依赖观。在知识载体观中，巴顿从知识角度提出了核心刚性的四个维度。在路径依赖观中，陈松涛等从核心刚性的五种表现形式构建核心刚性的评价指标体系。这些学者所提出的研究视角是非常有意义的，核心刚性的指标体系也是比较完善的。

通过对目前学者在核心刚性评价指标体系方面的研究成果的分析，我们认为可以把核心刚性看作由三部分组成：战略核心刚性（指企业在外部环境的知识与技能中表现出来的刚性）、组织核心刚性（指企业在对内部过程中表现出来的刚性）及技术核心刚性（指企业在核心技术单元的知识和特有技能过程中表现出来的刚性），然后分别从三个方面考察核心刚性与营利性之间的关系，也会得到有意义的结论，这将是从核心竞争力理论出发，分析核心刚性与企业绩效相关性的较好途径。

### 4.3.2 核心刚性的评价指标设计

根据前文的分析，我们可以把核心刚性的评价指标体系分为三层：

（1）目标层：核心竞争力刚性。

（2）主指标层：包括战略资源和组织的自我强化性、投资的不可还原性、核心技术的低开拓性、知识和信息流动的限定性和组织心智模式的封闭性五个指标。

（3）分指标层：通过对五个主指标的细化形成，具体指标如表4-1所示。

核心刚性的综合评价模型：对于上述核心刚性各层次的指标，我们采用层次分析（AHP）法来确定其权重。通过向有关专家反复征求意见，根据1—9比率标度法确定了一级指标及各一级指标下设的二级指标的判断矩阵，并利用层次分析法确定了各项指标的权重。采用多层次模糊综合评价方法对企业的核心刚性进行评价，获得核心刚性的综合评价值。

表 4-1 核心刚性的评价指标体系

| | 主指标 | 分指标 |
|---|---|---|
| 核心竞争力的刚性指标体系 | 战略资源和组织的自我强化性 | 核心产品市场销售的增长趋势 |
| | | 企业战略（资产）的增长趋势 |
| | | 企业成长过程中组织制度和规则的延续程度 |
| | 投资的不可还原性 | 有形资产价值量的大小 |
| | | 无形资产投入量的大小 |
| | 核心技术的低开拓性 | 与企业生产经营相关的下游产业的广度 |
| | | 核心技术在新产业领域的应用前景 |
| | | 企业核心产品设计生产环节的多少 |
| | | 企业生产经营设计不同领域技术范围的广度 |
| | 知识和信息流动的限定性 | 权力向核心部门的集中程度 |
| | | 激励偏向核心部门的程度 |
| | | 内部制度和规则的严格性 |
| | | 对待不同观念或价值观的包容度 |
| | | 企业内部不同部门间交流范围的广度 |
| | | 企业与外界交流范围的广度 |
| | 组织心智模式的封闭性 | 核心部门（成员）知识的相似度 |
| | | 核心部门内工作任务多样性的高低 |
| | | 核心部门成员更新比率 |

## 4.4 基于核心刚性的企业核心竞争力相对评价模型

### 4.4.1 指数与指数状态可能集

为了方便研究问题，我们做如下的假定：

（1）核心刚性的大小与核心竞争力的大小，成线性关系，核心竞争力越大，核心刚性潜力越大。

（2）同类企业的核心刚性，在核心竞争力的大小趋同的情况下，核心刚性评价值的大小具有可比性。

(3) 企业的核心刚性，通过有效的方法可以改善。

假设有 $n$ 个被评价企业的核心竞争力，在建立评价系统的指标体系以后，采用系统评价等方法对第 $j$ 个被评价企业的核心竞争力进行评价的结果为 $x_j$，我们把 $x_j$ 称为第 $j$ 个被评价企业参考指数；利用核心刚性指标体系，采用系统评价方法对第 $j$ 个被评价企业的核心刚性进行评价，假设结果为 $y_j$，我们把 $y_j$ 称为第 $j$ 个被评价企业的当前指数；数据对 $(x_j, y_j)$ 称为第 $j$ 个被评价企业的指数状态。于是由 $n$ 个被评价企业的指数状态 $(x_j, y_j) j = 0, 1, \cdots, n$ 可以建立集合：

$$T = \{(x, y)\} \mid \sum_{j=0}^{n} \lambda_j x_j \leq x, \sum_{j=0}^{n} \lambda_j y_j \geq y, \lambda_j \geq 0, \sum_{j=0}^{n} \lambda_j = 1, j = 0, 1, \cdots, n\}$$

(4-1)

其中，$(x_0, y_0) = (0, 0)$。称由式（4-1）确定的集合 $T$ 为指数状态可能集。

### 4.4.2 指数状态可能集的性质

(1) 凸性。对任意的 $(x, y) \in T$ 和 $(\hat{x}, \hat{y}) \in T$，以及任意 $\lambda \in [0, 1]$ 均有：

$$\lambda(x, y) + (1 - \lambda)(\hat{x}, \hat{y}) = (\lambda x + (1 - \lambda)\hat{x}, \lambda y + (1 - \lambda)\hat{y}) \in T$$

从理论上分析，核心竞争力越强，可能核心刚性也越大，核心竞争力越强大，特别在核心竞争力进入成熟期后，核心刚性就越强，影响核心竞争力在竞争中发挥的竞争优势就相对减弱。企业为了在竞争中保持并增强竞争优势，就必须依据顾客的需求，调整核心竞争力并适当增强核心竞争力，虽然核心竞争力增大了，但核心刚性并没有多少变化。从这个含义上分析，由核心刚性与核心竞争力评价值所形成的前沿面，具有凸性。如果我们在选取评价样本时，使 $(x, y) \in T$ 和 $(\hat{x}, \hat{y})$ 比较接近，就可能实现或近似以 $x$ 和 $\hat{x}$ 的 $\lambda$ 及 $(1 - \lambda)$ 比例之和的输入，可以产生分别以 $y$ 和 $\hat{y}$ 的相同比例之和的输出。

(2) 无效性。(i) 对任意 $(x, y) \in T$，并且 $\hat{x} \geq x$，均有 $(\hat{x}, y) \in T$；(ii) 对任意 $(x, y) \in T$，并且 $\hat{y} \leq y$，均有 $(x, \hat{y}) \in T$。这就是说，可能存在核心竞争力比较强，但所创造的核心刚性并不大的情况。

(3) 最小性。指数状态可能集 $T$ 是满足上述条件 1—2 的所有集合的交集。

### 4.4.3 基于核性的企业核心竞争力相对评价模型的建立

这里引入指数状态及指数状态可能集的概念。假设 $x_j$、$y_j$ 分别为第 $j$ 个企业的参考指数和当前指数（$x_j$、$y_j \in E_1$），$E_1$ 为利用系统评价方法测算得出各企业综合指数的集合，则称数组（$x_j$, $y_j$）为第 $j$ 个企业的指数状态，称凸集，为由指数状态 $\{(x_j, y_j)\}_0^n$ 所组成的指数状态可能集，其中（$x_0$, $y_0$）=（0, 0）。

数据包络分析面向输出的 BCC 模型为：

$$\max Z$$
$$\text{s.t.} \sum_{j=0}^{n} \lambda_j x_j \leq x_{j_0} \tag{4-2}$$

$$\sum_{j=0}^{n} \lambda_j y_j \geq Z y_{j_0}$$

$$\sum_{j=0}^{n} \lambda_j = 1, \lambda_j \geq 0, \quad j=1,2,3\cdots,n \tag{4-3}$$

若线性规划（4-2）的最优值 $Z^0 = 1$，则称该企业处在指数状态可能集 $T$ 的前沿面上；若 $Z^0 > 1$，则该企业不在 $T$ 的前沿面上。令 $\bar{x}_{j_0} = x_{j_0}$，$\bar{y}_{j_0} = Z^0 y_{j_0}$，显然（$\bar{x}_{j_0}$, $\bar{y}_{j_0}$）处在 $T$ 的前沿面上，则称（$\bar{x}_{j_0}$, $\bar{y}_{j_0}$）为企业 $j_0$ 的指数状态（$x_{j_0}$, $y_{j_0}$）在指数状态可能集 $T$ 前沿面上的投影。

如图 4-2 所示，其阴影部分表示指数状态可能集 $T$，（$x_1$, $y_1$）和（$x_2$, $y_2$）分别代表企业1、企业2的指数状态。其中企业1的指数状态（$x_1$, $y_1$）处于指数状态可能集 $T$ 的前沿面上（此时 $Z^0 = 1$）；企业2的指数状态（$x_2$, $y_2$）不在指数状态可能集 $T$ 的前沿面上（此时 $Z^0 > 1$），（$\bar{x}_2$, $\bar{y}_2$）为指数状态（$x_2$, $y_2$）在指数状态可能集 $T$ 前沿面上的投影。

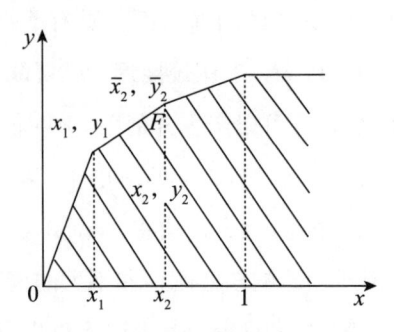

图 4-2 指数状态可能集示意图

综合以上两种情况，如果 $Z^0$ 是（4-3）式的最优值，则称：

$$\eta = 1/Z^0 \times 100\% \tag{4-4}$$

上式为第 $j_0$ 个企业核心刚性的相对评价值。由 $1/Z^0 = y/\bar{y}$ 可见，该评价值是每个企业核心竞争力的当前指数占相同条件下核心刚性可能达到的最大值的百分比。

该评价值的意义在于能够有效说明，在当前核心竞争力的强弱程度及在企业竞争环境下，企业核心刚性的相对强弱。该评价值能够反映与其他核心竞争力的核心刚性的相对比较，因此能够获得的信息是当前的核心刚性是否需要调整。从目前的研究文献来看，关于核心刚性的综合评价值，都采用模糊综合评价的方法，来得到一个数值。由于核心刚性的大小与核心竞争力的大小有关，因此单个的综合评价值大小，无法真正反映核心刚性的大小，更不能提供核心刚性是否需要调整的信息。

## 4.4.4 基于核心刚性的企业核心竞争力相对评价值的分析与判断

（1）利用核心刚性相对评价值分析

由核心刚性与核心竞争力所形成的可能集由两部分组成：一是集合的边界，二是集合内部。我们把集合的上边界称为核心刚性前沿。通过核心刚性前沿可以给出评价单元相对有效的定义，我们称核心刚性前沿上的点为有效单元，集合内部的点为无效单元；或者用评价单元同核心刚性前沿的距离来判断其有效性，具有严格正距离的评价单元为非有效单元，而零距离评价单元为有效单元。核心刚性前沿代表最大核心刚性，也就是该核心竞争力形成了最大的核心刚性。

确立了核心刚性可能集和核心刚性前沿的概念之后，便可以判断评价单元核心刚性的问题以及如何确定评价单元的核心刚性的相对大小。

给定评价单元 $(x, y)$ 之后，在核心刚性前沿上便可确定与它对应的单元 $(x, \bar{y})$，称 $(x, \bar{y})$ 为评价单元 $(x, y)$ 在核心刚性效率前沿上的投影。它表示在同样的参考指数情况下应该达到的最佳核心刚性状态。

不难看出，核心刚性相对评价起到了消除客观条件优劣与核心刚性绝对大小的影响，同时反映出评价单元产生单位核心竞争力时，而形成的核心刚性。因此核心刚性的相对评价值可以作为核心刚性的度量。

假设两个评价单元$(x_1, y_1)$ $(x_2, y_2)$，它们的核心刚性相对评价值分别对应为$\eta_1$与$\eta_2$，如果$\eta_1 > \eta_2$，则在产生相同强度核心竞争力的条件下，评价单元$(x_1, y_1)$的核心刚性大于评价单元$(x_2, y_2)$的核心刚性。

(2) 关于核心竞争力的分析

如果评价单元$(x_1, y_1)$处于前沿面上，则表明该核心刚性的相对效率已经达到最大，该评价单元核心竞争力的发展方向只能通过改变核心刚性才能提升核心竞争力；或者改变核心竞争力的发展方向。如果评价单元$(x_1, y_1)$处于前沿面下，并且离前沿面有一定的距离，则该评价单元可以在该方向上，继续发展核心竞争力，也可以选择新的方向来发展核心竞争力。

(3) 关于核心刚性的分析

如果评价单元$(x_1, y_1)$处于前沿面上，则表明该核心刚性效率达到最大，如果降低核心刚性，就有可能影响核心竞争力，并且必须与顾客价值的方向一致。如果评价单元$(x_1, y_1)$处于前沿面下，则表明该核心竞争力的应用效率没有达到最大，如果提升顾客价值，则首先要检查核心竞争力的方向与顾客价值的方向是否一致，其次分析核心竞争力应用的效率，最后研究提升核心竞争力（包括增强核心竞争力与改变核心竞争力的方向）所能够提升的顾客价值。

## 4.5 本章小结

本章在介绍核心刚性的理论上，分析了核心刚性产生的原因与机制；在分析与总结国内外学者研究核心刚性评价指标体系的基础上，给出了核心刚性的评价模型；分析了核心刚性与核心竞争力的相互关系，提出了核心刚性的相对评价模型。

# 第5章 基于顾客价值的企业核心竞争力评价

## 5.1 顾客价值与企业核心竞争力

目前，国内外许多学者比较一致地认为，顾客价值与企业核心竞争力可能存在着某种内在的联系，揭示这种联系是我们研究顾客价值与核心竞争力问题的重要意义。但是，顾客价值与企业核心竞争力究竟存在何种联系？核心竞争力在企业创造的顾客价值中究竟起到多大的作用？到目前为止，还没有针对这一问题比较深入的研究。

### 5.1.1 顾客价值的动态性与企业核心竞争力的变动

顾客价值是随着顾客群体的需求变化而发展的。在市场中，随着顾客价值理论，已经被大多数管理学者、企业家接受，企业的竞争焦点不一定是竞争对手，更可能是看哪个企业能够创造更大的顾客价值。顾客价值的动态性，使得企业产品（服务）的价值和价值组合都具有动态性质。对企业来说，产品新旧价值的变化，往往是企业战略转折的重要标志。由于顾客价值是动态的，其变化方向是决定产品（服务）发展方向和决定核心竞争力变动的最重要因素。因此，企业首先必须准确判断顾客价值的变化趋势、方向等问题。在此基础上分析、研究企业可能提升的顾客价值，同时企业也必须仔细研究自身的核心竞争力能够为企业的产品（服务）创造顾客价值所提供的支撑力有多大以及核心竞争力需要作出哪些变动。其次企业需要有关于核心竞争力变动方面的时间安排。因为核心竞争力对顾客价值的转换，需要对其形成要素作出调整，通常需要较长的时间才能完成价值维度和"价值点"的合理排序，从而适应顾客价值的动态变化。

### 5.1.2 顾客价值与企业核心竞争力在市场中的竞争模式

（1）在卖方市场情形下。在卖方市场情形下，如果企业的产品在市场上是供不应求的，那么企业暂时可以不考虑市场上的竞争对手问题。此时，企业的核心竞争力在市场中的竞争模式在于生产效率和生产规模，只要提高生产效率与扩大企业规模就能给企业带来更大的经济效益。由于在市场上总存在一些顾客买不到的产品，企业可以抬高产品或服务的价格，使供给与需求在更高的价格下达到平衡。这些顾客的需求要得到满足，就不得不支付更高的费用。在这种情况下，企业没有必要研究竞争对手创造的顾客价值。

（2）在买方市场情形下。在竞争激烈的买方市场上，总有一些企业的产品卖不出去；企业面临的最大的问题是由于生产过剩而产生的竞争问题，但是竞争的焦点却不同。最初，企业之间往往把竞争对手当作竞争焦点，在市场上尽可能打压竞争对手，不仅要考虑企业的生产管理问题，而且需要考虑市场销售问题。企业为了生存，相互竞争的结果往往是两败俱伤。随着顾客价值概念的提出，顾客价值研究也不断深入，企业更关心顾客如何选择才能给自己带来最大价值。按照这种原理，企业必须通过使顾客价值最大化来实现自身价值的最大化。这是现代管理研究领域的一大进步。例如，如果某个企业不能为顾客创造市场上大多数企业能够为顾客创造的价值，就必须减少顾客支付的费用，让顾客感知价值趋向于市场上大多数企业能够为顾客创造的价值，直至顾客有一定的动力去决定购买该企业的产品或服务，为了达到这个目的，该企业的盈利趋向于零，直到开始亏损仍然继续坚持，因为这样可以减少损失。

我们认为，企业以顾客价值为中心，它将企业利益与顾客价值紧密联系在一起，是顾客在市场上众多的可以相互替代的产品中选择的最主要依据。企业要想在市场上有竞争力，就必须有能力提供更大的顾客价值。因此企业能不能为顾客提供比竞争对手更大的价值，将直接影响企业在市场竞争中的地位。企业能够为顾客创造比竞争对手更大价值的能力将成为企业在市场中的竞争力，甚至成为核心竞争力。因此，在顾客价值理念的推动下，企业核心竞争力在市场上的作用方式也是以顾客价值为中心。

随着提升顾客价值成为企业在市场竞争的主要目标，企业核心竞争力对顾客价值的有效作用结果成为企业考察其核心竞争力的重要标准。同时也为评价核心竞争力提出了新的方向：能够最大限度地提升顾客价值的核心竞争力，才有价值。

### 5.1.3　企业核心竞争力在市场上的竞争焦点

企业在市场上生存、竞争，从现象上看，企业会受到来自竞争对手的压力，从而会尽可能打压竞争对手；但是从本质上看，企业提供的产品只有受到顾客的欢迎，企业才可能生存下去。在市场竞争中，不同的企业家，有不同的认识。对竞争焦点的认识，也在某种程度上反映了企业家对该问题的认识。许多企业家在研究发展战略时常常会将超过或击败竞争对手作为发展目标；也有很多企业家在竞争中首先要击败竞争对手，然后才考虑顾客价值；也有一些企业家则根本不考虑顾客价值问题。例如，格兰仕的微波炉市场占有率非常高，把许多竞争对手都打败了，但是企业的利润与之对应的市场占有率相比却非常少。

如果市场竞争的焦点是竞争对手。这对于相互竞争的企业而言都将是毫无意义的消耗，并且将会使企业的生存环境变得更差。企业间的任何竞争都可能给顾客带来某些价值，但是企业间的竞争目的是打击竞争对手，竞争的核心偏离了顾客需求、顾客价值，这样的企业也许能打败其他同类的竞争对手，但不可能打败创造更大顾客价值的企业。

如果市场竞争的焦点是顾客。这时企业竞争的核心是顾客。企业为顾客创造更大的顾客价值将成为最有效的竞争力。只有这样，企业在市场竞争中才真正具有击败竞争对手的能力，并且能够为企业带来更大的价值，从而有助于企业的发展。

从竞争的效果上看，选择市场竞争的焦点是顾客，更符合企业的利益。

### 5.1.4 顾客价值与企业的市场竞争力

市场上的顾客选择商品的标准，决定了商品的竞争力。一般情况下，顾客都在市场所提供的商品中，寻找与判断对他们自己来讲最有价值的商品。因此商品所提供的顾客价值大小将成为市场上商品竞争力的大小，企业努力的方向将变成为顾客创造比竞争对手更大价值的产品。

因此，市场竞争的本质，不是打垮竞争对手，而是比竞争对手创造更大的顾客价值。只有创造更大的顾客价值，企业才能实现盈利。如果企业不能创造高于市场上平均水平的顾客价值，就有可能导致顾客流失，销售量下滑，利润下降，甚至出现亏损。如果没有顾客价值创新、提升核心竞争力创造顾客价值、扩大企业规模降低成本等手段，那么企业就只能通过降价来提高顾客价值，但是降价是有限度的，是不可能超过成本的，否则企业将发生亏损，最终不得不退出该行业。如果企业不降价，也会导致顾客流失、销售停滞，利润下降，当销售量小于盈亏平衡点时，企业必然亏损，最终不得不退出该行业。

在激烈的市场竞争中，企业面临的最重要的战略任务是如何利用自身的核心竞争力，更好地满足顾客需求、创造出更高的顾客价值。在利用核心竞争力创造顾客价值的过程中，可以有两个方面：①原有顾客价值模式。在该模式下，核心竞争力的主要作用是降低成本、提高生产效率等。②创新顾客价值模式。在该模式下，核心竞争力的主要作用是调整核心竞争力的方向，提高核心竞争力创造顾客价值的效率。例如，分析将能够提升顾客认为价值大的部分，并且利用核心竞争力提升该部分的功能、质量等，同时减少顾客认为价值不大，但又花费了很大的成本的部分。这样可以在不增加顾客支付成本，甚至减少顾客成本的情况下，还能为顾客提供更大的价值。因此，提升顾客价值是真正研究顾客的需求，依据企业自身的能力为顾客提供更大的价值，而简单地模仿竞争对手的行为或者改善竞争对手的行为是不可能为顾客创造更大的价值的。

通过以上分析，我们认为真正的市场竞争力是企业能够在市场竞争中，依靠自身的能力创造比竞争对手更大的顾客价值，而不是通过减少利润实现更大的顾客价值。在激烈竞争的市场环境中，能够创造更大顾客价值的企业，才具有更大的市场竞争力。这是因为顾客价值是企业之间竞争的核心，创造顾客价值也同样是企业实现利润的最重要的力量；同时企业能够打败竞争对手也是因为企业创造了更大的顾客价值。

## 5.2 顾客价值创造与企业核心竞争力

企业核心竞争力是分布于组织内部并跨越不同业务单位的特殊物质。核心竞争力就是所有能力中最核心、最根本的部分，能够通过向外辐射，作用并影响企业其他能力的运用与发挥。因此核心竞争力是否强大，将直接影响企业的竞争力，直接影响企业创造顾客价值的能力。虽然对于核心竞争力具有不同的见解，但众多研究者都强调了核心竞争力对企业建立与保持竞争优势的重大意义。

### 5.2.1 企业核心竞争力创造顾客价值与企业利润

企业虽然处于一个激烈竞争的市场环境中，但是仍然是需要追求利润的。企业在创造顾客价值的过程中，也创造了企业利润。这里企业必须面对顾客价值与企业利润之间的关系问题。它们两者之间的关系是：① 没有矛盾。企业为顾客创造了非成本方面的价值，如延长产品使用寿命的方法、技巧，提高服务质量等。②有矛盾。企业可能会面临更大的顾客价值与减少利润之间的问题。企业在市场上生存，其主要目标就是赚取利润。但是企业只考虑本身利润，往往不一定能够获得更多的利润。如果企业能够比竞争对手创造更大的顾客价值，这样的企业才能够实现更多的盈利。

企业生产所创造的总价值应该等于企业利润与顾客价值之和。企业将总价值分割为多少顾客价值，多少企业利润，将是一个企业策略问题。增大顾客价值，有可能提升产品的市场竞争力，增加销量来补充减少利润的损失。还有可能会增加利润。如果将顾客价值减少到市场中企业的平均水平，那么该企业的产品的市场竞争力弱，销量也只是平均水平，虽然单个产品的利润高，但是整体销量低，也可能使整个利润额减少。

面对这个矛盾，企业可以利用自身的核心竞争力创造出更大的总价值，在保障顾客价值拥有竞争优势的前提下，为企业创造利润。在这个过程中，企业就需要发挥核心竞争力的作用，增加企业产出的总价值，或者降低企业成本。企业最重要的任务就是利用自身的核心竞争力完成提高企业产出的总价值与降低成本。

### 5.2.2 企业核心竞争力应用与顾客价值曲线

由于任何企业生产的产品（服务），所包含的顾客价值不可能是单一的，通常情况下会包含多个价值，是一种依据大多数顾客需求的价值组合。企业在研究市场上大多数顾客对产品的顾客价值点的期望，对产品所涉及众多的"价值点"的分类与整理，形成了某产品顾客价值的维度。顾客价值维度一方面代表了市场上顾客对价值的需求，是企业对顾客价值的分析与研究结果在产品（服务）"价值点"上的反映；另一方面也代表了企业依据市场上顾客的需求与自身的竞争力在产品（服务）上的价值创新。什么是顾客价值曲线呢？顾客价值曲线是将多个价值维度及"价值点"连接起来所形成的曲线，它既可以表示企业对顾客的价值定位，也表示和竞争对手的差别，应该包括竞争优势与差距。

在市场上，由于不同企业的同类产品之间进行竞争时，是通过产品带来的顾客价值吸引顾客，因此该类型的竞争在很大程度上是产品的顾客价值组合之间的竞争。在产品的顾客价值组合中，其价值维度以及关键的"价值点"，不仅能够反映顾客需求，而且也是企业顾客价值创新的体现。如果企业试图超越竞争对手，就必须分析顾客关注的"焦点"。企业对产品价值维度的认定，是基于对顾客需求的理解，在市场上体现为产品竞争力。准确把握产品（服务）的价值维度及关键"价值点"的能力，是企业最重要的能力之一，不仅体现企业洞察顾客价值的能力，也体现企业顾客价值创新的能力与面对风险的魄力。企业将核心竞争力的方向与顾客价值创新的方向调整一致。企业依据自身的核心竞争力所创造的价值，来自企业创造的价值链上某些特定的价值活动，这些特定的价值活动构成企业价值链中的"战略环节"，企业就是要依据市场顾客需求的变化，重新设计和开发核心竞争力，使其在这些价值环节上发挥更大的作用，使核心竞争力与创造顾客价值之间实现良性互动。

### 5.2.3 企业核心竞争力与优化顾客价值

如何利用核心竞争力对顾客价值进行优化是企业利用核心竞争力在市场上进行竞争的战略命题。优化顾客价值，体现了企业利用核心竞争力的水平以及核心竞争力的强度。利用核心竞争力优化顾客价值关系的主要方式：①不改变顾客的价值曲线。这种情况可以有三种方法：一是在顾客支付价格不变的情况下，为顾客提供比竞争对手更能满足顾客需求的价值；二是在顾客价值不变的情况下，使顾客支付价格降低；三是增加顾客价值大于增加顾客支付价格。②改变顾客价值曲线。该模式进行优化顾客价值，意味着企业需要进行价值创新，改变原有顾客价值体系，需要利用自身的核心竞争力创造比竞争对手更能满足顾客需求的顾客价值体系。从竞争的角度看，行业中的顾客价值体系存在的形态，如果企业不抢先去改变，那么也一定有竞争对手去改变。哪个企业率先打破均衡，优化顾客价值，哪个企业就将获得竞争优势。

### 5.2.4 不同阶段的企业核心竞争力对顾客价值的作用

由于核心竞争力具有生命周期的特征，在生命周期的不同阶段，核心竞争力的强弱有很大的差异，核心竞争力对顾客价值的作用方式也存在很大的差异，可以将其分为三个层次：

（1）处于形成期的核心竞争力。由于核心竞争力刚刚形成，其核心竞争力比较小，不超出（甚至落后于）竞争对手，企业需要发现、把握市场机会，形成竞争优势，去创造顾客价值。

（2）处于成长期的核心竞争力。由于核心竞争力已经形成，其实力与竞争对手大体相当，在这种情况下，其竞争优势以企业的重要资源为基础，如资金、技术和人力资源等，企业主要凭借核心竞争力去创造顾客价值。

（3）处于成熟期的核心竞争力。由于核心竞争力处于最好的状态，企业的竞争优势的获得不仅仅来源于主要资源和能力，而且来源于企业内部独特的隐性知识。由于其具有独特性、稀缺性的特点，使得企业具有与众不同的创造顾客价值的能力。这些企业具有独特的竞争优势，是其他企业无法模仿的。

处于第一个阶段的核心竞争力由于刚刚形成，独特性、稀缺性的特点还不具备，容易被模仿和跟进，因此它是短期性的、不稳定的；而后两个阶段的核心竞争力由于在一定程度上具备了独特性、稀缺性的特点，因此它是长期性和相对稳定的。

## 5.3 顾客价值评价模型

### 5.3.1 顾客价值的评价问题

通过前面章节的分析，我们知道了顾客价值的重要性。但是如何评估企业所创造的顾客价值将是一个非常重要的问题。这里我们利用在顾客价值问题方面，非常著名的学者菲利浦·科特勒的研究成果。他给出了关于顾客价值的定义：顾客价值是指总顾客价值与总顾客成本之差。他进一步细化了定义的内容。如图5-1所示，主要有以下两个部分：

（1）总顾客价值，是由产品价值、服务价值、人员价值和形象价值四个部分组成。代表了顾客期望从某一特定产品或服务中获得的一组利益。在总顾客价值中，各项形成要素的具体内容如下：

①产品价值主要是通过产品的内部特性（功能、品质）和外部特性（规格、品种、式样）对顾客所产生的价值。

②服务价值由两个部分组成：一是与产品本身相关的服务；二是与顾客使用产品相关的服务。这些服务是顾客对企业提供产品更加满意所产生的价值。

③人员价值是通过企业员工的基本素质（经营思想、知识水平）和工作效果（工作效率、业务能力和应变能力）两个部分所产生的价值。

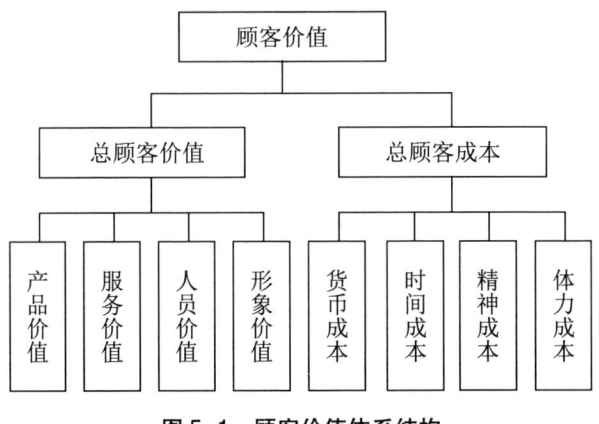

```
                    ┌─────────┐
                    │ 顾客价值 │
                    └────┬────┘
              ┌──────────┴──────────┐
        ┌─────┴─────┐         ┌─────┴─────┐
        │ 总顾客价值 │         │ 总顾客成本 │
        └─────┬─────┘         └─────┬─────┘
     ┌────┬───┴┬────┐         ┌────┬──┴─┬────┐
   产品 服务 人员 形象         货币 时间 精神 体力
   价值 价值 价值 价值         成本 成本 成本 成本
```

图 5-1　顾客价值体系结构

④形象价值是由企业形象及其产品形象两个部分组成，这两个部分是在顾客中形成的，比社会平均水平更好的总体形象所产生的价值。

（2）总顾客成本是指与产品或服务相关的顾客的预计费用，是由货币成本、时间成本、精神成本和体力成本四个部分组成。各项形成要素的具体内容如下：

①货币成本主要是顾客为购买产品所花费的资金。

②时间成本主要是顾客为购买产品所消耗的时间。

③精神成本主要是顾客为购买产品所消耗的精神。

④体力成本主要是顾客为购买产品所消耗的体力。

### 5.3.2　顾客价值的数学模型

目前，学者普遍认可顾客价值等于总顾客价值减去总顾客成本，认为顾客在购买产品时，总会选择顾客价值最大的那一个。因此在研究顾客价值时，我们可以假定顾客是"有限理性的"。我们进一步假设，顾客在购买产品时，会尽可能降低寻找产品的成本。由于大多数顾客的收入与时间是非常有限的，因此我们可以推断大多数顾客在做购买决定时，总是希望顾客总价值减去顾客总成本的差值最大。由于在顾客总价值与总成本中存在不易量化的因素，因此，我们评价顾客价值时，运用模糊综合评价法来确定顾客价值。

（1）因素集和权重的确定。在因素集中，有两个因素：总顾客价值和总顾客成本。在这两个因素中，分别含有四个要素。因此，设因素集为 $X =$

$(x_1, x_2, x_3, x_4)$，其中 $x_i$ 为评价的因素，$i=1, 2, 3, 4$。设总顾客价值的因素集为 $XV = (xv_1, xv_2, xv_3, xv_4)$，其中 $xv_1, xv_2, xv_3, xv_4$ 分别为 $xv_1$：产品价值，$xv_2$：服务价值，$xv_3$：人员价值，$xv_4$：形象价值。设总顾客成本的因素集为 $XC = (xc_1, xc_2, xc_3, xc_4)$，其中 $xc_1, xc_2, xc_3, xc_4$ 分别为 $xc_1$：货币成本，$xc_2$：时间成本，$xc_3$：精神成本，$xc_4$：体力成本。

确定了因素集，我们将确定权重，设模糊集 $W$，$W = (w_1, w_2, w_3, w_4)$，其中 $w_i$ 表示第 $i$ 个因素的权重 $w_i > 0$，且 $\Sigma w_i = 1$，$i = 1 \sim 4$。权重 $W$ 的具体数值，可以通过咨询相关人员来获得。

（2）评价集的确定。设 $V = (v_1, v_2, v_3, v_4)$ 为各指标评价的等级集，其中 $v_1$：非常满意，$v_2$：比较满意，$v_3$：基本满意，$v_4$：不满意。

（3）关于因素的评价。首先，进行单因素评价，在完成单因素评价之后，综合所有的单因素评价之后，组成评价矩阵 $A$。

$$A = \begin{pmatrix} a_{11} & \cdots & a_{14} \\ \vdots & \ddots & \vdots \\ a_{41} & \cdots & a_{44} \end{pmatrix} \quad (5-1)$$

$A$ 中的元素 $a_{ij}(i = 1, 2, 3, 4; j = 1, 2, 3, 4)$ 表示从因素评判单位 $x_i$ 被评为 $v_j$ 时的隶属度。在对 $(x_1, x_2, x_3, x_4)$ 的选择上，若有 $(v_{1j}, v_{2j}, v_{3j}, v_{4j})$ 个顾客分别选指标 $(x_1, x_2, x_3, x_4)$，则因素 $x_i$ 每个等级评语的隶属度：$a_{ij} = v_{ij}/N$，其结果具体如表 5-1 所示：

表 5-1 顾客价值综合评价

| 评价等级评价因素 | $v_1$ | $v_2$ | $v_3$ | $v_4$ |
| --- | --- | --- | --- | --- |
| $x_1$ | $v_{11}$ | $v_{12}$ | $v_{13}$ | $v_{14}$ |
| $x_2$ | $v_{21}$ | $v_{22}$ | $v_{23}$ | $v_{24}$ |
| $x_3$ | $v_{31}$ | $v_{32}$ | $v_{33}$ | $v_{34}$ |
| $x_4$ | $v_{41}$ | $v_{42}$ | $v_{43}$ | $v_{44}$ |

由于 $XV$，$XC$ 这两个向量不能直接确定好坏，因此我们利用模糊方法进行单值化。通过给评判集中的各个指标赋值 $u$，$u = (u_1, u_2, u_3, u_4) = (4, 3, 2, 1)$。我们就可以用（5-2）式来计算评价对象的顾客价值。

（4）顾客价值的计算。设总顾客价值的得分记为 $T_v$，总顾客成本的得分为 $T_c$。设总顾客价值的得分为 $T_{vc}$，则顾客价值的得分为 $T_{vc}$：

$$T_{vc} = T_v - T_c = \frac{\sum_{i=1}^{4} u_i xc_i}{\sum_{i=1}^{4} xc_i} - \frac{\sum_{i=1}^{4} u_i xv_i}{\sum_{i=1}^{4} xv_i} \tag{5-2}$$

如果有 $G$ 个产品的顾客价值需要评价，用上述方法计算后，寻找其中 $T_{vc}$ 值最大的，即为产品顾客价值的最大值。

## 5.4 基于顾客价值的企业核心竞争力应用效率评价模型

### 5.4.1 指数与指数状态可能集

假设有 $n$ 个被评价企业的核心竞争力，在建立评价系统的指标体系以后，采用系统评价方法对第 $j$ 个被评价企业的核心竞争力进行评价的结果为 $x_j$，我们把 $x_j$ 称为第 $j$ 个被评价企业参考指数；利用顾客价值指标体系，采用系统评价方法对第 $j$ 个被评价企业产品的顾客价值进行评价，假设结果为 $y_j$，我们把 $y_j$ 称为第 $j$ 个被评价企业的当前指数；数据对 $(x_j, y_j)$ 称为第 $j$ 个被评价企业的指数状态。于是由 $n$ 个被评价企业的指数状态 $(x_j, y_j)$ $j = 0, 1, \cdots, n$ 可以建立集合：

$$T = \{(x, y)\} \mid \sum_{j=0}^{n} \lambda_j x_j \leq x, \sum_{j=0}^{n} \lambda_j y_j \geq y, \lambda_j \geq 0, \sum_{j=0}^{n} \lambda_j = 1, j = 0, 1, \cdots, n\} \tag{5-3}$$

其中，$(x_0, y_0) = (0, 0)$。称由式（5-3）确定的集合 $T$ 为指数状态可能集。

指数状态可能集的性质

（1）凸性。对任意的 $(x, y) \in T$ 和 $(\hat{x}, \hat{y}) \in T$，以及任意 $\lambda \in [0, 1]$ 均有：

$$\lambda(x, y) + (1 - \lambda)(\hat{x}, \hat{y}) = (\lambda x + (1 - \lambda)\hat{x}, \lambda y + (1 - \lambda)\hat{y}) \in T$$

从理论上分析，核心竞争力越强，可能产生的顾客价值就越大，形成的核心刚性也比较大，特别在核心竞争力进入成熟期后，核心刚性就更强，就会影响核心竞争力创造顾客价值，并且由于其他竞争者的存在，核心竞争力从构成上可能比过去还强大，但是创造顾客价值的能力却相对减弱。从这个含义上分析，由顾客价值与核心竞争力评价值所形成的前沿面，具有凸性。如果我们在选取评价样本时，使 $(x, y) \in T$ 和 $(\hat{x}, \hat{y})$ 比较接近，就可能实现或近似以 $x$ 和 $\hat{x}$ 的 $\lambda$ 及 $(1-\lambda)$ 比例之和的输入，可以产生分别以 $y$ 和 $\hat{y}$ 的相同比例之和的输出。

（2）无效性。（i）对任意 $(x, y) \in T$，并且 $\hat{x} \geq x$，均有 $(\hat{x}, y) \in T$；（ii）对任意 $(x, y) \in T$，并且 $\hat{y} \leq y$，均有 $(x, \hat{y}) \in T$。这就是说，可能存在核心竞争力比较强，但所创造的顾客价值并不大的情况。

（3）最小性。指数状态可能集 $T$ 是满足上述条件 1—2 的所有集合的交集。

### 5.4.2 企业核心竞争力应用效率相对评价模型

引入指数状态及指数状态可能集的概念。假设 $x_j$、$y_j$ 分别为第 $j$ 个企业的参考指数和当前指数（$x_j$、$y_j \in E_1$），$E_1$ 为利用系统评价方法测算得出的各企业综合指数的集合，则称数组 $(x_j, y_j)$ 为第 $j$ 个企业的指数状态，称凸集为由指数状态 $\{(x_j, y_j)\}_0^n$ 所组成的指数状态可能集，其中 $(x_0, y_0) = (0, 0)$，数据包络分析面向输出的 BCC 模型为：

$$\max Z$$
$$\text{s.t.} \sum_{j=0}^{n} \lambda_j x_j \leq x_{j_0}$$
$$\sum_{j=0}^{n} \lambda_j y_j \geq Z y_{j_0} \quad (5\text{-}4)$$
$$\sum_{j=0}^{n} \lambda_j = 1, \lambda_j \geq 0, \quad j = 1, 2, 3 \cdots, n$$

若线性规划（5-4）式的最优值 $Z^0 = 1$，则称该企业处在指数状态可能集 $T$ 的前沿面上；若 $Z^0 > 1$，则该企业不在 $T$ 的前沿面上。令 $\bar{x}_{j_0} = x_{j_0}$，$\bar{y}_{j_0} = Z^0 y_{j_0}$，显然 $(\bar{x}_{j_0}, \bar{y}_{j_0})$ 处在 $T$ 的前沿面上，则称 $(\bar{x}_{j_0}, \bar{y}_{j_0})$ 为企业 $j_0$ 的指数状态 $(x_{j_0}, y_{j_0})$ 在指数状态可能集 $T$ 前沿面上的投影。

如图 5-2 所示，其阴影部分表示指数状态可能集 $T$，$(x_1, y_1)$ 和 $(x_2, y_2)$ 分别代表企业 1、企业 2 的指数状态。其中企业 1 的指数状态 $(x_1, y_1)$ 处于指数状态可能集 $T$ 的前沿面上（此时 $Z^0 = 1$）；企业 2 的指数状态 $(x_2, y_2)$ 不在指数状态可能集 $T$ 的前沿面上（此时 $Z^0 > 1$），$(\bar{x}_2, \bar{y}_2)$ 为指数状态 $(x_2, y_2)$ 在指数状态可能集 $T$ 前沿面上的投影。

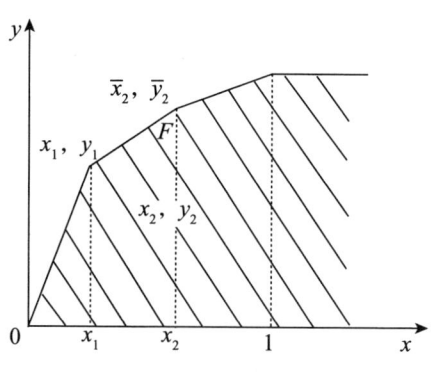

图 5-2 指数状态可能集示意图

综合以上两种情况，如果 $Z^0$ 是（5-2）式的最优值，则称：

$$\eta = 1/Z^0 \times 100\% \tag{5-5}$$

为第 $j_0$ 个企业核心竞争力应用效率的评价值。由 $1/Z^0 = y/\bar{y}$ 可见，该评价值是每个企业核心竞争力的当前指数占相同条件下顾客价值可能达到的最大值的百分比。

## 5.4.3 企业核心竞争力应用效率评价结果的分析与判断

（1）利用核心竞争力创造顾客价值的效率分析

基于顾客的核心竞争力应用效率可能集由两部分组成：①是集合的边界；②是集合内部。我们把集合的上边界称为核心竞争力应用效率前沿。通过核心竞争力应用效率前沿可以给出评价单元相对有效的定义，我们称核心竞争力应用效率前沿上的点为有效单元，集合内部的点为无效单元；或者用评价单元同核心竞争力有效性前沿的距离来判断其有效性，具有严格正距离的评价单元为非有效单元，而零距离评价单元为有效单元。核心竞争力应用效率前沿代表最优核心竞争力应用效率，也就是该核心竞争力创造了最大的顾客价值。

建立了核心竞争力应用效率可能集和核心竞争力应用效率前沿的概念之后，便可以判断评价单元核心竞争力应用效率优劣的问题以及如何确定评价单元的核心竞争力应用效率。

给定评价单元$(x, y)$之后，在核心竞争力有效性前沿上便可确定与它对应的单元$(x, \bar{y})$。称$(x, \bar{y})$为评价单元$(x, y)$在核心竞争力应用效率前沿上的投影。它表示在同样的参考指数的情况下应该达到的最佳核心竞争力应用效率状态。

不难看出，核心竞争力应用效率起到了消除客观条件优劣与核心竞争力绝对大小的影响，同时反映出评价单元对核心竞争力的应用能力而产生的顾客价值。因此核心竞争力应用效率可以作为核心竞争力创造顾客效率的度量。

假设两个评价单元$(x_1, y_1)(x_2, y_2)$，核心竞争力应用效率它们分别对应$\eta_1$与$\eta_2$，如果$\eta_1 > \eta_2$，则称评价单元$(x_1, y_1)$核心竞争力的应用效率优于评价单元$(x_2, y_2)$，反之亦然。

(2) 关于核心竞争力的分析

如果评价单元$(x_1, y_1)$处于前沿面上，则表明该核心竞争力的应用效率已经达到最大，该评价单元核心竞争力的发展方向只能提升核心竞争力。如果评价单元$(x_1, y_1)$处于前沿面下，并且离前沿面有一定的距离，则该评价单元发展核心竞争力的方向，首先是提升核心竞争力的应用效率，其次才是提升核心竞争力。

(3) 关于顾客价值的分析

在以前的文献研究中，我们能够发现核心竞争力与顾客价值之间的关系，总是靠提升核心竞争力来提升顾客价值，由于核心竞争力的提升，通常情况下需要投入的资源与要素比较大，同时风险也比较大，使得提升顾客价值的效果不是很理想。

如果评价单元$(x_1, y_1)$处于前沿面上，则表明该核心竞争力的应用效率达到最大，如果希望提升顾客价值，则必须提升核心竞争力，并且必须与顾客价值的方向一致。如果评价单元$(x_1, y_1)$处于前沿面下，则表明该核心竞争力的应用效率没有达到最大，如果希望提升顾客价值，则首先要检查核心竞争力的方向与顾客价值的方向是否一致，其次分析核心竞争力应用的效率，最后研究提升核心竞争力（包括增强核心竞争力与改变核心竞争力的方向）所能够提升的顾客价值。

## 5.5 本章小结

本章从顾客及其价值的角度出发，论述了企业核心竞争力的本质就是相对于竞争对手创造更高的顾客价值。创造更大的顾客价值是核心竞争力的共同特征；以此为基础，重新审视了核心竞争力理论的战略本质，并构建了基于顾客价值的企业核心竞争力评价模型，进一步分析了核心竞争力对顾客价值的作用。企业核心竞争力在创造顾客价值中，究竟能够发挥多大的作用，在具体的实践中如何进行评价其效果，是当前核心竞争力研究中的难点。我们认为，核心竞争力对于产品的顾客价值的产生能够起到决定性作用。通过利用顾客价值的评价模型与核心竞争力的应用效率模型，分析核心竞争力的作用效率，要比单纯利用顾客价值的综合评价值来判断顾客价值的大小，更能够发现问题。

# 第6章　企业核心竞争力生命周期评价

如果企业和技术是有生命周期的，那么企业的核心竞争力也是有生命周期的。

## 6.1　企业核心竞争力生命周期分析

虽然核心竞争力在通常情况下具有很强的稳定性，但是企业的核心竞争力也不是一成不变的。由于企业生存的市场环境是变化的、发展的，如果企业的核心竞争力不能适应环境的变化而变化与发展，它就会发生退化行为，然后转化为一般竞争力，甚至也可能消失。

因此企业核心竞争力必须适应变化的环境，处于不断变化与发展中。我们以核心技术为核心竞争力形成要素的企业为例，首先企业核心竞争力包含先进技术和生产技能、专有技术、专利等，由于技术是不断向前发展的，任何企业都不可能保证它所拥有的技术是永远领先于其他企业的，不能保证不被新技术所取代。随着技术的发展与市场竞争的加剧，科技成果转化为生产能力的机制与速度正在不断加快，以适应激烈的市场竞争与企业的发展。虽然企业拥有核心技术能力，也具有一定的先进性，但是这些企业都在尽快更新自己的核心技术能力，尽可能超越竞争对手，适应外部技术环境的要求。由于存在其他企业的模仿和替代技术的不断出现，也促使企业不断更新自己的核心竞争力以保持竞争优势。

## 6.1.1 关于生命周期理论

从目前关于生命周期理论的研究状况来看,生命周期问题无论是在企业经济、管理问题的研究,还是在技术发展、技术创新的分析中,都得到了比较广泛的研究与运用。生命周期的理论与方法有助于我们深入了解企业的变化过程问题,如技术变化过程问题、企业成长过程问题,并且该方法还可能在产业发展周期等问题方面得到应用,甚至国家的技术创新体系的变化过程问题也可能需要生命周期的理论与方法。生命周期分析方法来源于著名的产品生命周期理论。在企业的产品生命周期曲线中,可以依据产品的成长特点,分为导入期、成长期、成熟期和衰退期四个阶段。

随着社会的变化与发展,特别是技术的变化与发展,许多企业在不断地进行技术创新,使得人们对企业的产品的要求越来越高。人们对企业的产品质量要求不断上升、对产品功能的要求不断完善,产品与相关的服务不断提高。与此同时,却要求产品价格不断下降。人们的这些需求变化,会导致企业不断地进行技术创新、产品创新,从企业的市场表现来看,就是对产品更替的周期越来越短,从而使得企业的生命周期发生变化。因此,生命周期范式被纳入许多企业理论与实践问题的分析之中。目前企业生命周期理论已经是国际上非常流行的管理理论之一。该理论认为,企业的发展变化也像生命有机体一样,也有一个从出生到死亡的过程。

把生命周期理论运用在分析核心竞争力生命周期时,由于核心竞争力独特的性质,在不同产业存在巨大的差别。人们可能认为企业核心竞争力生命周期的存在机理与企业产品、技术生命周期相似,企业核心竞争力也存在着生命周期。由于核心竞争力包含了技术要素,因此技术生命周期的变化,也在很大程度上影响了核心竞争力的生命周期,同时核心竞争力的作用也体现在企业的产品中,特别是核心产品的生命周期,也体现了核心竞争力的变动情况。但是仔细分析后我们能够发现,无论采用何种方法,企业所积聚的资源,特别是重要的核心资源其来源和程度都对企业的核心竞争力定位产生强烈影响。由于企业的核心资源的获取,在不同的产业存在着巨大的差异,这就使得核心竞争力的生命周期在不同产业存在显著不同的模式。

核心竞争力的生命周期，有与技术生命周期、产品生命周期相似的地方，也有不同的地方。例如，在核心竞争力变更阶段，由于企业组织结构和核心竞争力上的变革可能要比单纯的管理、战略变革要困难得多，因此企业为了在新的市场环境中生存得更好，就必须在经营模式、管理方法上适当作出一些变化，在企业发展战略方面（新的核心竞争力）的变化可能更大。

　　可以在实际中发现，当企业规模不断地进行扩张，市场竞争日益激烈的情况下，企业的核心竞争力在市场中的竞争优势也会因竞争对手的变化而发生变化，特别是如果市场需求与技术创新之间不仅具有某种联系，而且也会共同发生较大程度变化时，一些曾拥有较强核心竞争力的企业会因为对市场变化、顾客需求以及新技术的发展没有正确的反应，并且缺乏技术创新，使得核心竞争力逐渐衰落；而另一些企业由于适应市场需要与技术创新，则企业的核心竞争力不断加强，在市场中的竞争优势逐渐显现。

　　实质上，企业核心竞争力生命周期的产生，可以从两个角度来分析：从企业内部角度来分析。在企业内部，技术的变动与组织的变化之间的互动，也导致了企业技术生命周期与组织生命周期的互动关联。从企业外部来分析。大部分学者认同产业动态的演化模式、产业主导设计模式与市场竞争程度等因素，对企业核心竞争力产生重大影响，在某种程度上也影响到企业核心竞争力生命周期。

　　企业核心竞争力的变化与动态发展也呈现出一种生命周期的演化趋势，其存在机理如下：

　　（1）由技术过程产生的核心竞争力生命周期。由于技术过程是企业经济绩效产生的内在的核心过程之一。由技术过程产生的核心竞争力生命周期，可以概括为两方面的原因：① 技术过程本身具有生命周期特性。它的生命周期与动态演化将直接导致企业在市场竞争中，能够取得竞争优势。该技术过程也构成并影响企业核心竞争力的生命周期与演化模式。② 企业的技术过程与产业技术动态的交互作用产生的生命周期特性。企业核心竞争力的生命周期与企业的核心技术平台的动态演化是紧密相关的。企业的核心技术的培养和提高是一个逐渐累积的过程。如果企业形成核心竞争力的核心技术平台，在与其他企业进行竞争中地位发生变化，就意味着以往通过技术创新过程所积累的核心技术将在竞争中丧失竞争优势。这就使得企业的核心竞争力与现有的竞争状况有可能不相适应，甚至有可能阻碍企业核心技术进一步发展。企业核心技术为了在竞争中得以生存与发展，就有可能与产业技术、主要竞争对手之间存在相互选择、相互竞争的交互作用。这是造成企业核心竞争力存在生命周期的另一个非常重要的原因。

（2）由组织过程产生的核心竞争力生命周期。由于技术过程是有生命周期的，而企业组织演化往往也受到技术演化的影响，同时企业的组织演化也会影响技术演化，因此在企业中就会存在组织演化与技术演化之间也存在一定交互作用和互动关系。在许多情形下，技术过程首先发生变化，当技术过程变化到一定程度之后，组织过程也必须随之调整，这种组织调整也会促进技术过程的发展。组织调整往往要滞后于技术过程变化。由于组织调整在企业中具有重要的影响，也使得这种滞后现象将对企业核心竞争力演化以及企业核心竞争力生命周期研究产生重要影响。

从一个企业的成长过程我们能够发现，企业在从创业初期到成熟期的过程中，随着企业的核心技术能力不断增强，企业的核心竞争力也不断增强。企业管理层次与组织成本将随着核心竞争力的增强而逐渐增加，企业的组织刚性也将随着技术的发展或者核心竞争力的提升呈现逐步增强的趋势。这种组织刚性，虽然有助于企业的核心竞争力，但是也会形成核心刚性。如果企业与其他企业相比，核心技术能力小于其他企业的核心技术能力，而组织刚性则大于或等于其他企业的组织刚性，那么企业可以采用两种方法：① 提升企业的技术能力；② 采取有效的措施来恢复企业的组织柔性。否则企业的核心竞争力就会减弱，在竞争中没有多少竞争优势，并且技术创新绩效则有可能出现下降趋势。如果企业的技术效率不高，则必须采取措施，进行组织变革来适应技术过程变动，这样才能保证不会因为企业组织能力的变动而导致企业技术效率不高。

企业的组织与企业技术的相互关系，对核心竞争力会产生重要影响。如果两者关系彼此相适应、相协调，将使企业核心竞争力沿着健康的预定轨道发展；如果两者之间的关系存在矛盾，不仅会影响企业技术效率，而且也影响企业核心竞争力，甚至导致核心竞争力的剧烈下降。

## 6.1.2　企业核心竞争力生命周期的成因与特征分析

（1）孕育期成因与特征

企业核心竞争力的孕育期，是企业形成核心竞争力最初始的阶段。

① 孕育期企业核心竞争力的成因。企业为了在市场竞争中取得竞争优势，投入必要的成本，搜寻市场信息，寻找可以形成核心竞争力的市场机会。企业通过对该机会的判断，并对所收集到的市场信息进行分析与整理，形成孕育核心竞争力的决策。企业将所收集到的信息上升为知识的构成要素，并将企业内部各个经营单位获得的知识、资源进行系统性组合，产生满足该市场机会的全部知识。其中，知识的表现形式有两种：一种是显性的；另一种是隐性的，这两种知识存在于企业组织和技术过程中，它们的有效结合逐步完成了企业核心竞争力的孕育。

② 孕育期企业核心竞争力的特征。在该阶段，核心竞争力已可以被初步识别，并具有未来价值性、不可交易性、不可替代性与不可仿制性等特征，但是这些特征还处于不稳定阶段，容易发生变化。企业要想使企业核心竞争力在未来的竞争中取得竞争优势，就必须投入大量的成本对核心竞争力进行培育。孕育期的企业核心竞争力在企业的价值活动中，表现得较为模糊，还不具备明显竞争优势，还不能给企业带来经济价值。基于孕育期的核心竞争力特征，企业必须在正确分析核心竞争力形成的内外部条件的前提下，进行科学决策，判断未来核心竞争力所要投入的成本以及所需的资源，分析与研究未来市场的竞争状态，促进企业核心竞争力的定型。

在孕育期对核心竞争力的持续投入非常重要。企业要从组织设计、治理结构、技术创新、管理创新、产品创新、人力资本等各方面提高效率，创造良好的制度环境，降低核心竞争力的培育成本。

（2）成长期的成因、特征

在核心竞争力的成长期，核心竞争力能够给企业带来经济价值，并且能够使其高速增长，该特征表示企业核心竞争力已经从孕育期进入了成长期。进入企业核心竞争力的成长期，核心竞争力的特征比较稳定，其隐性知识形式不仅深植于企业组织内部，而且能够给企业带来经济价值，同时使竞争对手难以模仿。在该阶段，企业核心竞争力中的知识，无论是隐性知识还是显性知识，不仅已经按照企业特定轨道逐步积累，形成一定规模，而且能够在市场的竞争中给企业带来经济价值，且有逐渐增长趋势。

在成长期，企业核心竞争力的价值性已经表现出来。价值链各项活动以核心技能为依托，以核心产品为载体，以关键的价值增值活动为轴心，使企业能够比竞争对手创造更大的顾客价值。在企业核心竞争力的成长期，企业不仅需要加大对知识的投入，而且还要投入一定的成本促使这些知识在企业内部转移，使核心竞争力的作用扩大；还要投入一定的成本来保护知识，保证企业核心竞争力不会被其他企业窃取。成长期的企业核心竞争力，在市场竞争中，特别是在与其他企业进行竞争时，以品牌的形式体现，在某种程度上能够通过品牌竞争力体现核心竞争力的大小。

在成长期阶段，企业在核心竞争力方面的工作就是迅速做大做强。一般可以通过两个方面来进行。一方面，企业可以依据现有核心竞争力的状况，组织内部各种资源，进行业务、产品以及服务的扩展，扩大核心知识在企业内部的转移，特别是隐性知识的内部转移，从而使企业的核心竞争力有所增长。另一方面，企业可以通过组织外部力量，即通过以资产重组的方式，建立联盟或进行并购，实现资源和知识的最佳配置和有效利用，从而使企业的核心竞争力有所增长。

（3）成熟期成因、特征

经过成长期的企业核心竞争力，对路径依赖作用和组织惯性都不断增强。当在外部环境发生较大变化时，往往使企业陷入所谓"核心刚性"问题，由于核心竞争力的刚性非常强，使得核心竞争力难以适应新环境。对于企业核心竞争力的应用，不仅需要用创新知识来形成核心技术，而且还要及时观察市场需求及其变化趋势，以此判断核心竞争力创造顾客价值的能力，以及市场机会的切入点。由于企业核心竞争力的路径依赖作用和组织惯性使得核心竞争力的创造价值增长的速度逐渐降低，当该速度等于零时，意味着企业核心竞争力进入成熟阶段。

随着核心竞争力进入成熟期，企业核心竞争力各方面的能力都开始下降。但是这时，企业也许自身并没有意识到核心竞争力已经进入成熟阶段，企业还想复制以前的成功，利用核心竞争力进行扩张，导致企业负担过于沉重。这时，企业是不愿继续投入成本来发展核心竞争力的，使得已经减弱的协调整合能力、学习能力及重构能力得不到恢复，致使企业核心竞争力整合系统对外部环境反应迟钝。

如何管理成熟期的企业核心竞争力，对于企业核心竞争力的发展与变化，是非常重要的。通常情况下，可以有几种策略：①选择适应核心竞争力的环境，保持核心竞争力不变。企业面对同行的竞争，需要发挥自身核心竞争力的优势，进入的市场应该与原核心竞争力基本保持一致，这样才能维持企业的利润。②修复并提高核心竞争力，使核心竞争力能够维持时间更长。企业可以提高那些已经下降的能力，如学习能力与协调能力等，改进原知识框架，注重知识更新，使企业核心竞争力重新整合，达到一种新的高度。③核心竞争力的重新构建。首先对企业核心竞争力的知识进行整理，分解显性及隐性知识，分别对这两个部分的知识进行筛选，取消失效的知识、削减障碍性、惰性因素的内容部分，引入相适的知识或重新创建新知识。其次分析核心竞争力面对新的市场趋势、顾客需求方面的新问题，使企业核心竞争力重新整合达到适应新的市场情况，使核心竞争力重新在市场中取得竞争优势。

(4) 衰退期成因、特征

当企业的核心竞争力进入衰退期，核心竞争力给企业带来经济价值的能力快速下降，这个现象可以从两个方面来分析：一方面从企业内部看，独特资源已失去特有性，不能创造超额利润并且企业原来核心竞争力的专用知识已经扩散了，已经不具备稀缺性，同时企业的隐性知识已经成为刚性，不能有效协调企业内外部，已经不能形成企业优势；另一方面从企业外部来看，竞争对手已经完全具备模仿企业所具有的能力，并且竞争对手的创新能力也不断加强，竞争对手的企业核心竞争力可能更强大。

当核心竞争力进入衰退期，如何处理当前的企业核心竞争力将是企业面临的重大问题。从核心竞争力在市场上的表现来看，其核心技术与核心产品逐渐退出市场，在市场需求萎缩与竞争对手的压力下，企业在市场上的表现只是一种被动反应，丧失了进一步投入成本搜寻知识与发展核心竞争力的动力。在这种情况下，处理核心竞争力要依据产业的发展动态，如果此时企业处于新兴产业，就采用核心竞争力的重新构建策略；如果企业是成熟产业，就可选择运用核心竞争力的环境，保持核心竞争力不变，尽可能挖掘当前核心竞争力的剩余价值，给企业带来利润；如果企业是衰退产业，企业应尽快抽取现金退出此产业，谋求新的企业核心竞争力。

## 6.2 企业核心竞争力生命周期各个阶段的评价

### 6.2.1 企业核心竞争力构建阶段的评价

（1）企业核心竞争力构建阶段的分析。从企业核心竞争力的特性上看，企业要构建核心竞争力，最关键的是如何取得企业核心竞争力的形成要素。这些形成要素，不仅能够表现出独特的资源优势，并且能够有效地与企业文化、组织等方面有机融合形成一个集合体。特别是隐性知识与企业组织的融合问题，将直接影响核心竞争力的应用效果。在总结前人研究成果的基础上，作者认为企业核心竞争力形成要素来源不同，企业有两种核心竞争力要素构建模式，即核心竞争力形成要素的自身内部培育模式、从企业外部获取模式。

核心竞争力形成要素的自身内部培育模式指企业完全依靠自身的资源、知识、技术与能力，在分析市场需求与竞争对手的情况下，通过对所拥有的资源、知识、技术和能力等重要资源，进行优化配置不断强化与创新，构建企业核心竞争力形成要素。企业完全依靠自身的力量，对核心竞争力进行构建，该过程也是企业对核心竞争力的不断深入了解与掌握的过程。虽然这种构建所花费的成本比较高、周期长，但是企业获得的竞争优势将是非常强大且持久的。按照该模式，构建企业核心竞争力的过程是企业对核心竞争力的形成要素不断认识、发现与创新的过程，是这些形成要素的渐变积累过程。该模式主要适合的企业是有能力进行研发与创新，尤其是重大技术创新，从而形成核心竞争力。

从企业外部获取模式，指企业不能通过自身的能力来构建企业所稀缺的核心竞争力形成要素，在这种情况下，企业通过并购其他具有所需资源的企业或者与这类企业进行战略联盟，来获得这类资源。然后再与企业内部核资源加以有效整合，形成企业核心竞争力形成要素。该模式也有可能使企业快速完成构建企业核心竞争力所需的全部要素，但是企业要真正完成核心竞争力的构建，还需要很长时间。这种方式只能解决核心竞争力形成要素的有无问题，不能解决核心竞争力形成要素的有效整合问题。因为外部获取的核心竞争力形成要素与企业内部要素进行整合，是非常困难的，例如：企业文化的整合。企业通过外部获取模式得到的资源进而整合内外资源的方式来构建企业核心竞争力，需要长时间消化来实现核心竞争力形成要素的整合，并且处理各种复杂关系。如果两个或两个以上的企业文化差异较大时，核心竞争力形成要素的整合难度会很大，无法形成预期的核心竞争力。

（2）企业核心竞争力构建阶段的评价特点。在企业核心竞争力的构建阶段，企业核心竞争力评价工作的中心，应围绕获取和融合企业核心竞争力的构成要素来展开评价工作。主要是根据想要构建的企业核心竞争力，对已拥有的所有资源、知识以及能力等构成要素进行详细分析，特别是需要依据市场需求情况与竞争对手的核心竞争力状况，来构建企业自身的核心竞争力。在核心竞争力构建阶段，对将要形成的核心竞争力进行评价，其中最重要的是，企业所投入的资源、能力等形成要素，能否形成有竞争优势的核心竞争力，也是该阶段核心竞争力评价的重点。在该阶段期望形成的核心竞争力，还没有形成真正的竞争优势，对核心竞争力竞争优势的判断是建立在估计或预测的基础上，该阶段核心竞争力的评价不是当前的核心竞争力而是未来核心竞争力的评价，因此会有一定的风险性。对于内部培育模式形成的核心竞争力，其评价的重点是能否在将来形成强大的竞争力，外部获取模式形成的核心竞争力，其评价的重点是从外部获取的形成要素与企业内部的要素之间能否有机融合。如果单纯考虑形成要素，那么该核心竞争力可能很强大，但是如果由外部获取的形成要素没有与企业进行有机融合，其竞争力将受到较大的影响。

（3）企业核心竞争力构建阶段的评价模型。在核心竞争力的构建阶段，核心竞争力评价主要是从众多的核心竞争力构建方案中，选择最优的核心竞争力方案进行构建，因此本书给出如下模型：

$$\max \sum_{i=1}^{n} x_i s_i \qquad (6-1)$$

$$s_i = \sum_{j=1}^{m} w_j s_{ij} \quad x_i = \begin{cases} 1 & s_i > s_0 \\ 0 & s_i \leq s_0 \end{cases} i = 1, 2\cdots n; \ j = 1, 2\cdots m; \ k = 1, 2\cdots v$$

$$\sum_{i=1}^{n} x_i m_{ik} \leq M_k$$

式中 $s_0$——核心竞争力构建的最低评价标准值；

$s_i$——第 $i$ 个核心竞争力的总评价值；

$s_{ij}$——第 $i$ 个核心竞争力关于第 $j$ 个构建指标的得分；

$w_j$——第 $j$ 个指标的权重；

$M_k$——第 $k$ 种资源的总数，$m_{ki}$ 是第 $i$ 个核心竞争力所需的第 $k$ 种资源量。

利用该模型可以在有限的资源条件下，选择最优的核心竞争力方案进行构建。在核心竞争力的构建阶段，核心竞争力评价模型除受资源的限制外，还受评价阈值的制约，核心竞争力构建阶段的评价值须高于某一约定的最低值，否则，即使在资源相对充裕的情况下，也不能进行构建。

## 6.2.2　企业核心竞争力成长阶段的评价

（1）企业核心竞争力成长阶段的分析。企业核心竞争力在初步构建起来后，经过一段时期的发展，进入成长期。为了能够更深入评价成长阶段的核心竞争力，有必要分析成长阶段的核心竞争力的成长方式。在该阶段，核心竞争力的成长主要依靠从外部继续获取形成要素或资源，并且强化原有的各形成要素来提高核心竞争力，然后进一步从企业内部培养核心竞争力的形成要素，加速企业核心竞争力的成长。在该阶段核心竞争力的成长过程中，知识的增加也非常迅速，特别是隐性知识形式开始出现，逐步渗透到企业组织中，占据主导地位，使竞争对手难以模仿。这种知识的变化能够为企业带来较高利润，以及在市场竞争中的优势地位。企业在核心竞争力成长阶段要不断自主培育和通过继续获取企业核心竞争力的各种形成要素，来提升和壮大新生的企业核心竞争力。

（2）企业核心竞争力成长阶段的评价特点。在核心竞争力成长阶段，企业核心竞争力的分析与评价目的是找出企业核心竞争力的竞争优势的增长点，即企业不断完善核心竞争力的形成要素并且积极获取自身不能培育的核心竞争力形成要素，提高企业核心竞争力提升工作的效率和效果。主要是对核心竞争力的成长过程进行评价，包括成长过程选择评价（如选择自主创新，还是并购拥有企业需要的核心竞争力要素的企业）与成长效率评价。

我们认为，在该阶段的核心竞争力评价应该分两个方面的评价，一方面是定性评价，评价核心竞争力的竞争优势的增长点、评价核心竞争力隐性知识形式的独特性，评价核心竞争力的成长趋势。另一方面是定量评价，主要是对处于该阶段的核心竞争力的强度与成长效率进行评价。这两个方面的评价主要是来分析核心竞争力的构成状态与成长状态。

（3）企业核心竞争力成长阶段的评价模型。在核心竞争力的成长阶段，核心竞争力评价主要是从众多成长中的核心竞争力，选择成长效果最好的核心竞争力进行培育，因此本书给出如下模型：

$$\max \sum_{i=1}^{n} x_i s_i \quad (6-2)$$

$$s_i = \sum_{j=1}^{m} w_j s_{ij} \quad x_i = \begin{cases} 1 & s_i > s_0 \\ 0 & s_i \leq s_0 \end{cases} \quad i = 1, 2 \cdots n; \, j = 1, 2 \cdots m; \, k = 1, 2 \cdots v$$

$$\sum_{i=1}^{n} x_i m_{ik} \leq M_k$$

式中　$s_0$——核心竞争力成长的最低评价标准值；

　　　$s_i$——第 $i$ 个核心竞争力的总评价值；

　　　$s_{ij}$——第 $i$ 个核心竞争力关于第 $j$ 个成长指标的得分；

　　　$w_j$——第 $j$ 个指标的权重；

　　　$M_k$——第 $k$ 种资源的总数，$m_{ki}$ 是第 $i$ 个核心竞争力所需的第 $k$ 种资源量。

利用该模型可以在有限的资源条件下，选择最优的核心竞争力方案进行培育。在核心竞争力的成长阶段，核心竞争力评价模型除受资源的限制外，还受评价阈值的制约，保证核心竞争力成长阶段的评价值，高于某一约定的最低值，否则，即使在资源相对充裕的情况下，也不能进一步培育。

## 6.2.3　企业核心竞争力成熟阶段的评价

（1）企业核心竞争力成熟阶段的分析。进入成熟期后，企业核心竞争力能够发挥的作用，无论是在市场上扩大经济规模方面，还是竞争优势的作用范围都达到最大程度。在该阶段，虽然是企业利用核心竞争力创造价值的最佳阶段，但是也要面临核心竞争力将要衰减的问题，例如：企业的竞争对手通过学习、模仿和创新，使得企业的核心竞争力的竞争优势逐渐消失，同时竞争对手的模仿能力与企业的核心竞争力之间的差距逐步缩小，使得企业在产品上所创造的竞争优势不能促进核心竞争力市场价值、顾客价值的增加。由于企业核心竞争力处于成熟期，核心竞争力的路径依赖作用和组织惯性非常强，在外部环境发生较大变化时，核心竞争力需要调整，就有可能使企业核心竞争力陷入"核心刚性"状态，难以适应新环境的变化，虽然目前的核心竞争力在市场上还占有一定的地位，但是如果新的核心竞争力无法形成，企业将面临在市场上丧失竞争优势的问题。在核心竞争力的成熟期，企业核心竞争力的成长速度比较慢，而竞争对手的模仿能力增长却很快，这时如果企业不能对原有核心竞争力的形成要素进行有效的整合，将导致企业核心竞争力与企业对外部环境反应迟钝，随着竞争对手的能力逐渐加强，使企业核心竞争力在竞争中开始丧失竞争优势。对于成熟期的企业核心竞争力，如何发展该阶段的核心竞争力将是企业面临的重大决策，也是评价核心竞争力的价值所在。可能的方向有：保持原有的核心竞争力；改善当前的核心竞争力；在企业核心竞争力有用的形成要素的基础上，重新构建核心竞争力。

（2）评价特点。企业在核心竞争力成熟阶段的评价重点就是分析扩散企业核心竞争力在核心产品或终端产品上能够取得的价值。主要有两个方面：核心竞争力扩散的收益评价与效率评价。核心竞争力扩散的收益评价主要研究企业自身的核心专长的价值与联盟各成员各自的核心专长价值的差异。核心竞争力扩散的效率评价主要研究企业自身的核心竞争力在转化为核心产品或终端产品时，所取得的利润与投入之间的比较。

因此，在该阶段，核心竞争力评价应该确认是否需要联盟各成员各自的核心专长，以及企业自身的核心专长的价值。这将是该阶段核心竞争力评价的重要内容。在该阶段的评价，可以分为两种：①定性评价，主要评价针对核心竞争力的核心竞争力扩散的收益评价；②定量评价核心竞争力扩散的效率。

（3）企业核心竞争力成熟阶段的评价模型。在核心竞争力的成熟阶段，核心竞争力评价主要是从众多成长中的核心竞争力选择核心竞争力扩散效果最好的核心竞争力进行利用与开发,因此本书给出如下模型:

$$\max \sum_{i=1}^{n} x_i s_i \tag{6-3}$$

$$s_i = \sum_{j=1}^{m} w_i s_{ij} \quad x_i = \begin{cases} 1 & s_i > s_0 \\ 0 & s_i \leq s_0 \end{cases} \quad i=1,2\cdots n; \, j=1,2\cdots m; \, k=1,2\cdots v$$

$$\sum_{i=1}^{n} x_i m_{ik} \leq M_k$$

式中 $s_0$——核心竞争力成熟阶段的最低评价标准值;

$s_i$——第 $i$ 个核心竞争力的总评价值;

$s_{ij}$——第 $i$ 个核心竞争力关于第 $j$ 个成熟阶段指标的得分;

$w_i$——第 $i$ 个指标的权重;

$M_k$——第 $k$ 种资源的总数,$m_{ik}$ 是第 $i$ 个核心竞争力所需的第 $k$ 种资源量。

利用该模型可以在有限的资源条件下,选择最优的核心竞争力方案进行培育。在核心竞争力的成熟阶段,核心竞争力评价模型主要受评价阈值的制约,核心竞争力成熟阶段的评价值须高于某一约定的最低值,否则,即使在资源相对充裕的情况下,也不能获取该类型的核心竞争力扩散收益。

### 6.2.4 企业核心竞争力衰退阶段的评价

(1) 企业核心竞争力衰退阶段的特征。企业的核心竞争力在经历成熟阶段后进入衰退阶段。由于竞争对手的核心竞争力不断强大,而企业核心竞争力不但本身没有增长,反而在不断下降,在市场上的表现是丧失其竞争优势,核心竞争力的特性逐渐开始消失。在行业内已经有很多的企业都具备这种核心竞争力,这使得该核心竞争力在市场上已经没有了竞争优势,最终被淘汰。在该企业核心竞争力支持下的核心技术与核心产品,已经被新的核心技术与核心产品所替代,逐渐退出市场,其特征是在市场上对这些核心产品的需求萎缩,迫使企业对该核心竞争力放弃,企业关于该核心竞争力的经济活动,只是单纯获取可能存在的经济利益。随着消费需求的不断变化与技术的飞速发展,原来构成企业核心竞争力的技术、技能等要素所支撑的产品已经不适合市场的需求,并且逐渐丧失了优势。通常情况下,核心竞争力是经过成熟期后进入衰退期,但是如果企业自身对其核心竞争力管理不善,也会导致原有企业核心竞争力退化,也可能直接从成长期进入衰退期。在衰退期,核心竞争力的作用已经不大,评价的作用将是核心竞争力的剩余价值。

(2) 企业核心竞争力衰退阶段的评价特点。企业核心竞争力的衰退阶段的评价重点主要有两个方面:① 分析与计算企业核心竞争力中还可以利用的形成要素。进入衰退阶段,企业的核心竞争力面临两种选择,一种是转让现有的核心竞争力,另一种是在原有核心竞争力的基础上开发新的核心竞争力。这两个选择都涉及其形成要素的价值问题。② 在原有核心竞争力形成要素的基础上,分析与评价构建新的企业核心竞争力。企业通过分析和预测本行业的发展趋势以及竞争对手核心竞争力可能发展的态势,再结合企业的现状,确立新的企业核心竞争力开发框架。寻找原有企业核心竞争力中可能被利用的形成要素,并且分析与评价这些要素。

对核心竞争力衰退阶段评价的重点是核心竞争力的剩余潜力或价值。可以用核心产品或终端产品竞争优势与市场上其他企业的核心产品或终端产品平均竞争优势之比来计算。在该阶段,主要采用定量评价核心竞争力的剩余价值。

(3) 企业核心竞争力衰退阶段的评价模型。在核心竞争力的衰退阶段,核心竞争力评价主要是从众多进入衰退阶段的核心竞争力中,选择已经没有利用价值的核心竞争力进行终止,因此本书给出如下模型:

$$F(s_i) = \sum_{i=1}^{n} x_i s_i \quad (6\text{-}4)$$

$$s_i = \sum_{j=1}^{m} w_i s_{ij} \quad x_i = \begin{cases} 0 & s_i > s_0 \\ 1 & s_i \leq s_0 \end{cases} \quad i = 1, 2\cdots n; \ j = 1, 2\cdots m$$

式中　$F(s_i)$——企业将要进行终止的核心竞争力;

　　　$s_0$——核心竞争力衰退阶段的最低评价标准值;

　　　$s_i$——第 $i$ 个进入衰退阶段的核心竞争力的总评价值;

　　　$s_{ij}$——第 $i$ 个核心竞争力关于第 $j$ 个衰退阶段指标的得分;

　　　$w_i$——第 $i$ 个指标的权重。

在核心竞争力的衰退阶段,核心竞争力评价模型主要受评价阈值的制约,核心竞争力衰退阶段的评价值须高于某一约定的最低值,否则,即使在资源相对充裕的情况下，也不能继续保持。

## 6.3 基于生态位理论的企业核心竞争力成长效率评价

由于企业核心竞争力的生存状态不同，在相对激烈的竞争环境中，企业核心竞争力的成长相对较慢。而在竞争强度较弱的环境中，核心竞争力有可能增长较快。在相同的环境中，不同的成长效率，就会有不同的成长结果。

### 6.3.1 企业核心竞争力生态位重叠概述

将生态位概念引入核心竞争力研究领域，有助于更深入研究核心竞争力所支撑的产品在市场上的表现，有效地描述与解释其产品在市场上的竞争优势及核心竞争力的发展规律，对制定正确的企业核心竞争力战略具有重要指导意义。核心竞争力生态位是以核心竞争力作为主要竞争优势的产品，在市场中所处的位置和所利用市场资源的综合状态，它是企业核心竞争力生存与发展条件的总集合体。如果某个核心竞争力所支撑的产品与另一个核心竞争力所支撑的产品在市场中所处的位置和所利用的市场资源存在共同的部分，就会发生重叠现象。在这种情况下，至少有一部分市场空间为两个核心竞争力生态位。假如两个核心竞争力具有完全相同的生态位，就会发生百分之百的重叠，在这种情况下，如果它们所占有的生态位不能同时满足这两个核心竞争力的需求，这两个核心竞争力之间的竞争就非常激烈，因为这时候就会出现核心竞争力排他现象。但在现实情况下，企业核心竞争力生态位之间只发生部分重叠，即一部分市场资源是被它们共同利用，其他部分则分别被各自的核心竞争力所占有。在现实的核心竞争力生态位的形成过程中，由于核心竞争力之间的竞争作用对其生态位有着重要的作用，使得每一种核心竞争力的生态位尽可能明显分开，即全部市场竞争将被充分利用并将容纳尽可能多的核心竞争力类型，同时还能使核心竞争力间的竞争减少到最低限度。在市场竞争中，核心竞争力的生态位与核心竞争力的特性有着非常紧密的关系。例如，特化核心竞争力占有很窄的生态位，泛化核心竞争力占有很宽的生态位。企业具有利用某些特定市场竞争的特殊适应能力，当环境资源能够确保供应并可再生时，特化核心竞争力的竞争能力将超过泛化核心竞争力。在核心竞争力之间的竞争中，与其他核心竞争力相比，比较强大的核心竞争力通常多采用同所有核心竞争力进行生态位重叠的策略，以保证其占有领导地位和占据更多的市场资源。

大多数的生态位理论都是建立在一维生态位基础之上的，把这个概念引入核心竞争力的生态位概念中，每个核心竞争力在其生态位空间内就只有两个相邻核心竞争力。借鉴生态位理论，我们知道沿着两个或两个以上的生态位维度，对物种最终的生态位重叠通常会适当减弱，因此生态位各维度之间经常会互补，我们也可以这样认为：一对核心竞争力在一个生态位维上重叠较多，而在另一个生态位维上就很少重叠，反之也一样。多维生态位关系可能是更为复杂的，例如，随着生态位的维数增加，核心竞争力生态位可以在一个维度上部分重叠或完全重叠，而在另一个维上却完全分离或相互邻接，核心竞争力生态位重叠或隔离在一维生态位空间中，任何核心竞争力的生态位都只有来自两面的竞争者，但在二维生态位空间中，相邻核心竞争力的数目却可以有很多。随着生态位有效维度的增加，潜在相邻核心竞争力的数目差不多是呈几何级数增长的。而维度的增加使每一个核心竞争力的生态位空间都具有更多的相邻竞争者，因而大大地分散了它们之间的竞争。核心竞争力生态位的维度可以有很多，因此在分析核心竞争力生态位重叠时有必要对核心竞争力生态位的维度进行缩减。

## 6.3.2 企业核心竞争力生态位重叠测度模型

（1）基于生态学方法的核心竞争力生态位重叠测算方法。近年来，关于生态位的形成和生态位关系的研究已经成为生态学最为活跃的领域之一。

这些研究进展已使我们能够对现实生态位重叠做出可靠的评价。科学家已经提出了许多方法定量地测定生态位的宽度和重叠，在此，我们可借鉴生态学方法建立核心竞争力市场生态位重叠的测度方法。核心竞争力市场生态位重叠的计算方法主要来自对各种多样性指数的分析。最常用的核心竞争力市场生态位重叠计算公式为：

核心竞争力生态位重叠计算：参考 MacArthur 在 1972 提出的个体生物生态位重叠计算公式，则核心竞争力个体生态位重叠的计算公式为：

$$O_{ij} = \sum P_{ia} P_{ja} / (\sum P_{ia}^2) \tag{6-5}$$

Pianka 在 1973 提出的个体生物生态位重叠计算公式，根据该公式，则核心竞争力个体生态位重叠的算公式为：

$$O_{ij} = \sum P_{ia} P_{ja} / \sqrt{(\sum P_{ia}^2)(\sum P_{ja}^2)} \tag{6-6}$$

式中，$O_{ij}$ 代表核心竞争力 $i$ 和核心竞争力 $j$ 的生态位重叠；$P_{ia}$ 和 $P_{ja}$ 分别代表核心竞争力 $i$ 和核心竞争力 $j$ 对市场竞争 $a(a = 1 \sim n)$ 的利用，或者说是核心竞争力 $i$ 和核心竞争力 $j$ 对市场竞争 $a$（$a = 1$ 的个体数）的利用。

核心竞争力生态位重叠值的取值范围是 0 到 1，0 表示核心竞争力生态位完全分离，1 表示核心竞争力生态位完全重叠，即 $O_{ij}$ 越大，则核心竞争力生态位重叠越大。以上的核心竞争力生态位重叠测算公式各有特点，MacArthur 型公式所使用的重叠矩阵不对称，也就是说，核心竞争力 $i$ 对核心竞争力 $j$ 的重叠不等于核心竞争力 $j$ 对核心竞争力 $i$ 的重叠，这虽然有些不便，但有一个显著优点，即对于每个核心竞争力的个体数量非常敏感，该公式不仅反映了市场资源利用上的重叠，而且也适当反映了由于核心竞争力生态位重叠而产生的核心竞争力的竞争压力。而 Pianka 型公式则主要是反映核心竞争力在市场竞争利用上的重叠。

（2）核心竞争力成长效率相对评价模型。这里引入指数状态及指数状态可能集的概念。评价模型采用评价单元的指数状态，设 $t$ 年的企业核心竞争力综合评价值，为参考指数，则 $t + 1$ 年的企业核心竞争力综合评价值为当前指数。假设 $x_j$、$y_j$ 分别为第 $j$ 个企业核心竞争力的参考指数和当前指数（$x_j$、$y_j$ $\in E_1$），$E_1$ 为利用系统评价方法测算得出的各企业综合指数的集合，则称数组 $(x_j, y_j)$ 为第 $j$ 个企业的指数状态，称凸集

$$T = \{(x, y) \mid \sum_{j=0}^{n} \lambda_j x_j \le x, \sum_{j=0}^{n} \lambda_j y_j \ge y, \sum_{j=0}^{n} \lambda_j = 1, \lambda_j \ge 0, j = 0, 1, 2, \cdots n\} \tag{6-7}$$

为由指数状态 $\{(x_j, y_j)\}_0^n$ 所组成的指数状态可能集，其中 $(x_0, y_0) = (0, 0)$。

数据包络分析面向输出的 BCC 模型为：

$$\max Z$$
$$\text{s.t.} \sum_{j=0}^{n} \lambda_j x_j \leqslant x_{j_0}$$
$$\sum_{j=0}^{n} \lambda_j y_j \geqslant Z y_{j_0} \quad (6\text{-}8)$$
$$\sum_{j=0}^{n} \lambda_j = 1, \lambda_j \geqslant 0, \quad j=1, 2, 3\cdots, n$$

若线性规划（6-8）的最优值 $Z^0=1$，则称该企业处在指数状态可能集 $T$ 的前沿面上；若 $Z^0>1$，则该企业不在 $T$ 的前沿面上。令 $\bar{x}_{j_0}=x_{j_0}$，$\bar{y}_{j_0}=Z^0 y_{j_0}$，显然（$\bar{x}_{j_0}$，$\bar{y}_{j_0}$）处在 $T$ 的前沿面上，则称（$\bar{x}_{j_0}$，$\bar{y}_{j_0}$）为企业 $j_0$ 的指数状态（$x_{j_0}$，$y_{j_0}$）在指数状态可能集 $T$ 前沿面上的投影。

如图 6-1 所示，其阴影部分表示指数状态可能集 $T$，（$x_1$，$y_1$）和（$x_2$，$y_2$）分别代表企业 1、企业 2 的指数状态。其中企业 1 的指数状态（$x_1$，$y_1$）处于指数状态可能集 $T$ 的前沿面上（此时 $Z^0=1$）；企业 2 的指数状态（$x_2$，$y_2$）不在指数状态可能集 $T$ 的前沿面上（此时 $Z^0>1$），（$\bar{x}_2$，$\bar{y}_2$）为指数状态（$x_2$，$y_2$）在指数状态可能集 $T$ 前沿面上的投影。

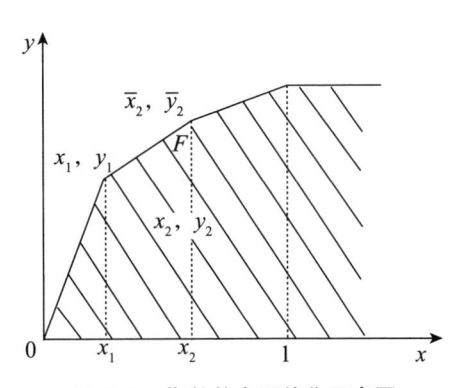

图 6-1 指数状态可能集示意图

综合以上两种情况，如果 $Z^0$ 是（6-8）式的最优值，则称：

$$\eta = 1/Z^0 \times 100\% \quad (6\text{-}9)$$

为第 $j_0$ 个企业核心竞争力的成长效率评价值。由 $1/Z^0=y/\bar{y}$ 可见，该评价值是每个企业核心竞争力的当前指数占相同条件下核心竞争力可能达到的最大值的百分比。表明了核心竞争力的发展效率。

## 6.4 本章小结

在分析核心竞争力生命周期与生态位理论的基础上，分析与研究了核心竞争力在生命周期中的各个阶段的特征与评价特点，提出了核心竞争力生命周期各个阶段的评价模型，并且借鉴生态位原理，研究核心竞争力的生态位宽度，建立基于核心竞争力生态位的核心竞争力的评价模型。

# 第7章 企业核心竞争力评价实例测算与结果分析

## 7.1 企业核心竞争力评价样本的选择

本书的研究对象应该是大型企业,特别是有很强核心竞争力的跨国企业,但是由于研究方法需要多个企业的研究样本进行横向比较,在大企业中很难获得,而中小企业样本比较多,有可选择的余地。同时由于在评价指标上基本与大企业相似,并且具有相似的问题,因此本书将研究对象确定为哈尔滨机械行业的企业。本研究共发放调查问卷50份,收回有效问卷43份。本书选取的企业样本大部分处于稳定区域,大部分是成长型企业,少数成熟型企业。样本能很好地满足本次研究的要求。为了保持研究对象的多样性,从而使评价研究具有代表性,本研究在哈尔滨市机械行业中选取50家不同规模的企业。

基于上文设计的核心竞争力的评价指标体系,设计了企业核心竞争力的调查问卷。调查问卷中对各项指标的评价采用比较通行的5分度法,业内最高水平为5分,平均水平为3分,最差为1分。经过与周围有关专家的讨论,以及几家企业当面试填、讨论的结果,确定了核心竞争力调查问卷的最终形式(见附录)。1998年1月份至2006年12月期间,本研究对哈尔滨市企业进行了问卷调查,问卷方法的主要形式如下:① 通过哈尔滨中小企业局、中小企业协会向所在企业运用邮寄调查形式调查;② 通过本人参与研究《哈尔滨中小企业发展现状与对策研究》的课题,在该课题研究中,也进行了大量调研，收集了可以运用在本研究的数据。③采用Email形式发出问卷。对20家由于各种原因认识的企业进行了网上调研。对于有条件的企业（尤其是实地调研的企业）采用多种形式，回收问卷多份，由来自不同部门的人员填写，通过多份问卷的平均获得更加真实的企业的组织资料。由于各个企业数据统计年限、数据结构方面的差异，使得最终能够成为研究对象的企业只有11家，最后真正成为本书的研究对象的企业见表7-1。

表7-1 评价样本的名称与代码

| 公司名称 | 公司代码 |
| --- | --- |
| 哈尔滨宏达轴承有限公司 | A |
| 哈尔滨捷顺科技有限公司 | B |
| 阿城市北环机械有限责任公司 | C |
| 哈尔滨北方船舶工业有限公司 | D |
| 中兆迪康电梯制造有限公司 | E |
| 哈尔滨化强实业有限公司 | F |
| 黑龙江省双达电力设备有限公司 | G |
| 哈尔滨市鑫广线材制造有限公司 | H |
| 哈尔滨智通科技有限公司 | I |
| 哈尔滨万里线缆制造有限公司 | J |
| 哈尔滨市捷能热力电站有限公司 | K |

## 7.2 基于核心刚性的企业核心竞争力评价测算实例与结果分析

### 7.2.1 评价过程及评价结果

本书在采集的样本中，选择了11家企业从2004年至2005年的基础数据，按照评价的过程，首先进行核心竞争力和与之相对应的核心刚性评价，即计算各企业各年份的综合指数（见表7-2）。然后，在此基础之上，进行相对评价。

表 7-2  11家企业的测算结果——各年综合指数

| 公司代码 | 当前指数<br>（核心刚性综合评价值） | 参考指数<br>（核心竞争力综合评价值） |
|---|---|---|
| A | 0.486 | 0.51 |
| B | 0.454 | 0.4203 |
| C | 0.6485 | 0.459 |
| D | 0.555 | 0.4822 |
| E | 0.5358 | 0.3804 |
| F | 0.646 | 0.6045 |
| G | 0.534 | 0.5685 |
| H | 0.3545 | 0.321 |
| I | 0.384 | 0.3609 |
| J | 0.714 | 0.627 |
| K | 0.566 | 0.523 |

以核心刚性综合指数为输入、以核心竞争力综合指数为输出、以核心竞争力综合指数为输入、以核心刚性综合指数为输出评价结果见表7-3、表7-4。

表 7-3  对11家企业的测算结果——相对评价值

| 名次 | 2004-2005 年 | |
|---|---|---|
| | 单位代码 | 相对评价值 |
| 1 | C | 100% |
| 1 | E | 100% |
| 1 | H | 100% |
| 1 | J | 100% |
| 5 | F | 92.1% |
| 6 | D | 83.4% |
| 7 | K | 83.3% |
| 8 | I | 80.2% |
| 9 | B | 78.5% |

续表

| 名次 | 2004-2005 年 | |
|---|---|---|
| | 单位代码 | 相对评价值 |
| 10 | G | 77.2% |
| 11 | A | 71.4% |

表 7-4　对 11 家企业的测算结果——相对评价值

| 名次 | 2004-2005 年 | |
|---|---|---|
| | 单位代码 | 相对评价值 |
| 1 | A | 100% |
| 1 | G | 100% |
| 1 | H | 100% |
| 1 | J | 100% |
| 1 | F | 100% |
| 1 | I | 100% |
| 7 | B | 93.4% |
| 8 | K | 90.0% |
| 9 | D | 84.4% |
| 10 | C | 75.2% |
| 11 | E | 66.8% |

## 7.2.2　评价结果分析

相对评价值为我们提供了各个企业核心刚性的相对评价的总体状况，但并没有反映究竟是什么原因使企业的排名相对靠前和落后，因此在完成对各企业核心刚性的相对评价之后，还必须对这些结果进行分析，其主要目的在于分析测算结果的合理性，同时找出影响企业相对名次的具体原因。

（1）评价结果分析的方法。评价结果分析具体来说可以分为两个方面：

① 分析测算结果的合理性。尽管我们所采用数学方法具有一定的先进性，但仅用一个数学模型来描述整个复杂的核心刚性问题，显然有一定的局限性，为了消除这些局限性所带来的评价结果的相对误差就需要人为进行修正。

② 根据相对评价结果找出影响企业核心刚性相对名次的具体原因。相对评价值是建立在企业核心刚性、核心竞争力综合指数上的，而综合指数又是由各项指标加权得到的，因此，我们可以在相对评价值的基础上，从指标体系入手，采用逐层分析的方法，找出具体原因。

（2）评价结果的合理性分析。我们以 2005 年的基础数据为例，对 2005 年的相对评价值进行合理性分析。首先，我们用 SPSS 软件分别绘制了以核心刚性综合指数为输入、以核心竞争力综合指数为输出、以核心竞争力综合指数为输入、以核心刚性综合指数为输出的散点图，此图最外层数据点所构成的包络面就是指数状态前沿面，如图 7-1、图 7-2 所示。

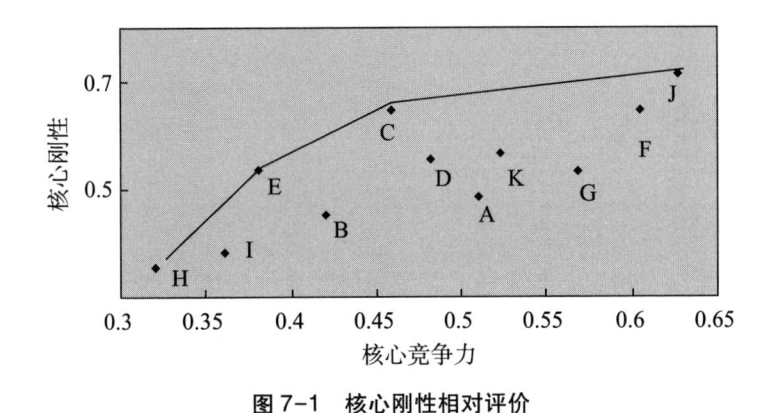

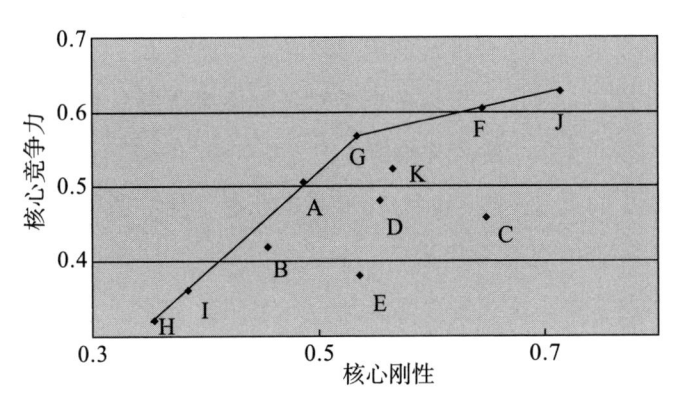

**图 7-1　核心刚性相对评价**

**图 7-2　核心竞争力相对评价**

（3）评价结果的原因分析。如果单纯考虑核心刚性的综合评价，那么这 11 个企业的核心刚性并不高，从 0.35 到 0.72，从核心刚性的相对评价值看，则有些企业的核心刚性就必须进行调整，如 E 和 C 点的企业。我们注意到从这个实例中，能够发现，利用核心竞争力的评价值、相对评价值与核心刚性的相对评价值进行综合判断，要比只利用核心刚性的综合评价值进行判断，更有科学性。其能够揭示核心竞争力与核心刚性在企业核心竞争力的相对比较中，哪一个核心竞争力更有竞争优势，哪一个企业的核心刚性需要调整。在实际应用中，该方法更有应用价值。

经过实际分析，我们认为以上 11 个数据点，基本符合各企业的实际情况。

（1）处于前沿面上核心刚性的相对评价值的分析。当企业核心刚性的相对评价值，处于前沿面上时，如：C、E、H、和 J 点。这些点所代表的含义是，与其他企业相比，其核心刚性的相对评价非常高。需要对其核心刚性进行调整。

处于前沿面上核心刚性的相对评价值，也可以分为两种情况：端点 H、和 J 点；中间点 C、E 点。关于前沿面上端点 H、和 J 点的分析，需要结合核心竞争力相对评价值的情况。

首先分析端点情况：如果核心竞争力的综合评价值相对较低，如企业 H，由于核心竞争力也是最低的，其核心刚性值在所有的评价单元中，也是最低的。虽然核心刚性的相对值为 100%，但是不能认为其核心刚性相对较大，对其进行调整。

如果核心竞争力的综合评价值相对较高，如企业 J，为 100%。在这种情况下，相对评价是失效的，可以依据绝对评价值来判断。企业 J 的核心刚性综合评价值、核心竞争力综合评价值分别为 0.714，0.627。

其次分析中间点 C、E：对于 C、E 点的企业，核心竞争力的综合评价值并不大，相对评价值更低分别为 75.2%、66.8%，但是核心刚性的相对评价值是比较大的（100%），由于存在 A、B 点的企业，其核心刚性的评价值，比C、E 点企业核心刚性的评价值要小，因此可以推断，C、E 点企业的核心刚性需要调整，但是从核心竞争力的相对评价值来看，C、E 点企业的较低，综合这两个因素，我们认为更需要调整它们的核心竞争力，其次才是核心刚性。

（2）处于前沿面下核心刚性的相对评价值的分析。当企业核心刚性的相对评价值，处于前沿面下时，如：F、D、K、I、B、G 和 A 点的企业。这里我们分两种情况进行分析：

① 企业核心刚性相对评价值的排名，大于或等于企业核心刚性综合评价值排名的如：F、D、I 和 B 点的企业。从这类企业核心刚性相对评价值，得出的判断与核心刚性综合评价值的结论几乎相同，可以依据核心刚性的相对值或综合评价值的大小来分析核心刚性是否需要调整。

② 企业核心刚性相对评价值的排名，小于企业核心刚性综合评价值排名的如：G、K 和 A 点的企业。由于 G、K 和 A 点企业的核心竞争力的相对评价值，均为 100%。说明核心竞争力的发展效率非常高。因此这两点的核心刚性应该是与其核心竞争力的发展相适应的。K 点的核心竞争力相对评价值为 90.0%，核心刚性相对评价值为 83.3%。

（3）研究结论。① 通过分析 11 个企业的核心刚性评价值与核心刚性的相对评价值，我们能够发现，如果只依据评价核心刚性综合值来确定改善核心刚性问题，是不充分的。② 核心刚性的相对评价值，能够对不同的核心竞争力的核心刚性进行比较。其比较的结果可以作为改善核心刚性的依据。③ 核心刚性是否需要改善，不仅要考虑核心刚性评价值的大小，而且要分析核心竞争力的大小。④ 核心刚性的相对评价，需要多个企业的核心竞争力与核心刚性的数据，在实践中可能有一定的困难，样本选取一定要符合企业的竞争环境，否则其研究结论的科学性会受到影响。

## 7.3 企业核心竞争力应用效率评价测算实例与结果分析

### 7.3.1 评价过程及评价结果

本文采集了 11 家企业（企业名称、数据来源与表 7-1 相同）从 2004 年至 2005 年的基础数据，按照评价的过程，首先进行核心竞争力和与之相对应的顾客价值评价，即计算各企业各年份的综合指数（见表 7-5）。然后，在此基础之上，进行相对评价，其结果见表 7-6。

表 7-5  11 家企业的测算结果——各年综合指数

| 公司代码 | 当前指数<br>(顾客价值综合评价值) | 参考指数<br>(核心竞争力综合评价值) |
| --- | --- | --- |
| A | 0.686 | 0.5100 |
| B | 0.482 | 0.4203 |
| C | 0.424 | 0.4590 |
| D | 0.641 | 0.4822 |
| E | 0.401 | 0.3804 |
| F | 0.646 | 0.6045 |
| G | 0.701 | 0.5685 |
| H | 0.3545 | 0.3210 |
| I | 0.404 | 0.3609 |
| J | 0.718 | 0.6270 |
| K | 0.566 | 0.5230 |

## 7.3.2  评价结果分析

相对评价值为我们提供了各个企业顾客价值的相对评价的总体状况，但并没有反映究竟是什么原因使企业的排名相对靠前或落后，因此在完成对各企业顾客价值的相对评价之后，还必须对这些结果进行分析，其主要目的在于分析测算结果的合理性，同时找出影响企业相对名次的具体原因。

表 7-6  对 11 家企业顾客价值的测算结果——相对评价值

| 名次 | 2005 年 | |
| --- | --- | --- |
| | 单位代码 | 相对评价值 |
| 1 | A | 100% |
| 1 | G | 100% |
| 1 | H | 100% |
| 1 | J | 100% |
| 1 | D | 100% |
| 6 | I | 95.2% |

续表

| 名次 | 2005 年 | |
|---|---|---|
| | 单位代码 | 相对评价值 |
| 7 | B | 91.3% |
| 8 | F | 91.1% |
| 9 | E | 87.4% |
| 10 | K | 82.1% |
| 11 | C | 71.1% |

（1）评价结果分析的方法。评价结果分析具体来说可以分为两个方面：

①分析测算结果的合理性。尽管我们所采用数学方法具有一定的先进性，但仅用一个数学模型来描述整个复杂的顾客价值问题，显然有一定的局限性，为了消除这些局限性所带来的评价结果的相对误差就需要人为进行修正。

②根据相对评价结果找出影响顾客价值相对名次的具体原因。相对评价值是建立在顾客价值、核心竞争力综合指数上的，而综合指数又是由各项指标加权得到的，因此，我们可以在相对评价值的基础上，从指标体系入手，采用逐层分析的方法，来找出影响顾客价值相对名次的具体原因。

（2）评价结果的合理性分析。我们以 2005 年的基础数据为例，对 2005 年的相对评价值进行合理性分析。首先，我们用 SPSS 软件绘制了以核心竞争力综合指数为输入，以顾客价值综合指数为输出的散点图，此图最外层数据点所构成的包络面就是指数状态前沿面，如图 7-3 所示。

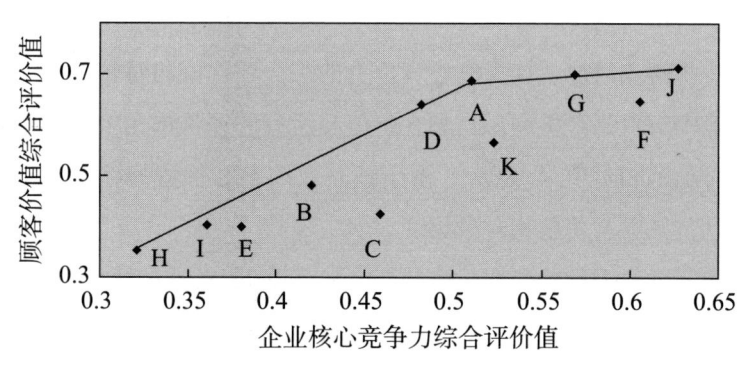

图 7-3 顾客价值相对评价

经过实际分析，我们认为以上 11 个数据点，基本符合各企业的实际情况。

（3）评价结果的原因分析。如果单纯考虑顾客价值的综合评价，那么我们很容易分析，这 11 个企业产品的顾客价值，按大小排序就可以。但是由于每个企业的核心竞争力存在相当大差异，核心竞争力是影响顾客价值最重要的因素。在分析企业产品顾客价值的时候，必须考虑核心竞争力的问题。因此必须进行基于核心竞争力的顾客价值相对评价。从顾客价值的相对评价值看，则有些企业的顾客价值就必须进行提升，如 K 和 C 点的企业。我们注意到从这个实例中，能够发现，利用核心竞争力的评价值、与顾客价值的相对评价值进行综合判断，要比只利用顾客价值的综合评价值进行判断，更有科学性。其能够揭示核心竞争力与顾客价值在企业核心竞争力的相对比较中，哪一个核心竞争力更有竞争优势，哪一个企业的顾客价值需要提升。在实际应用中，该方法更有应用价值。

① 处于前沿面上顾客价值的相对评价值的分析。当企业顾客价值的相对评价值，处于前沿面上时，如：A、D、G、H、和 J 点。这些点所代表的含义是，与其他企业相比，其顾客价值的相对评价非常高。在现有核心竞争力的情况下，顾客价值已经达到最大值。如果需要提升其顾客价值，则必须首先提升其核心竞争力。

处于前沿面上顾客价值的相对评价值，也可以分为两种情况：端点 H 和 J 点；中间点 D、A、G。关于前沿面上端点 H 和 J 点的分析，需要结合核心竞争力相对评价值的情况。

首先分析端点情况：如果核心竞争力的综合评价值相对较低，如企业 H，由于核心竞争力也是最低的。其顾客价值在所有的评价单元中，也是最低的。虽然顾客价值的相对值为 100%，由于该企业的顾客价值的综合评价值最低，但是不能认为其顾客价值相对较大。

如果核心竞争力的综合评价值较高，如企业 J，在这种情况下，相对评价是失效的，他肯定是最好的。可以依据绝对评价值来判断。

其次分析中间点 D、A、G：对于 D、A、G 点的企业，核心竞争力的综合评价值并不大，但是顾客价值的相对评价值是比较大的（100%）。这表明在当前核心竞争力的情况下，顾客价值达到了相对最大值。如果希望提高企业产品的顾客价值，则必须首先提升核心竞争力。其次才是影响顾客价值的其他因素。

②处于前沿面下顾客价值的相对评价值的分析。当企业顾客价值的相对评价值，处于前沿面下时，如：C、F、E、K、I和B点的企业。这里我们分两种情况进行分析：①顾客价值相对评价值的排名，大于或等于顾客价值综合评价值排名，如：F、I和B点的企业。这类企业顾客价值相对评价值相对较高，虽然没有达到前沿面上，但如果需要提升顾客价值，则更需要提升核心竞争力。如I点企业，虽然顾客价值的综合评价不大，但如果只利用综合评价来判断，很可能更多要考虑如何提升顾客价值问题，而不是通过提升核心竞争力来带动顾客价值的提升。②顾客价值相对评价值的排名，小于顾客价值综合评价值排名，如：C、K和E点的企业。这些企业的核心竞争力综合评价值相对较大，但顾客相对评价值较低，说明没有很好利用核心竞争力来提升顾客价值。因此对于这类企业，主要是如何发挥现有核心竞争力的效率，来提升顾客价值。

（4）研究结论。通过分析11家企业的顾客评价值与核心竞争力的相对评价值，我们能够发现，如果只依据顾客价值评价综合值，来确定核心竞争力对顾客价值的贡献，是不充分的。

① 基于顾客价值的核心竞争力的相对评价值，能够对不同的核心竞争力的顾客价值贡献程度进行比较。其比较的结果可以作为分析与评价核心竞争力对顾客价值贡献效率的依据。

② 通过利用顾客价值的相对评价模型，计算出顾客相对评价值，分析核心竞争力的作用效率，要比单纯利用顾客价值的综合评价值来判断顾客价值的大小，更能够发现问题。

③ 基于顾客价值的核心竞争力评价，需要多个企业的核心竞争力与顾客价值的数据，在实践中可能有一定的困难，样本选取一定要符合企业的竞争环境，否则其研究结论的科学性会受到影响。

## 7.4 企业核心竞争力成长效率评价测算实例及结果分析

(1) 核心竞争力的效率评价。本书采集了11家企业(企业名称、数据来源与表7-1相同)从2004年至2005年的基础数据,按照评价的过程,首先进行系统综合评价,即计算各企业各年份的综合指数(见表7-7)。然后,在此基础之上,利用数据包络分析(DEA)方法对系统综合评价结果进行相对评价,其结果见表7-8,图7-4。

表7-7　11家企业的测算结果——各年综合指数

| 公司代码 | 参考指数<br>(核心竞争力综合评价值) | 当前指数<br>(核心竞争力综合评价值) |
|---|---|---|
| A | 0.619 | 0.654 |
| B | 0.406 | 0.381 |
| C | 0.515 | 0.502 |
| D | 0.5317 | 0.627 |
| E | 0.3804 | 0.512 |
| F | 0.6045 | 0.674 |
| G | 0.606 | 0.501 |
| H | 0.321 | 0.374 |
| I | 0.372 | 0.418 |
| J | 0.6663 | 0.718 |
| K | 0.523 | 0.692 |

表7-8　对11家企业的测算结果——相对评价值

| 名次 | 2004—2005年 | |
|---|---|---|
| | 单位代码 | 相对评价值 |
| 1 | H | 100% |
| 1 | J | 100% |

续表

| 名次 | 2004—2005 年 | |
|---|---|---|
| | 单位代码 | 相对评价值 |
| 1 | K | 100% |
| 1 | E | 100% |
| 5 | F | 94.2% |
| 6 | A | 92.1% |
| 7 | D | 89.9% |
| 8 | I | 85.6% |
| 9 | C | 74.2% |
| 10 | B | 70.1% |
| 11 | G | 69.4% |

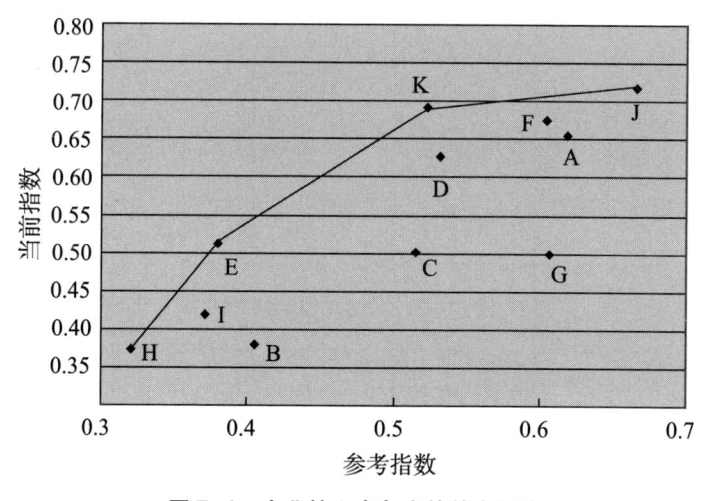

图 7-4 企业核心竞争力的效率评价

（2）核心竞争力竞争环境评价（核心竞争力生态位重叠度测算）。为了研究问题方便，本书从 11 家企业（企业名称、数据来源与表 7-1 相同）的核心竞争力中，选取九家企业，分成三组选择一个企业的核心竞争力作为标杆，重点分析标杆核心竞争力对其他企业的核心竞争力的影响。本书以核心竞争力的区域生态为主要指标如某大区九个市场区域内的市场占有率、不同收入层次消费者占有比例、不同产品结构比例等为研究指标。

根据表 7-7、表 7-8 与表 7-9 提供的数据,我们可以计算出上述核心竞争力的生态位重叠状况。具体数据见表 7-10 与表 7-11。

基于生态学方法的核心竞争力生态位重叠度系数计算将有关数据代入(6-5)式中,我们得到表 7-10 结果:

① 区域核心竞争力生态位重叠系数:

$O_{ei} = 0.163$   $O_{eb} = 0.628$

$O_{kd} = 0.152$   $O_{kc} = 0.653$

$O_{fa} = 0.375$   $O_{fg} = 0.882$

可以看出,目标核心竞争力与标杆核心竞争力的市场区域生态位重叠最大。

表 7-9  核心产品或终端产品在不同区域市场上的占有率

| 地域序号 | 1 | 2 | 3 | 4 | 5 | 6 | 7 | 8 | 9 |
|---|---|---|---|---|---|---|---|---|---|
| 目标核心竞争力(E)市场占有率 | 0.00 | 0.00 | 0.00 | 0.65 | 0.60 | 0.25 | 0.40 | 0.60 | 0.72 |
| 核心竞争力(I)市场占有率 | 0.64 | 0.54 | 0.43 | 0.15 | 0.20 | 0.00 | 0.00 | 0.00 | 0.00 |
| 核心竞争力(B)市场占有率 | 0.36 | 0.46 | 0.57 | 0.20 | 0.20 | 0.75 | 0.60 | 0.40 | 0.28 |
| 目标核心竞争力(K)市场占有率 | 0.65 | 0.00 | 0.00 | 0.44 | 0.00 | 0.75 | 0.30 | 0.40 | 0.70 |
| 核心竞争力(D)市场占有率 | 0.00 | 0.79 | 0.77 | 0.30 | 0.40 | 0.00 | 0.00 | 0.33 | 0.00 |
| 核心竞争力(C)市场占有率 | 0.35 | 0.21 | 0.23 | 0.26 | 0.60 | 0.25 | 0.70 | 0.27 | 0.30 |
| 目标核心竞争力(F)市场占有率 | 0.60 | 0.00 | 0.51 | 0.56 | 0.63 | 0.25 | 0.27 | 0.60 | 0.25 |
| 核心竞争力(A)市场占有率 | 0.00 | 0.62 | 0.00 | 0.20 | 0.10 | 0.50 | 0.54 | 0.00 | 0.50 |
| 核心竞争力(G)市场占有率 | 0.40 | 0.38 | 0.49 | 0.24 | 0.27 | 0.25 | 0.19 | 0.40 | 0.25 |

## 第7章 企业核心竞争力评价实例测算与结果分析

表7-10 不同核心竞争力的产品结构状况

| 产品种类（档次由低到高） | 1 | 2 | 3 | 4 | 5 |
|---|---|---|---|---|---|
| 目标核心竞争力（E）产品结构 | 0.35 | 0.44 | 0.45 | 0.66 | 0.70 |
| 核心竞争力（I）产品结构 | 0.40 | 0.33 | 0.22 | 0.34 | 0.00 |
| 核心竞争力（B）产品结构 | 0.25 | 0.23 | 0.33 | 0.00 | 0.30 |
| 目标核心竞争力（K）产品结构 | 0.27 | 0.44 | 0.35 | 0.63 | 0.80 |
| 核心竞争力（D）产品结构 | 0.38 | 0.36 | 0.32 | 0.00 | 0.20 |
| 核心竞争力（C）产品结构 | 0.35 | 0.20 | 0.33 | 0.27 | 0.00 |
| 目标核心竞争力（F）产品结构 | 0.31 | 0.41 | 0.35 | 0.33 | 0.47 |
| 核心竞争力（A）产品结构 | 0.37 | 0.36 | 0.38 | 0.26 | 0.34 |
| 核心竞争力（G）产品结构 | 0.32 | 0.23 | 0.27 | 0.41 | 0.19 |

表7-11 核心竞争力生态位重叠系数

| 企业 | E与I | E与B | K与D | K与C | F与A | F与G |
|---|---|---|---|---|---|---|
| 区域生态位重叠 | 0.163（轻度重叠） | 0.628（中度重叠） | 0.152（轻度重叠） | 0.653（中度重叠） | 0.375（中度重叠） | 0.882（重度重叠） |
| 产品结构重叠 | 0.769（重度重叠） | 0.811（重度重叠） | 0.691（重度重叠） | 0.953（重度重叠） | 0.982（重度重叠） | 0.921（重度重叠） |

② 不同产品结构核心竞争力生态位宽度：

$O_{ei} = 0.769 \quad O_{eb} = 0.811$

$O_{kd} = 0.691 \quad O_{kc} = 0.953$

$O_{fa} = 0.982 \quad O_{fg} = 0.921$

从计算结果可以看出，核心竞争力的生态位重叠对核心竞争力的成长效率，有着非常大的影响。

首先我们要根据核心竞争力的生态位重叠系数的大小对核心竞争力的生态位状况进行分类，这里将核心竞争力的生态位重叠系数大于0.7（含0.7）的归为重度重叠，将核心竞争力的生态位重叠系数低于0.3的归为轻度重叠，其余为中度重叠。

利用核心竞争力生态位重叠，对核心竞争力成长效率的解释：利用数据包络分析方法对核心竞争力成长的效率分析，往往要求各个评价单元的生存环境是相同的，或者可以假设为相同，各个评价单元之间相互独立。在现实当中，也有许多情况是各个评价单元的生存环境是不同的，或者存在很大的差异，并且评价单元之间可能存在激烈的竞争关系，在这种情况下，需要考虑评价单元的生存环境特别是竞争环境的激烈程度。

① 关于 E、I 和 B 企业核心竞争力成长效率的解释。E、I 和 B 企业核心竞争力参考指数较小，0.37~0.41 之间，属于核心竞争力生命周期的初级阶段。

E 企业的核心竞争力成长效率最大，100%。B 企业核心竞争力成长效率最低，70.1%，由于 B 企业核心竞争力的参考指数最大，也就是，B 企业核心竞争力的基础条件最好（处于成熟阶段的核心竞争力），但是成长效率最低。除了企业内部效率较低之外，核心竞争力的成长环境较差也是一个重要原因，E 和 B 的核心竞争力的生态位重叠系数较大。企业 E 和 B 之间存在激烈的竞争，竞争结果使得企业 E 的核心竞争力有一个生存空间，B 企业核心竞争力的一个生存空间相对较差。也使得 B 企业核心竞争力的成长效率较低。

I 企业核心竞争力的参考指数最小，但是 I 企业能有效避免与其他企业竞争，其核心竞争力的生态位重叠系数较小，竞争程度小，使得其核心竞争力的生存空间较好。其核心竞争力的成长效率虽然没有达到 100%，但是要比 B 企业的要好。

② 关于 K、D 和 C 企业核心竞争力成长效率的解释。K、D 和 C 企业核心竞争力参考指数较小，0.51~0.54 之间，属于核心竞争力生命周期的成长阶段。

K 企业的核心竞争力成长效率最大，100%，C 企业核心竞争力成长效率最低，74.2%，由于 C 企业核心竞争力的参考指数最小，也就是，C 企业核心竞争力的基础条件最差（核心竞争力生命周期中的构建阶段），成长效率最低也可接受。除此之外，核心竞争力的成长环境较差也是一个重要原因，K 和 C 的核心竞争力的生态位重叠系数较大。企业 K 和 C 之间存在激烈的竞争，竞争结果使得企业 K 的核心竞争力有一个生存空间，C 企业核心竞争力的一个生存空间相对较差。也使得 C 企业核心竞争力的成长效率较低。

D 企业核心竞争力的参考指数最大，但是 D 企业在与其他企业竞争过程中，其核心竞争力的生态位重叠系数较小，竞争程度小，使得其核心竞争力的生存空间较好。其核心竞争力的成长效率虽然没有达到100%，但是要比C企业的要好。

③ 关于F、A和G企业核心竞争力成长效率的解释。F、A和G企业核心竞争力参考指数较大，0.6~0.62之间，属于核心竞争力的高级阶段。

F企业的核心竞争力成长效率最大，94.2%，G企业核心竞争力成长效率最低，69.4%，由于C企业核心竞争力的参考指数最小，也就是，G企业核心竞争力的基础条件最差，成长效率最低也可接受。除此之外，核心竞争力的成长环境较差也是一个重要原因，F和G的核心竞争力的生态位重叠系数较大。企业F和G之间存在激烈的竞争，竞争结果使得企业K的核心竞争力有一个生存空间，G企业核心竞争力的一个生存空间相对较差。也使得G企业核心竞争力的成长效率较低。

A企业核心竞争力的参考指数最大，但是A企业在与其他企业竞争过程中，其核心竞争力的生态位重叠系数较小，竞争程度小，使得其核心竞争力的生存空间较好。其核心竞争力的成长效率虽然没有达到100%，但是要比G企业的要好。

通过以上的分析，我们可以得出如下结论：

① 从三组企业核心竞争力的生态位重叠状况结果分析，核心竞争力的生态位重叠对核心竞争力的成长效率，有比较大的影响。

② 核心竞争力的区域重叠对核心竞争力的影响，要比产品结构重叠的影响要大。

③ 核心竞争力生命周期的不同阶段，相同的核心竞争力的生态位重叠，有不同的影响程度。

(3) 企业核心竞争力状态评价测算实例与结果分析

本文利用表7-2、表7-5、表7-7的数据，按照核心竞争力的状态评价模型，进行核心竞争力的状态评价，即计算各企业核心竞争力的状态评价值（见表7-12）。

表 7-12　11 家企业的核心竞争力状态评价值与排名

| 企业 | 核心竞争力的综合评价值与排名 | 核心竞争力的刚性效率 | 核心竞争力的成长效率 | 核心竞争力的状态评价 | 核心竞争力的状态评价排名 |
|---|---|---|---|---|---|
| A | 0.51（5） | 100% | 92.1% | 0.46971 | 4 |
| B | 0.4203（8） | 93.4% | 70.1% | 0.2751847 | 9 |
| C | 0.459（7） | 75.2% | 74.2% | 0.2561147 | 10 |
| D | 0.4822（6） | 84.4% | 89.9% | 0.3658721 | 6 |
| E | 0.3804（9） | 66.8% | 100% | 0.2541072 | 11 |
| F | 0.6045（2） | 100% | 94.2% | 0.569439 | 2 |
| G | 0.5685（3） | 100% | 69.4% | 0.394539 | 5 |
| H | 0.321（11） | 100% | 100% | 0.321 | 7 |
| I | 0.3609（10） | 100% | 85.6% | 0.3089304 | 8 |
| J | 0.627（1） | 100% | 100% | 0.627 | 1 |
| K | 0.523（4） | 90.0% | 100% | 0.4707 | 3 |

①关于核心竞争力的状态排名与综合评价排名的分析

核心竞争力的综合排名大于核心竞争力的状态排名。处于这种情况，说明企业核心竞争力的成长效率、核心竞争力的刚性效率的综合效果较高。这样的企业有 A、H、I、K 四个。

核心竞争力的综合排名小于核心竞争力的状态排名，处于这种情况，说明企业核心竞争力的成长效率、核心竞争力的刚性效率的综合效果较低。这样的企业有 B、C、E、G 四个。

处于核心竞争力的综合排名等于核心竞争力的状态排名这种情况，说明企业核心竞争力的成长效率、核心竞争力的价值效率、核心竞争力的刚性效率的综合效果处于平均水平，这样的企业有 D、F、J。

②关于对核心竞争力状态评价的影响分析

从核心竞争力的成长效率和刚性效率的数据看，其对核心竞争力状态评价的影响，11 家企业算术分别平均降低为 71.03%，73.62%。

从以上的数据分析，我们能够发现核心竞争力的成长率对核心竞争力的状态影响最大，说明在这 11 家企业中，核心竞争力还需要提高，核心竞争力刚性效率的影响适中。

核心竞争力的状态评价，在某种程度上，不但反映了核心竞争力的实力，而且也反映了核心竞争力的刚性对核心竞争力的影响，以及在核心竞争力的成长过程中，受到其他企业核心竞争力影响的情况下的成长状态，克服了以前文献关于核心竞争力评价的结果，只能反映核心竞争力的实力状况，不能反映对核心竞争力的刚性问题，更不能反映核心竞争力在所处的竞争状况下的成长情况。企业竞争力低，往往怀疑该企业的核心竞争力不足。对于核心竞争力强的企业，看不到自身核心刚性较大的问题，结果在竞争中失败，甚至倒闭。

## 7.5 企业核心竞争力价值评价测算实例与结果分析

本文利用表7-2、表7-5、表7-7的数据，按照核心竞争力的整体评价模型，进行核心竞争力的整体评价，即计算各企业核心竞争力整体评价的值（见表7-13）。

（1）关于核心竞争力价值评价结果的分析

核心竞争力的综合排名大于核心竞争力的价值评价排名，处于这种情况，说明企业核心竞争力的成长效率、核心竞争力的价值效率的综合效果较高。这样的企业有A、D、E、H、I五个。

核心竞争力的综合排名小于核心竞争力的价值评价排名，处于这种情况，说明企业核心竞争力的成长效率、核心竞争力的价值效率的综合效果较低。这样的企业有B、C、G、K四个。

表7-13　11家企业的核心竞争力价值评价与排名

| 企业 | 核心竞争力的综合评价值与排名 | 核心竞争力的价值效率 | 核心竞争力的成长效率 | 核心竞争力的价值评价 | 核心竞争力的价值评价排名 |
| --- | --- | --- | --- | --- | --- |
| A | 0.51（5） | 100% | 92.1% | 0.46971 | 3 |
| B | 0.4203（8） | 91.3% | 70.1% | 0.2689975 | 10 |
| C | 0.459（7） | 71.1% | 74.2% | 0.242151 | 11 |

续表

| 企业 | 核心竞争力的综合评价值与排名 | 核心竞争力的价值效率 | 核心竞争力的成长效率 | 核心竞争力的价值评价 | 核心竞争力的价值评价排名 |
|---|---|---|---|---|---|
| D | 0.4822（6） | 100% | 89.9% | 0.4334978 | 4 |
| E | 0.3804（9） | 87.4% | 100% | 0.3324696 | 7 |
| F | 0.6045（2） | 91.1% | 94.2% | 0.5187589 | 2 |
| G | 0.5685（3） | 100% | 69.4% | 0.394539 | 6 |
| H | 0.321（11） | 100% | 100% | 0.321 | 8 |
| I | 0.3609（10） | 95.2% | 85.6% | 0.2941017 | 9 |
| J | 0.627（1） | 100% | 100% | 0.627 | 1 |
| K | 0.523（4） | 82.1% | 100% | 0.429383 | 5 |

处于核心竞争力的综合排名等于核心竞争力的价值评价排名这种情况，说明企业核心竞争力的成长效率、核心竞争力的价值效率的综合效果处于平均水平，这样的企业有F、J。

（2）关于对核心竞争力价值评价的影响分析

从核心竞争力的成长效率和价值效率的数据看，对核心竞争力整体评价的影响，11家企业算术分别平均降低为71.03%、75.19%。

从以上的数据分析，我们能够发现核心竞争力的成长率对核心竞争力的总体影响最大，说明在这11家企业中，企业要想提升其核心竞争力的总体状况，核心竞争力的成长还需要提高。核心竞争力的价值效率影响适中。

核心竞争力的价值评价，在某种程度上，反映了核心竞争力的应用状况，克服了以前文献关于核心竞争力评价的结果，只能反映核心竞争力的实力状况，不能反映对核心竞争力的应用状况。企业竞争力低，往往怀疑该企业的核心竞争力不足。忽视核心竞争力的应用状况与应用效果，只注重核心竞争力的强大，不可能获得应有的竞争力。同时也给核心竞争力相对较弱的企业在竞争中如何战胜核心竞争力相对较强的企业，提供理论依据。也对企业如何管理核心竞争力提供支持。

## 7.6 企业核心竞争力整体评价测算实例与结果分析

本文利用表7-2、表7-5、表7-7的数据，按照核心竞争力的整体评价模型，进行核心竞争力的整体评价，即计算各企业核心竞争力的整体评价值（见表7-14）。

表7-14　11家企业的核心竞争力综合评价值与排名

| 企业 | 核心竞争力的综合评价值与排名 | 核心竞争力的刚性效率 | 核心竞争力的价值效率 | 核心竞争力的成长效率 | 核心竞争力的整体评价 | 核心竞争力的状态评价排名 | 核心竞争力的价值评价排名 | 核心竞争力的整体评价排名 |
|---|---|---|---|---|---|---|---|---|
| A | 0.51（5） | 100% | 100% | 92.1% | 0.46971 | 4 | 3 | 3 |
| B | 0.4203（8） | 93.4% | 91.3% | 70.1% | 0.251244 | 9 | 10 | 9 |
| C | 0.459（7） | 75.2% | 71.1% | 74.2% | 0.182098 | 10 | 11 | 11 |
| D | 0.4822（6） | 84.4% | 100% | 89.9% | 0.365872 | 6 | 4 | 6 |
| E | 0.3804（9） | 66.8% | 87.4% | 100% | 0.22209 | 11 | 7 | 10 |
| F | 0.6045（2） | 100% | 91.1% | 94.2% | 0.518759 | 2 | 2 | 2 |
| G | 0.5685（3） | 100% | 100% | 69.4% | 0.394539 | 5 | 6 | 4 |
| H | 0.321（11） | 100% | 100% | 100% | 0.321 | 7 | 8 | 7 |
| I | 0.3609（10） | 100% | 95.2% | 85.6% | 0.294102 | 8 | 9 | 8 |
| J | 0.627（1） | 100% | 100% | 100% | 0.627 | 1 | 1 | 1 |
| K | 0.523（4） | 90.0% | 82.1% | 100% | 0.386445 | 3 | 5 | 5 |

（1）关于核心竞争力的整体评价值的分析

核心竞争力的综合排名与核心竞争力的整体排名。核心竞争力的综合排名大于核心竞争力的整体排名，处于这种情况，说明企业核心竞争力的成长效率、核心竞争力的价值效率、核心竞争力的刚性效率的综合效果较低。这样的企业有B、C、G、K四个。

核心竞争力的综合排名小于核心竞争力的整体排名，处于这种情况，说明企业核心竞争力的成长效率、核心竞争力的价值效率、核心竞争力的刚性效率的综合效果较高。这样的企业有 A、H、I 三个。

处于核心竞争力的综合排名等于核心竞争力的整体排名这种情况，说明企业核心竞争力的成长效率、核心竞争力的价值效率、核心竞争力的刚性效率的综合效果处于平均水平，这样的企业有 D、F、J。

（2）关于对核心竞争力整体评价的影响分析

从核心竞争力的成长效率、刚性效率和价值效率的数据看，对核心竞争力整体评价的影响，11家企业算术分别平均降低为71.03%、73.62%、75.19%。

从以上的数据分析，我们能够发现核心竞争力的成长率对核心竞争力的整体影响最大，说明在这11家企业中，企业要想提升其核心竞争力的整体状况，核心竞争力的成长还需要提高。核心竞争力的刚性效率影响适中，与核心竞争力的价值效率相差不大。

核心竞争力的整体评价，在某种程度上，反映了核心竞争力的实力与应用状况，克服了以前文献关于核心竞争力的评价结果，只能反映核心竞争力的实力状况，不能反映对核心竞争力的应用状况。企业竞争力低，往往怀疑该企业的核心竞争力不足。同时也给核心竞争力相对较弱的企业在竞争中，如何战胜核心竞争力相对较强的企业，提供理论依据，也对企业如何管理核心竞争力提供强有力的支持。

## 7.7　本章小结

本章在总结以前各章研究成果的基础上，利用所收集的研究资料对11家企业的核心竞争力进行全面的评价。不仅对核心竞争力的强度进行评价，还对基于核心刚性的核心竞争力、基于顾客价值的核心竞争力以及核心竞争力的成长效率进行评价，在此基础上，进行核心竞争力的状态评价、核心竞争力的价值评价以及核心竞争力的整体评价。评价结果显示如下：

基于核心刚性的核心竞争力评价，比单纯的核心刚性评价与核心竞争力强度评价更能反映核心刚性对核心竞争力的影响程度，以及核心竞争力在核心刚性的影响下的变化范围，因此具有更强的应用价值。

基于顾客价值的核心竞争力评价，通过利用顾客价值的评价模型与核心竞争力的应用效率模型，分析核心竞争力的作用效率，要比单纯利用顾客价值的综合评价值来判断顾客价值的大小，更能够发现问题。

对核心竞争力的成长效率进行评价，分析与计算核心竞争力的评价值与核心竞争力竞争环境评价，分析不同核心竞争力的生态位的宽度对不同生命周期阶段中企业核心竞争力成长的影响程度。

核心竞争力的状态评价模型不仅包含核心竞争力强度方面的因素，而且包含核心刚性与核心竞争力成长效率方面的因素，使该评价要比单纯的核心竞争力强度评价更能反映出核心竞争力的状况。

核心竞争力的价值评价模型不仅包含核心竞争力实力方面的因素，而且包含顾客价值与核心竞争力成长效率方面的因素，其更能反映核心竞争力获得价值的能力。

核心竞争力的整体评价模型不仅包含核心竞争力的状态情况，而且包含核心竞争力的价值情况，因此更能全面反映核心竞争力的状况。

# 第8章 技术创新博弈与企业核心竞争力

## 8.1 技术创新博弈策略

### 8.1.1 管理创新、组合创新与技术创新

由于技术创新的形成,与其相关的组织也必须作出相应的调整,来满足技术创新的需要。企业人力资源的效率、企业资源的利用率和各种激励机制都将对技术创新产生重大的影响。技术创新使企业的资源配置趋于合理,减少经营的不确定性,降低企业受威胁的程度。因此,企业的技术优势,从根本上决定了企业核心竞争力的形成和巩固。

企业在进行技术创新,培养和提升核心竞争能力的过程中,必定要关注企业在技术、资源和管理运作等各个方面,各部门之间的相互协调,加强高层次人才队伍的建设,带动人力资源的整体开发从而提高企业技术创新能力,形成技术优势。拥有核心的人力资源储备,对人力资源恰当地评价和激励,注重员工的学习和成长,加强对员工的培训,对技术创新具有极大的促进作用。

值得注意的是,拥有核心技术是企业构建核心竞争力的必要条件,不是充分条件,比如,英国的劳斯莱斯公司虽然拥有世界第一的核心技术,但由于生产经营管理上的失误,公司并未构建起强大的核心竞争力,最终被德国大众公司所收购。

管理创新的重点指的是管理制度方面的变革，为了适应现在日趋激烈的市场竞争，更好地发挥管理效力，推动企业经营顺利发展，管理制度的变革势在必行。管理的变革势必带动技术的改良，由于管理制度本身的魅力吸引了更多专业人才，也激发了公司内在人才自身的潜力，公司的技术水平得到提高也成为一种必然。管理制度的创新使公司员工有了更大的空间参与公司各项工作，充分调动员工的主人翁精神，更大限度地为员工的能力发挥提供了空间，也为技术的创新创造了条件。管理创新能为技术创新提供较好的支持，同时也是组合创新的重要部分。

在产品和技术创新的博弈中，能否将博弈策略有效地实施，管理创新也将起到非常重要的作用。管理模式创新、管理方法创新对提升核心竞争力和效率等都有着非常重要的作用。管理变革与技术创新是作用与反作用的关系，不是单向作用。技术创新的同时可以反映出管理制度的完善与否，也可以把需要改善的信息反馈到管理制度体系中，使管理制度得到不断完善。没有管理的创新，谈技术创新就是一句空话；只谈技术创新而脱离管理制度为背景，那技术创新也形同没有灵魂的躯体，不会有任何的活力。二者是相互作用、相互影响的关系。

随着市场经济的逐步确立，中国企业面临的经营环境发生了很大的变化，强调单个创新的传统范式已经无法满足顾客的需求。成功的企业想要保持持续的竞争优势都会采取一种新的创新范式——组合创新。

组合创新的典型方式是产品创新、工艺创新和产品创新的组合，通过引进和吸收、研究开发合作、内部开发等方式建立和增强企业的核心竞争能力。在新的组合创新范式下，我们需要考虑产品创新与工艺创新组合的平衡、渐进创新与重大创新组合的平衡、显性效益与隐性效益组合的平衡、技术创新与组织创新的协调。组合创新对于企业赢得市场份额，获得竞争优势具有非常重要的作用。如图8-1所示，为一种组合创新模式，该模式打破了传统模式中工艺创新追随产品创新的线性形式，以企业长期技术战略或者是公司的长期战略引导基础和重大的工艺创新，工艺创新超前产品创新。并且在新的组合创新模式下，除了产品创新和工艺创新的组合之外，还考虑了技术创新与文化创新之间的匹配关系即体制创新、组织创新、结构创新与文化创新。

企业通过体制创新，改进企业技术创新环境，可以大大增加企业技术创新的积极性。并能转变企业员工的技术创新观念，在企业内部形成良好的创新氛围，为企业技术创新提供一个较好的环境。

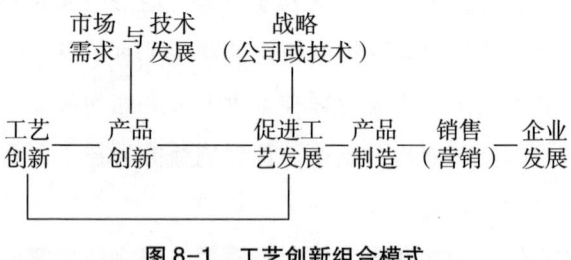

```
           市场  技术     战略
           需求 与发展  （公司或技术）
            │   │          │
    工艺___产品___促进工__产品__销售__企业
    创新   创新   艺发展  制造  （营销） 发展
```

图 8-1 工艺创新组合模式

企业的核心竞争力通过组合创新转化为市场优势，组合创新把企业的技术优势转化为市场优势并提高企业技术创新能力。在组织创新中企业的技术、组织、营销和制造因素相互作用，从而进一步地培育和提高了企业的核心竞争力。

### 8.1.2 组织创新与技术创新

企业创新活动通常包括组织创新和技术创新两大类别，而目前中国多数企业的创新绩效并不理想，其中最为主要的原因之一就是企业在创新活动的实施过程中，忽视了组织创新与技术创新的紧密联系，使得企业组织创新与技术创新割裂实施，并且缺乏互动。现在企业进入了全面创新的时代，企业的竞争也转变为创新能力的对抗，创新成为企业获得长足而稳健发展最为有力的武器。从中国企业创新实践来看，其组织创新与技术创新沿着互动发展的轨迹前行是提升创新绩效的关键。

中国企业的很多技术创新都是由技术引进发展而来的，即使是自主研发，其技术水平和能力在国际上也只能处于追随而不是领先的地位。对高新技术的消化、吸收和再创新是企业的关键问题，而组织创新是其从对新技术的引进吸收到真正意义的自主创新并赶超先进的重要环节。因为技术本身只是手段，而最终的产品创新才是终极目的，仅有先进的技术并不能保证技术创新的实现，也就是说技术只是技术创新的必要非充分条件，技术创新的实施土壤企业环境和组织能力具有更为关键的意义。从企业的技术创新实践情况来看,在技术创新过程中将大量的注意力都集中于"技术"本身,而忽视与技术创新相关的诸多组织创新活动,如文化的重塑、流程的适应性再造、知识的更新和利用、战略及结构的调整、个体创造力以及群体凝聚力的培育等,对于技术创新的管理缺乏系统观念和协同观念,致使技术创新长期以来都难以实现预想的绩效,从而成为技术创新发展的瓶颈。

企业组织创造价值的基本活动都和制造技术、服务技术、信息技术等方面的创新有着密切的联系。组织创新既可以是组织的变革,也可以是组织对外界环境变化的反应,或者是组织预先的行动以引导环境的变化,组织创新涉及组织结构和管理过程,包括在组织中产生、发展并最终对组织产生影响的新思想和行为,与技术创新发展载体有直接关系。企业技术创新决定企业组织创新,技术创新的水平和发展需求决定组织创新的状况。同时,企业组织创新又会能动地反作用于技术创新,当组织创新与技术创新的发展相适合时,它就有力地推动技术创新的发展;当组织创新不适合技术创新的发展要求时,它就会严重阻碍技术创新的发展。落后的组织状况对技术创新的发展所起的阻碍作用,有时表现为使技术创新的发展遭到显著的破坏或陷于停滞状态;有时表现为技术创新虽有发展,但不能达到应有的规模和速度,技术创新的效果和潜力不能得到充分发挥。

企业组织创新与技术创新之间的关系可以用图 8-2 表示。

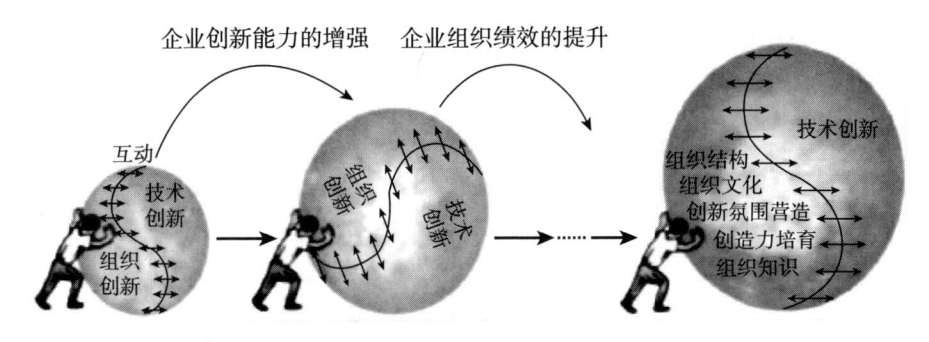

**图 8-2 组织创新与技术创新**

组织创新是企业通过开展以组织结构、组织文化、组织知识为导向的创新活动,营造适应企业创新的组织氛围,进而提升组织创造力,提高组织绩效的持续动态过程。其内容主要包括组织结构、组织文化、组织知识的创新以及创新氛围的营造和创造力的培育，因此，企业通过推动组织创新与技术创新的互动增强企业的创新能力，进而提升企业的整体绩效。

可见组织创新是技术创新的保障，技术创新是组织创新的动力源泉。技术变革导致了组织变迁，技术变革也为组织变迁提供了动力。技术变革导致社会生产力的变革，形成创新利润，并为社会提供大量潜在利润，组织为满足自身生存与发展需要就会采取措施对创新利润进行控制并对潜在利润进行挖掘，这使得组织本身不断变迁以适应技术变革带来的崭新竞争格局。同时，组织变迁也为技术变革提供了组织保证。适当的组织形式在技术变革中可以获得更多的创新利润与潜在利润，这又可以增加对科技活动的投入，促使新的技术变革的到来。组织创新与技术创新是相辅相成、不可分割，二者互为基础、互为动力。

因此，技术创新是一个具有综合性的系统工程，其成败不仅取决于技术因素，也取决于如企业组织结构、战略、文化、制度、人力资源等多方面。企业技术创新与组织创新的协调互动模式我们可以用图8-3表示。

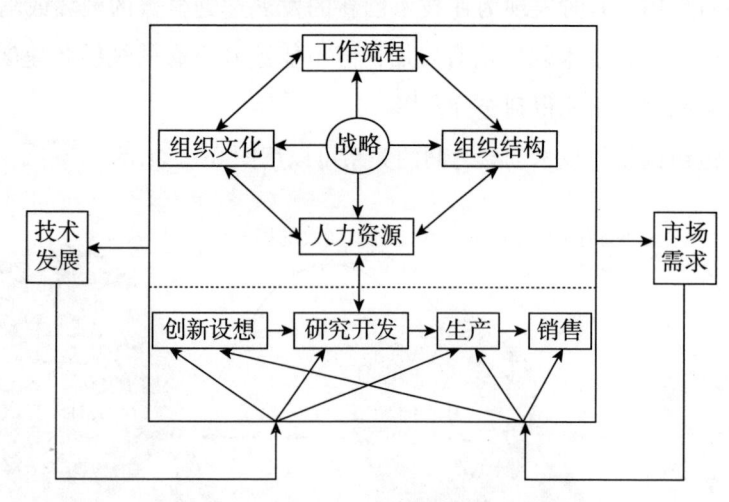

图8-3 技术创新与组织创新协调互动模式

首先，技术创新与企业战略协调一致，企业技术战略作为企业总体战略的一部分，必须服从企业的总战略并在此基础上选择适当的技术创新模式和方法；其次，技术创新与企业组织结构相协调，选择适当的组织结构，使技术创新能够与企业不同组织之间的项目职能相协调；接着，技术创新必须与企业文化相协调。技术创新必须在特定的企业文化的环境中完成，企业文化是影响技术创新的重要因素。对于企业是否创新和会采取什么样的形式进行创新而言，从本质上来说是一个企业文化的表现，技术创新的选择是在企业文化的驱动下进行的。技术创新成果的取得必定与企业的创新战略和文化相一致；最后，技术创新与企业人力资源相匹配。国内外大量研究表明，人力资源作为企业技术创新的原动力，是企业的重要资源，企业拥有的高技术高水平的管理人员和技术人员在技术创新中起着核心作用。要想企业保持较好的技术创新能力，其对于人力资源的管理和开发必须能够满足技术创新对于人力资源的要求，根据技术创新的目标仔细分析所需人员的素质，加强引进人才的考核、培训和新人员的开发，建立优秀员工激励机制及激发员工实现创新目标的积极性和主动性，全面提高员工的创新素质，使人力资源和技术创新相互协调从而提高企业技术创新的成功率。

此外，工作流程的设置必须与技术创新的要求相匹配，建立合理高效的工作流程可以减少技术创新过程中的不必要环节，缩短从新产品设计、开发、生产到进入市场的开发周期，提高技术创新效率。企业战略、结构、文化、工作流程和人力资源本身的相互协调也是企业技术创新各种机制有效运行并获得成功的重要基础和保证。

## 8.2 企业技术创新模式

### 8.2.1 技术创新动力机制分析

推动企业技术创新的因素是多方面的，由于各种生产要素及外部环境因素在企业技术创新中不同的作用而形成了技术创新不同的动力来源。从企业本身的情况和技术发展的不同模式来说，技术创新动力机制可以分为内在机制和外在机制两个方面。

（1）内在推动力

技术创新动力来源内在机制是指在推动企业技术进步中推动企业重视技术创新成果，其存在于企业技术创新系统内部的技术创新活动产生的内在驱动力。

具有创新意识的企业家成为企业创新的领军人物和内部推动力量,并为企业技术创新创造良好的宏观环境。企业家作为一种高级的人力资本,是企业技术创新的最高执行者和承担者,因此,企业家是否具有创新意识,很大程度上决定了企业创新的动力。技术创新要靠企业家职能的发挥来实现,企业家是技术创新的主宰者和领军人,一个合格的具有创新精神的企业家所引导的技术创新是主动的"我要创新"的行为。具有创新意识的企业家能够保持对市场变动的预见力、警觉力,善于把握机遇。在高风险面前,有强烈的敬业精神和组织能力,能够带动一批专业人才去完成技术创新任务。

同时,企业的创新性文化的催化作用,也是推动企业技术创新以良性运转的重要推动力量。在创新文化的驱动下,企业的技术创新过程会得到企业内部各个组织和部门的支持,而这种支持对于企业技术创新而言是一个莫大的鼓舞,而且浓厚的创新文化氛围的形成,可以使企业的技术创新项目得到更多的创新资源。因此,建立积极向上的创新型企业文化,使之对于企业技术创新活动的顺利开展,起到积极有效的催化剂作用。

此外,内部学习作为企业技术创新的铺路石,是企业员工在相互学习和科学技术知识自我积累的基础上,在日常的生产经营中进行技术创新。企业员工在内部的不断学习中产生的创新思想逐渐被企业所接受,从而最终实现企业技术创新并在这种不断创新的文化氛围中使得企业的技术创新不断进行,从而逐步提高企业的竞争优势。

(2) 外在推动力

外在推动力是指存在于企业技术创新系统外部,作为技术创新环境或动力场的外部动力因素,它们通过诱导唤起、驱动或转化成技术创新的内源动力因素来实现其对技术创新活动的积极推动作用。

普遍认为是技术的发展推动了技术创新。技术创新是由技术发展的推动作用而形成的。科学上的重大突破成为技术创新活动的最大原动力,并驱使技术创新活动的产生和发展。通过技术创新,使得科技成果通过生产转化为全新的产品并开发出新的市场需求。企业根据技术创新的要求,不断改善企业技术创新的能力,包括创新管理能力、创新技术能力、信息能力、资金能力等等。企业引进新的技术并对技术进行修改。通过收集、加工与技术创新相关的市场、人力、资源等信息，将资金运用到技术创新活动中去。

企业作为市场经济活动的主体，对于市场需求的变化最为敏感，并根据需求的变化自发地对产品性质和结构进行调整。因而，市场需求导向也就成为推动企业自主创新的最大外部动力。事实上，由于存在着生命周期，市场主导产品在不断更替，消费者的需求偏好也在不断升级和转换。只有不断进行技术创新，才能跟上市场的需求变化，否则就会被淘汰。此外，许多学者发现，企业经营环境、政府行为、企业技术创新激励体系等也起着重要作用。

## 8.2.2 技术创新模式

技术创新模式是指技术创新主体进行技术创新的方式、方法及相互之间的关系。如何选择适合企业特点和实际情况的国际化的技术创新模式进行技术创新对企业有着非常重要的战略意义。

模仿创新是指通过模仿竞争者的技术，充分利用企业现有资源，改造企业现有的技术水平，实现企业相对技术改进的二次创新行为；自主创新是指建立在竞争者现有技术水平之上的技术突破，超越竞争者的原发型创新行为。模仿创新与自主创新作为企业技术创新的两种选择模式，其特点如表8-1所示。企业一般都会根据其所在行业和自身的具体情况，选择适合企业情况的创新模式。

模仿创新通过技术引进可以很快学习并掌握某项首次创新或其他领先企业二次创新的先进技术，可以大大缩短技术差距。但在这一过程中，要在从无到有的基础上实现从弱到强、从模仿到技术领先，企业还必须注意自主创新能力的培养。

表8-1 企业技术创新的两种选择模式比较

| 模式选择 | 模仿创新 | 自主创新 |
| --- | --- | --- |
| 创新内容及创新幅度 | 依托于学习模仿实现二次创新；<br>创新幅度小；<br>很难超越竞争者 | 依托自主突破实现原发型创新；<br>创新幅度大；<br>可能超越竞争者 |
| 企业市场地位 | 时常跟随者或市场补缺者 | 市场领先者或市场挑战者 |
| 资源要素投入 | R&D资源投入较少、成本较低 | R&D资源投入较多、成本较高 |

续表

| 模式选择 | 模仿创新 | 自主创新 |
|---|---|---|
| 创新风险因素及可能结果 | 技术风险小市场风险小成本低 | 技术风险较大市场风险较大 |
| | 可能发挥后发优势 | 可能实现技术竞争 |

企业自主创新模式的建立是一个逐渐积累的过程。在这一过程中企业可以根据市场环境的具体情况和创新水平的不同，选择不同的创新战略。自主创新所必需的核心技术来源于企业内部的技术突破，通过独立的研发活动获得技术优势。同时，自主创新技术通过生产先人一步使得企业的产量积累领先于跟进者，优先积累生产技术和管理方面的经验从而较同类型的企业而言较早地建立起与新产品生产相适应的企业核心竞争力，自主创新企业通过领先于其他企业的技术优势获得产品成本及质量控制方面的竞争优势。在市场开拓方面，自主创新企业一般都是新市场的开拓者。在新产品投放初期，自主创新企业将处于完全垄断的地位，企业也将获得较大的垄断利润，并且通过转让新技术专利和技术诀窍，自主创新企业也可以获得相当可观的收入。不同的企业技术创新模式及其选择可以用表8-2所示。

表8-2 技术创新模式

| 技术创新模式类型 | | 基本特点 | 适用的经济能力和经济实力 | 企业的成长阶段 |
|---|---|---|---|---|
| 不同技术来源的技术创新 | 模仿型 | 获取技术容易，投资少，周期短，风险小，技术相对落后 | 存在技术差距，有技术模仿能力，经济实力较弱 | 生存期 |
| | 引进型 | 获取技术较容易，投资大，采用技术快，风险小，技术较先进 | 存在技术差距，有技术吸收能力和经济实力 | 发育期 |
| | 合作型 | 获取技术较困难，共同投资，缩短周期，分散风险，技术分享 | 技术开发互补，技术开发能力和经济实力较强 | 成熟期 |
| | 自主型 | 获取技术困难，投资大，周期长，核心技术的风险越大 | 技术开发能力强，经济实力强 | |

续表

| 技术创新模式类型 | | 基本特点 | 适用的经济能力和经济实力 | 企业的成长阶段 |
|---|---|---|---|---|
| 不同技术地位的技术创新 | 填空型 | 技术补缺者，投资小，风险小，避开技术竞争，利用技术缝隙 | 有寻找技术和市场机会的能力，经济实力较弱 | 生存期 |
| | 跟随型 | 技术跟随者，投资少，风险小，投机追赶，技术优势不明显 | 有技术跟踪和吸收能力，有一定的经济实力 | 发育期 |
| | 领先型 | 技术领先者，投资大，风险大，技术领先，技术优势突出 | 技术开发能力强，经济实力强 | 成熟期 |

### 8.2.3 企业创新模式的选择

处于不同市场地位的企业在市场竞争中所选择的创新模式是不同的。根据企业在其所在行业中所占据的不同的市场份额，我们可以简单地划分企业的市场地位。

如果就单一市场中的两家企业 A 和 B 比较而言，我们可以从以下几个方面来考虑如何选择适合本企业的技术创新模式。如果一家企业的市场份额大于另一家企业的市场份额，即两家企业具有不同的企业实力，A>B 或者 B>A；或者是两家企业的实力差不多，即 A=B。那么，一般而言，企业的市场份额越大说明其在该市场中越具有较好的竞争力，那么抵御创新活动的风险能力也越强，实力较强的企业将会为了进一步占领市场而对创新活动进行更大的投入。所以，该类企业也将更倾向于选择自主创新模式。

相反，如果对于实力较弱的企业而言，由于其自身实力的限制，其在创新资源和创新风险能力方面的水平较低，一旦创新活动失败的话，那么该企业就有可能面临退出市场的风险，因此此类型的企业在技术创新方面的投入也会相对谨慎，从而更倾向于模拟市场领先的技术。如果两个企业的实力相当，企业是否选择自主创新模式则取决于企业进行创新活动的风险性、投入成本和收益等多方面的权衡。因此，企业对于创新模式的选择是基于寻求企业在市场中更有利的市场地位来进行的。

对于处于不同发展阶段，企业技术创新战略模式的选择也不一样。企业应根据自己的基本特点和相应的成长阶段，以与企业技术创新能力相适应为原则来选择与之相匹配的技术创新模式。随着企业的成长，综合实力和技术创新能力也在不断地提高。企业规模越大其综合实力也越强，因此技术创新的能力也越高，企业必将选择自主型和领先型的技术创新模式，如果企业规模较小，综合实力较弱，则相应的技术创新能力也较低，那么企业会倾向于选择模仿型、引进型和跟随型的技术创新模式。不同企业成长阶段技术创新模式的选择必须与企业的特点、实力和能力相适应，一般而言，根据企业成长所经历的生存期、发育期和成熟期，企业技术创新模式一般可以概括为以下两种推进方式：

一是企业获取技术的资源从易到难的模仿型、引进型、合作型和自主型技术创新模式；二是企业所处技术竞争的地位从低到高的填空型、跟随型和领先型技术创新模式。

假定现有 A 和 B 两家规模相当的中小企业，他们在进行决策时，均拥有对方行为的充分信息。A 拥有相对创新优势和主动权，B 是跟进模仿者。假定他们产量相当都为 m，单位产品利润是 b。对于 A 来说，它有创新主动权，可先选择"创新"或"不创新"。B 是根据 A 的选择行为来决定自己的选择行为：(1) A 企业选择"不创新"。这时 B 企业无从模仿，A 企业和 B 企业都仍将维持现状，利润都为 bm；(2) A 选择"创新"。这时，B 企业会有两种选择："模仿"或"不模仿"。用 n 表示 A 企业在创新后未被模仿时出售的产品数量，此时单位产品利润为 4b，创新投入为 c。博弈过程如图 8-4 所示。

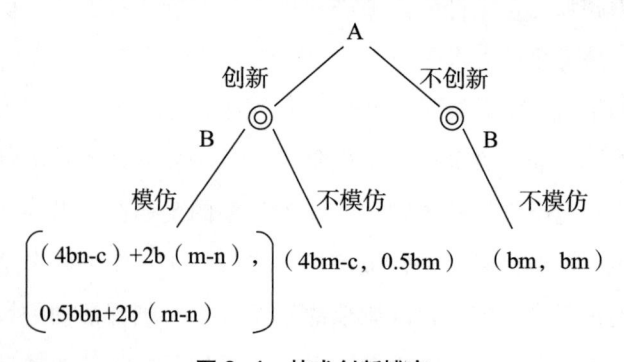

$$
\begin{array}{c}
\text{A} \\
\text{创新} \qquad \text{不创新} \\
\text{B} \qquad\qquad\quad \text{B} \\
\text{模仿} \quad \text{不模仿} \qquad \text{不模仿} \\
\begin{pmatrix}(4bn\text{-}c)+2b(m\text{-}n), \\ 0.5bbn+2b(m\text{-}n)\end{pmatrix} \quad (4bm\text{-}c,\ 0.5bm) \quad (bm,\ bm)
\end{array}
$$

图 8-4　技术创新博弈

在这个"博弈树"三条"路径"的末端，用向量给出了 A 企业和 B 企业的支付，可用"逆推归纳法"求解这个博弈。在"博弈树"左边决策结上，B 进行选择时，会选择"模仿"，因为总有 m>n，0.5bn+2b（m-n）>0.5bm 恒成立。此时子博弈的纳什均衡解是（创新，模仿）。在"博弈树"右边决策结上，由于 B 没有 A 的创新来源，只有不模仿，此时子博弈的纳什均衡解是（不创新，不模仿）。

再分析 A 企业的选择行为。A 企业要进行原始创新，会承担创新成本（c）和创新后会面临被 B 企业模仿而导致高额利润消失的风险。由"博弈树"向量支付比较可知，c<bm+2bn 时，恒有（4bn-c）+2b（m-n）>bm；又 m>n，所以在 c<bm+2bn 的情况下，恒有 4bm-c>bm，此时 A 会选择创新。同时，A 还会比较其创新后所得收益与被模仿后 B 所得收益的大小，是否存在（4bn-c）+2b（m-n）>0.5bn+2b（m-n），即 3.5bn-c>0。在 n 越大或 c 越小的情况下，A 创新动力就越强；反之则动力不足。

由于信息的不完全，各潜在采用企业并不确定创新的质量，也不确定该创新对于本企业而言是否是"好"创新，但是他们根据对创新的已有认识或者说得到的创新信息，以及企业内部条件和外部环境，可以预期企业的采用效用，决定何时参与博弈，决策"期待"或"采用"；这个过程就构成了一个博弈的过程。

博弈模型的构造与设计：根据假定，在技术创新扩散的企业采用博弈中，创新源企业是固定的参与人，不断重复提供创新，作为另一方参与人的潜在采用企业则是不固定的，每个企业只采用一次，企业不会重复采用同一创新，且每一阶段只有一个潜在采用企业参与博弈。在博弈的每一阶段，潜在采用企业决定是否采用，创新源企业选择提供"好"创新还是"坏"创新，潜在采用企业采用时并不完全了解创新的"好""坏"以及对本企业的效用大小，但之前的博弈结果是共同知识，因此他知道所有之前的企业采用效用及本企业的效用函数，并可据此预测自己的采用效用 $\Delta U$——博弈得益。如果潜在采用企业不采用创新，则创新企业的效用是 0；如果潜在采用企业采用到"好"创新，能为企业带来核心竞争力的提升和可观利润，则表明创新效用大于已有旧技术的效用，即技术创新对企业的效用差为正，效用函数 $\Delta U>0$。反之，若企业采用创新后发现创新效用小于原来旧技术的效用,即该创新对企业的效用差为 $\Delta U<0$。

针对中小企业创新动力不足的状况,政府应该从政策供给的角度激发企业的创新动力。一方面加强制度建设,加大知识产权的保护力度,增加中小企业"搭便车"的成本。另一方面要搭建好公共技术服务平台,降低企业技术创新的成本。

## 8.3 技术创新与核心竞争力

### 8.3.1 技术创新与企业核心竞争力的关系

如前文所述,技术创新即企业通过对科学研究的投入,通过开发新的科学技术,从而创造开发新的产品或者管理模式的过程。技术创新是企业提升核心竞争力的重要过程。企业通过开发出独特的产品、发展独特的技术或者是发明独特的营销手段从而使企业以比竞争对手更快的速度推出各种各样的产品,使企业具有一系列的核心能力,成为核心竞争力,是企业在所有关系到自身生存和发展的关键环节上最独有的,持久的优势、能力或知识体系。企业只有具备了这种高于对手的核心竞争力才可能在激烈的市场竞争中保持不败的地位。核心技术能力与核心市场能力、核心管理能力构成了企业的核心竞争力。技术创新与企业核心竞争力的关系可以用图 8-5 表示。

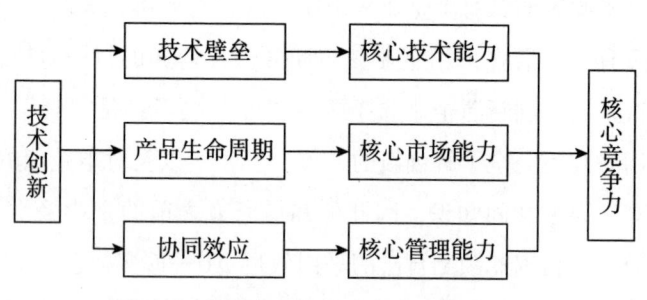

图 8-5 技术创新与企业核心竞争力关系

首先利用技术壁垒,加强核心技术的开发,是企业最先进的,并且是竞争对手难以模仿的技术，同时利用各种技术标准，使自己的技术成为国际标准或者行业标准，不易被模仿和复制，从而拥有技术垄断优势，通过开发具有先进技术并且经济适用的独特技术使之成为该领域的行业标准，从而提高企业收益，提高核心竞争力。

其次通过建立企业的核心产品，利用各种有效的营销手段扩大市场份额，并通过技术创新提高生产效率，通过工艺创新实现企业的规模经济产品差异化优势。通过持续的技术创新可以使得企业产品的质量和功能都能实现多样化并且不断完善，形成产品的独特性，给客户带来超额的消费者剩余价值。通过技术创新形成公司特有的专利产品、专利技术和品牌，从而进一步形成企业核心竞争力。

最后企业市场能力、管理能力和文化建设等的正面效应之间的相互协同，为更好地提高企业技术创新能力提供基础。由于存在协同效应，核心管理能力、技术开发与市场营销能力有效整合，使企业的资源能够得到最有效的利用并发挥其作用，形成核心管理能力，通过技术创新和各个层面能力的协同整合从而提高企业的核心竞争力。

## 8.3.2 技术创新与核心竞争力共生模型

创新作为企业活力的源泉，是企业核心竞争力最有力的保障。通过创新可以巩固核心竞争力的基础。技术创新更是发展和促进企业核心竞争力的主要动力。如果没有技术创新，公司的核心竞争力也必定无从谈起。产品创新可使产品多样化和差别化；工艺创新可以降低生产成本和提高生产效率；材料创新可实现资源的更佳配置和利用；手段创新可推动物质条件的变革，导致生产技术水平的提高。企业通过技术的整合、吸收和创新，形成企业的专业产品，拥有竞争对手所不具有的市场竞争力，合乎市场发展和需求的产品必将为企业带来更多的利润。企业这样的技术创新导致了核心竞争力的形成，技术创新与企业核心竞争力是相伴共生，互相促进的。

技术创新与核心竞争力这种不可分割的相互伴生的关系为我们建立技术创新与核心竞争力之间的共生模型[28]（图8-6）提供了基础。

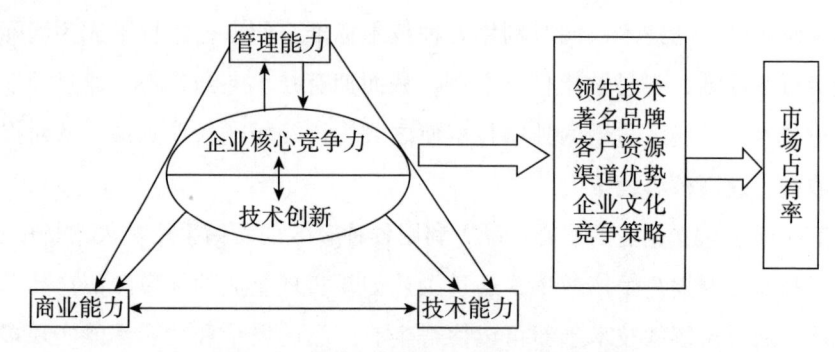

**图 8-6　技术创新与核心竞争力共生模型**

由模型 8-6 可以看出，技术创新与核心竞争力在同一层面上，相伴共生。核心竞争力与技术创新居于企业其他能力的核心位置，对企业的各项能力起到统领的作用，但是从模型中我们可以看出，核心竞争力并非完全等同于技术创新，他们之间存在区别。核心竞争力和技术创新两者互动，核心竞争力的培育和提升需要以技术创新为基础和动力；反过来，强大的企业核心竞争力也会增强技术创新能力。从图 8-6 中我们还可以看到，企业管理能力和核心竞争力与技术创新之间存在这样的关系：一方面技术创新与核心竞争力形成一个完整的系统将企业管理包含其中；另一方面，企业通过对核心竞争力的管理来加强企业的技术创新能力，保持和提升核心竞争力。通过技术创新与核心竞争力之间的相互作用，产生商业能力与技术能力，企业在特别管理技术创新与核心竞争力的同时，更加注重从整体上对商业技术等能力的管理，从而保证企业内部各功能之间的协调，因此，商业能力与技术能力又将相互作用共同促进。通过核心竞争力与技术创新之间的相互共生产生的管理能力、商业能力和技术能力三者之间的共同作用提升企业的核心竞争力。

# 第9章 技术创新与核心竞争力实证研究

## 9.1 研究的对象和调查问卷的设计

我们首先考虑研究对象的选择、问卷的设计等，并在此基础上对结果进行分析。由于不同企业所处行业不同，其技术创新水平也有所差异。为了使比较结果更具有一般性，我们通过对哈尔滨的中小企业进行问卷调研（问卷见附录一），并协同电话调查的形式，对全市中小企业进行问卷调查，回收问卷80份，通过对数据进行整合，有效问卷55份，通过数据处理，可用问卷30份，回收率为75%，问卷有效利用率为54.5%。

此次调研采用自行设计的问卷，作为研究工具，调查问卷共分为三个部分，每一部分均采用100分制，采用分数与评价正方向计分，分数越高表明对该项评价越高。各测量变量的确定是根据研究内容的实际情况，包括企业的基本资料、企业核心竞争力调查问卷、技术能力调查问卷。核心竞争力的调查问卷分为：企业的基本资料、企业核心竞争力、企业产品竞争力和企业技术创新能力四个部分。其中企业核心竞争力部分包括：规模实力（包括人力资本、财务能力、装备能力、环境影响力），制度能力（企业制度、管理体制、经营体制），技术能力（学习能力、创新能力、信息化水平），管理能力（生产能力、营销能力、开拓能力、财务能力、管理绩效），文化能力（企业文化、战略能力、界面管理能力）等五个方面。为了更好地从技术创新方面对企业的核心竞争力进行研究，企业技术创新能力的研究范围包括：技术环境、知识与信息资源、技术创新意识、技术获取能力、技术吸引能力和技术创造能力六个部分。并分别设计了若干具体的调查项目，涉及到企业技术能力的各个方面，尽可能地全面反映技术创新与核心竞争力的作用机制。

## 9.2 企业技术创新及核心竞争力指标

### 9.2.1 核心竞争力评价指标

基于核心竞争力的测量主要考虑以下几个要素：

（1）企业基本资料

本次调查的对象主要是中小企业，重点对企业性质、主营业务、经营年限、所处发展阶段、企业主导产品在 2004—2007 年的市场销售范围和多元化经营程度、员工人数等基本情况进行考察。2001 年中国加入 WTO，为中小企业提供了机会，同时也给他们的发展带来了很多的挑战，特别是以技术类产品为主的企业，只有不断地通过技术创新培养和加强自己的核心竞争力才能在激烈的市场竞争中占得一席之地。

（2）企业规模实力的测量

目前世界各国界定企业规模的方法可归纳为两种。第一种方法是客观性标准，即以销售收入、生产能力、从业人数等客观性指标为划分标准。第二种方法是相对性标准，即以行业中的相对份额指标为标准。比如事先规定某行业大型企业要占行业全部企业的 10%，其余为中小企业，然后根据某一指标（比如销售额）排序，根据排序的结果确定是大型企业还是中小企业。按照我国的划分标准，大型企业的标准为年销售收入和资产总额均在 5 亿元及以上，其中特大型企业的标准为年销售收入和资产总额均在 50 亿元及以上；中型企业的标准为年销售收入和资产总额均在 5000 万元及以上，其余的均为小型企业。本书是用资本额、销售收入两个指标来对企业规模进行界定的。调查的对象主要是中小企业。

根据对企业的界定，将企业的规模实力分为人力资本、财务实力、装备实力、环境影响力等 4 方面。具体测量项目如表 9-1 所示。

表 9-1 规模实力测量项目

| 规模实力 | 测量项目 |
| --- | --- |
| 人力资本 | 具有长远的人力资源规划 |
|  | 招聘、培训、考核和酬薪体系的完备程度 |
|  | 员工满意度 |
|  | 中高级职称人员占企业职工的比重 |
|  | 具有大专以上学历人员占企业的比重 |
|  | 企业经营班子在职工中的威望度 |
|  | 企业领导素质 |
| 财务实力 | 资产总额 |
|  | 年均销售收入 |
|  | 年均利润总额 |
|  | 年均净利润 |
|  | 净资产 |
| 装备能力 | 主要装备的技术水平 |
|  | 主要技术人员的能力水平 |
|  | 能力资源 |
| 环境影响力 | 顾客购买力的变化程度 |
|  | 所属行业的技术改变程度 |
|  | 顾客需求的变化程度 |
|  | 替代品的威胁程度 |
|  | 供应商的威胁程度 |
|  | 国家经济政策的调整程度 |

人才作为技术创新的主要力量，是我们考察的重点，企业人力资源管理状况，企业家在企业的经营管理过程中的"所作所为"，如风险意识、敬业精神等，都是企业核心竞争力的主要体现。

(3) 企业能力的测量

企业能力可以概括为制度能力、技术能力、管理能力等三个方面。制度能力主要考虑企业制度是否具有能适应现代技术水平发展企业制度、管理制度、经营体制等。技术能力主要包括企业对技术的学习能力、创新能力、信息化水平和技术开发能力等方面。具体测量变量如表9-2所示。

企业管理制度是企业核心竞争力得以存在和发展的基础,健全的管理体制必将对企业的成长和发展有着重要的促进作用,是核心竞争力企业多种职能的综合表现,其中就包括制度能力,如企业的管理制度、经营体制等。此外,技术能力作为企业核心竞争力最重要的表现,除了考察技术方面的各种参数以外,我们结合现在信息的迅速发展给技术创新带来的影响,注重考察信息网络的建立,信息的收集和处理能力,特殊的信息情报的建立等。

表9-2 企业能力测量变量

| | | |
|---|---|---|
| 制度能力 | 企业制度 | 现代企业制度建设情况 |
| | | 法人治理结构完备情况 |
| | 管理体制 | 管控模式有效性 |
| | | 组织结构合理性 |
| | | 管理的专业化程度 |
| | | 利润分配政策的合理性 |
| | | 各部门合作与信息交流体系完善性 |
| | | 相应学习组织的健全性 |
| | 经营体制 | 激励约束机制的合理有效性 |
| | | 用人机制有效性 |
| | | 动态响应能力 |
| | | 执行力 |
| 技术水平 | 学习能力 | 融合新旧知识的能力 |
| | | 辨别知识有用性的速度 |
| | | 引进外部知识的速度 |
| | | 模仿能力 |
| | | 在重要的工作中利用新知识的有效性 |
| | | 给需要的员工提供新知识的速度和有效性 |

续表

| | | |
|---|---|---|
| 技术水平 | 创新能力 | 企业对创新资金的支持力度 |
| | | 企业对员工创新的奖励措施 |
| | | 企业创新投入的人员力量 |
| | | 企业鼓励人员流动和部门间沟通协作的力度 |
| | | 企业鼓励尝试和试验的力度 |
| | 信息化水平 | 企业信息网络对经营决策的支持作用 |
| | | 企业对同行业发展的了解情况 |
| | | 企业对竞争对手的了解情况 |
| | | 信息收集和处理的能力 |
| | | 信息情报网络的建立与管理 |
| | | 特殊的信息渠道 |
| | 技术能力 | 引进技术的评价方法的合适程度 |
| | | 技术引进的投入力度 |
| | | 高素质科技人员的拥有量 |
| | | 竞争对手难以模仿的领先产品和技术 |
| | | 企业用于研发的投入 |
| | | 企业同科研院所合作的紧密程度 |
| 管理能力 | 生产能力 | 能够及时满足原材料的需求 |
| | | 能够很好控制库存 |
| | | 企业标准化程度高 |
| | | 合理配备生产人员和安排生产 |
| | | 作业安排紧凑，减少等待时间 |
| | | 产品质量保证体系良好有效 |
| | 营销能力 | 可快速察觉顾客需求的变化 |
| | | 具有完备的营销信息系统 |
| | | 企业市场部门与主要客户经常沟通 |
| | | 具有完善的销售网络 |
| | | 企业与分销商关系良好 |

续表

| | | |
|---|---|---|
| 管理能力 | 开拓能力 | 销售收入增长率 |
| | | 资产增长率 |
| | | 新产品的推出速度 |
| | | 新市场的开发能力 |
| | 财务能力 | 资产负债率 |
| | | 流动比率 |
| | | 自有资本构成比率 |
| | | 企业的资产保值和增值情况 |
| | | 资本市场利用的有效性 |
| | | 融资渠道的开拓能力和筹资能力 |
| | | 财务管理和内部控制体系的完善性 |
| | 管理绩效 | 净资产收益率 |
| | | 主导产品的销售增长率 |
| | | 主导产品的市场份额 |
| | | 顾客满意度 |
| | | 顾客忠诚度 |
| | | 企业顾客增长率 |

(4) 企业影响力的测量

一个企业核心竞争力从很大程度来说变现为该企业的影响力。其技术水平的进步和创新，企业文化是一个重要的推动力量。因此，在考虑一个企业的核心竞争力时，我们将企业文化作为一个重要的考虑因素。具体测量变量包括如表9-3所示。

界面管理能力强调企业外部界面以及部门间的协调性，良好的协作关系能够节约成本并有利于合作文化的产生，企业战略能力主要包括战略预见能力、战略定位能力和战略组织能力。其中战略预见能力是指只有建立在对未来远见卓识基础上的企业愿景和战略目标，才有可能变为现实，尽管预见未来非常困难，企业可能因此冒很大的风险，但是，漠视未来的可能变化，将使企业冒更大的风险（彼得·杜拉克，2000），企业预见能力依赖于对各种信息的识别和分析；战略定位能力主要指企业在对内外环境分析的基础上，恰当制定总体战略目标、选择竞争战略、确定竞争范围的能力，对核心竞争力的培育和提升具有重要的基础作用。

表9-3　影响力的测量变量

| 影响力 | 测量项目 |
| --- | --- |
| 企业文化 | 企业品牌知名度 |
| | 企业文化对自身发展的作用 |
| | 企业的社会形象 |
| 战略能力 | 企业拟有战略规划的完整性 |
| | 企业的全局谋划和协调统筹能力 |
| | 企业可利用的经营机会识别能力 |
| | 现有资源的配置和协调能力 |
| | 企业应变应急能力 |
| 界面管理能力 | 企业与供应商间的交流沟通能力 |
| | 营销部门为技术部门提供信息的有效性 |
| | 技术部门与生产部门协作的有效性 |

## 9.2.2　技术创新能力评价指标

人们所研究和使用的技术创新评价指标大都属于技术创新资源的投入，后来又发展到技术创新的产出指标。近年来，各国在研究和利用技术创新评价指标中又出现了一种新的趋向，即研究的重点除了由创新投入转向创新产出外，还引进了一些并非直接准确测量技术创新活动的非量化指标，如用来探查促进或妨碍技术创新的条件与环境的一些间接指标。这种间接的技术创新评价指标主要用来收集与技术创新各种有关信息，而通过对所收集到的各种信息的综合，就有可能很好地显示出技术创新的发展水平、影响因素、运行机制、发展趋向以及所存在的问题，等等。

本次研究的主要目的是通过技术创新能力说明其对核心竞争力的作用。因此，我们将技术创新部分单独分割出来，作为一个具体的考虑目标。技术创新能力的表现形式是多样化的，与企业技术创新有关的考虑因素也是多样的。在技术创新过程中，需要企业有大量的资源投入，同时还要有条件支持这些资源在企业技术创新中的运用，并使其构成对企业技术创新活动影响的最大背景要素。本次研究的目标，我们主要从技术资源与环境、技术管理能力、技术创新水平、技术创新实力等方面考察技术创新，具体测量项目如表9-4所示。

表9-4 技术创新能力测量项目

| | |
|---|---|
| 技术资源与环境 | 与产品有关的技术变动程度 |
| | 产品的创新速度 |
| | 所属行业的技术改变程度 |
| | 信息情报网络建立与管理 |
| | 特殊的信息渠道 |
| | 电子商务与IT的运用 |
| 技术管理能力 | 具有完善的技术信息监测系统 |
| | 具有高素质的技术监测队伍 |
| | 进行技术创新时运用科学的技术评价方法 |
| 技术创新水平 | 技术首创比率 |
| | 技术改创比率 |
| | 技术仿创比率 |
| | 技术创新效率 |
| | 技术创新速率 |
| 技术创新实力 | 投入研究开发（R&D）活动人员占人数比 |
| | 企业拥有高素质的科技人员 |
| | 企业用于研发的投入占企业年销售收入比例 |
| | 设备先进水平 |
| | 新产品开发能力 |
| | 工艺创新水平 |
| | 新产品开发周期 |
| | 企业研发成果转化率 |
| | 研究与开发年均投入量 |
| | 专利授权量 |

## 9.3 核心竞争力变量的测量与数据处理

本书采用 SPSS14.0 和 AMOS4.0 统计分析软件作为资料分析的工具。采用的统计方法主要有：（1）主成分分析和因子分析（factor analysis），通过主成分分析和因子分析对原始数据进行处理，并根据因子分析确定的权重和所解释的信息量的大小，确定结构模型中的测量变量；（2）相关分析，通过相关系数说明研究变量之间的相关性；（3）AMOS 结构方程模型分析。

对于众多的原始数据，如何从中选择最能变现测量信息量的数据，是我们对数据处理的第一步。我们首先采用 SPSS14.0 对数据进行主成分分析和因子分子，提出主要因子。

### 9.3.1 企业规模实力的数据处理

我们将企业的规模实力分为人力资本、财务实力、装备实力、环境影响力等 4 方面。因此分别从这四个方面对数据进行处理。利用 SPSS14.0 中的因子分析计算因子负荷值。

（1）人力资本（$R$）

人力资源管理能力指企业在人才招聘、培训、使用、考核、激励方面的能力。人力资本管理能力的测量如表 9-5 所示，人力资本（$R$）可以用以下公式进行处理：

$$R = \sum_{k=1}^{k} \theta_k r(n, k) \qquad (9-1)$$

$r(n, k)$ 表示第 $n$ 个企业第 $k$ 个测量项目的分值，$\theta_k$ 表示第 $k$ 个测量项目的因子负荷值（权重）。如表 9-5 为人力资本测量变量。

表 9-5 人力资本的测量项目

| | |
|---|---|
| 人力资本 | 具有长远的人力资源规划 |
| | 招聘、培训、考核和酬薪体系的完备程度 |
| | 员工满意度 |
| | 中高级职称人员占企业职工的比重 |
| | 具有大专以上学历人员占企业比重 |
| | 企业经营班子在职工中的威望度 |
| | 企业领导素质 |

首先对人力资本测量项目的原始数据进行分析。利用SPSS14.0进行因子分析。确定各个测量项目的因子负荷。对原始数据进行因子分析之前，我们先对数据是否适合因子分析进行检验。以人力资本的基本数据为例进行分析。以下各测量项目采用同样的方法进行数据处理。

通过SPSS14.0因子分析，使用KMO（Kaiser – mayer – Olkin measure of sampling adequacy）测度来检验数据是否适合因子分析。KMO越接近于1，越适合做因子分析。根据Kasier的观点，KMO在0.9以上，非常适合；0.8~0.9，很适合；0.7~0.8，适合；0.6~0.7，不太适合；0.5~0.6，很勉强；0.5以下，不适合。人力资本的KMO分析结果为0.741，说明比较适合做因子分析，并且因子分析的系数矩阵也表明原始变量之间有较强的相关性，因而进行因子分析是合适的。从因子分析中我们利用分析结果中因子负荷权重计算人力资本的测量值。

（2）财务实力（A）

财务管理能力主要包括内部财务控制能力和资本运营能力，如表9-6所示为财务实力测量变量。财务实力（A）可以用以下公式进行计算：

$$A = \sum_{k=1}^{k} \xi_k \alpha(n, k) \tag{9-2}$$

$\alpha(n, k)$ 表示第 $n$ 个企业第 $k$ 个测量项目的分值，$\xi_k$ 表示第 $k$ 个测量项目的因子负荷值（权重）。

表 9-6　财务实力测量变量

| | |
|---|---|
| 财务实力 | 资产总额 |
| | 年均销售收入 |
| | 年均利润总额 |
| | 年均净利润 |
| | 净资产 |

KMO 值为 0.719，通过因子分析得出的因子负荷权重有效。

（3）装备能力（$Z$）

$$Z = \sum_{k=1}^{k} \zeta_k \beta(n, k) \tag{9-3}$$

$\beta(n, k)$ 表示第 $n$ 个企业第 $k$ 个测量项目的分值，$\zeta_k$ 表示第 $k$ 个测量项目的因子负荷值（权重）。装备能力主要根据机械类企业产品的特点，考虑其生产设备的先进性，技术人员的技术水平及与装备有关的能力资源等，具体的测量如表 9-7 所示。

表 9-7　装备能力测量变量

| | |
|---|---|
| 装备能力 | 主要装备的技术水平 |
| | 主要技术人员的能力水平 |
| | 能力资源 |

在进行因子分析之前我们对该测量变量进行 KMO 测度分析，KMO = 0.721，因此通过因子分析获得的权重为有效权重。

（4）环境影响力（E）

企业计算出创新的投入受到国家和企业财政资源的限制，也必将受到整体环境的影响。如顾客购买力的变化，行业技术的改变程度，国家整体的经济政策等。因此我们必须要注重建立有利于专业人员发挥创造的新环境，为提升企业的核心竞争力服务。我们用以下公式来对环境影响力指标进行分析。企业作为经济活动的主体，顾客能力的变换，行业的技术水平的变化，替代品、供应商及国家的相关经济政策等，构成了企业的技术创新环境及整体经营环境的影响因素，是企业核心竞争力发展过程中不可忽视的一个重要方面。环境影响力测量变量可以用公式（9-4）进行计算，表9-8为环境影响力的具体测量变量。

$$E = \sum_{k=1}^{k} \omega_k \chi(n, k) \tag{9-4}$$

$\chi(n, k)$ 表示第 $n$ 个企业第 $k$ 个测量项目的分值，$\omega_k$ 表示第 $k$ 个测量项目的因子负荷值（权重）。

表9-8 环境影响力测量变量

| | |
|---|---|
| | 顾客购买力的变化程度 |
| | 所属行业的技术改变程度 |
| 环境影响力 | 顾客需求的变化程度 |
| | 替代品的威胁程度 |
| | 供应商的威胁程度 |
| | 国家经济政策的调整程度 |

将数据用 SPSS14.0 分析后得到 KMO = 0.695。虽然 KMO 检验不太显著，但是从其他的分析结果（表 9-9）都表明了原始变量间有较强的相关性。因而进行因子分析是适合的。

表9-9 Correlation Matrix

| | | 行业技术变动 | 顾客需求变化 | 替代品的威胁程度 | 供应商的威胁 | 国家经济政策 |
|---|---|---|---|---|---|---|
| Correlation | 行业技术变动 | 1.000 | 0.270 | 0.406 | 0.446 | 0.720 |
| | 顾客需求变化 | 0.270 | 1.000 | 0.430 | 0.616 | 0.487 |
| | 替代品的威胁程度 | 0.406 | 0.430 | 1.000 | 0.391 | 0.327 |
| | 供应商的威胁 | 0.446 | 0.616 | 0.391 | 1.000 | 0.664 |
| | 国家经济政策 | 0.720 | 0.487 | 0.327 | 0.664 | 1.000 |
| Sig. (1-tailed) | 行业技术变动 | | 0.075 | 0.013 | 0.007 | 0.000 |
| | 顾客需求变化 | 0.075 | | 0.009 | 0.000 | 0.003 |
| | 替代品的威胁程度 | 0.013 | 0.009 | | 0.016 | 0.039 |
| | 供应商的威胁 | 0.007 | 0.000 | 0.016 | | 0.000 |
| | 国家经济政策 | 0.000 | 0.003 | 0.039 | 0.000 | |

## 9.3.2 企业能力的数据处理

对于企业能力的评价标准，考虑到企业的现实情况和研究的需要，我们分别从制度能力、技术能力、管理能力等三个方面进行考虑，原始数据的处理方式与3.3.1中提到的规模实力的数据处理相同。首先我们都是根据KMO检验或是其他的因子分析结果，对数据的因子分析进行判断。

(1) 制度能力（S）

$$S = \sum_{k=1}^{k} \sigma_k \delta(n, k) \tag{9-5}$$

$\delta(n, k)$ 表示第 $n$ 个企业第 $k$ 个测量项目的分值，$\sigma_k$ 表示第 $k$ 个测量项目的因子负荷值（权重）。制度能力主要是从企业的总体行政制度的有效性，管理制度及经营体制三个方面考虑，其中 KMO＝0.735，通过因子分析得出的因子负荷权重有效。

(2) 技术水平

这部分我们将从核心竞争力与企业技术的关系出发，从学习能力（$L$）、信息化水平（$I$）、创新能力（$C$）和技术能力（$T$）等方面考虑企业技术水平。

$$L = \sum_{k=1}^{k} \varphi_k l(n, k) \quad \text{KMO} = 0.709 \tag{9-6}$$

$$I = \sum_{k=1}^{k} \gamma_k v(n, k) \quad \text{KMO} = 0.711 \tag{9-7}$$

$$C = \sum_{k=1}^{k} \eta_k \rho(n, k) \quad \text{KMO} = 0.829 \tag{9-8}$$

$$T = \sum_{k=1}^{k} \varepsilon_k (n, k) \quad \text{KMO} = 0.746 \tag{9-9}$$

企业技术能力反映了一个企业从外界获取先进的技术与信息，并结合内部的知识，创造出新的技术与信息，实现技术创新与扩散，同时又使技术与知识得到储备与积累的能力。主要包括学习能力、信息处理能力、创新能力、技术处理能力等。技术能力的高低决定了企业将技术资源向技术优势进行转换能力的水平。企业技术吸收能力是企业技术能力的基础，而技术获取能力和创造能力，则涉及技术的递增和重组过程，是企业核心竞争力的重要表现。

从以上的测量结果，都可以确定原始数据进行因子分析是可行的。

(3) 管理能力

这部分我们将从核心竞争力与企业技术的关系出发，从生产能力（P）、营销能力（M）、开拓能力（D）、财务能力（F）和管理绩效（J）等方面考虑企业管理能力。

$$P = \sum_{k=1}^{k} \iota_k \varphi(n, k) \quad \text{KMO} = 0.706 \quad (9-10)$$

$$M = \sum_{k=1}^{k} \tau_k o(n, k) \quad \text{KMO} = 0.716 \quad (9-11)$$

$$D = \sum_{k=1}^{k} \kappa_k \varphi(n, k) \quad \text{KMO} = 0.708 \quad (9-12)$$

$$F = \sum_{k=1}^{k} b_k y(n, k) \quad \text{KMO} = 0.724 \quad (9-13)$$

$$J = \sum_{k=1}^{k} q_k r(n, k) \quad \text{KMO} = 0.718 \quad (9-14)$$

管理能力反映了企业整体的经营状况，从管理能力可以更加直接地体现企业的核心竞争力。从以上的测量结果，例如营销能力，主要从涉及把握市场的信息能力出发，营销策划及执行能力，对销售渠道的管理、控制能力和产品的售后保障能力等作为考察目标出发。这些指标的测量结果都直接反映了企业的产品价值和核心竞争力。通过SPSS14.0的分析，我们可以得到公式（9-10）、公式（9-11）、公式（9-12）、公式（9-13）、公式（9-14）的结果，从结果我们可以确定原始数据进行因子分析是可行的。

### 9.3.3 企业影响力的数据处理

这个方面主要是考虑企业做实社会经济活动的主题，其良好的社会形象和企业文化是其具有较强企业核心竞争力的重要标志。企业文化的作用如同精神鼓励一般，能使企业员工对企业产生一种关切，使企业在良好的文化氛围和环境下迅速成长。我们从核心竞争力出发，主要从企业文化（C'）、战略能力（T'）以及整体的界面管理能力（I'）等方面考虑。

$$T' = \sum_{k=1}^{k} h_k l(n, k) \quad \text{KMO} = 0.799 \quad (9-15)$$

$$C' = \sum_{k=1}^{k} n_k m(n, k) \qquad \text{KMO} = 0.687 \qquad (9\text{-}16)$$

$$I' = \sum_{k=1}^{k} x_k j(n, k) \qquad \text{KMO} = 0.671 \qquad (9\text{-}17)$$

表 9-10　$C'$ 的 Correlation Matrix

| | | 品牌知名度 | 企业文化的作用 | 企业社会形象 |
|---|---|---|---|---|
| Correlation | 品牌知名度 | 1.000 | 0.663 | 0.498 |
| | 企业文化的作用 | 0.663 | 1.000 | 0.536 |
| | 企业社会形象 | 0.498 | 0.536 | 1.000 |
| Sig.（1-tailed） | 品牌知名度 | | 0.000 | 0.003 |
| | 企业文化的作用 | 0.000 | | 0.001 |
| | 企业社会形象 | 0.003 | 0.001 | |

表 9-11　$I'$ 的 Correlation Matrix

| | | 与供应商的沟通能力 | 营销与技术部门的沟通能力 | 技术与生产部门协调 |
|---|---|---|---|---|
| Correlation | 与供应商的沟通能力 | 1.000 | 0.726 | 0.489 |
| | 营销与技术部门的沟通能力 | 0.726 | 1.000 | 0.550 |
| | 技术与生产部门协调 | 0.489 | 0.550 | 1.000 |
| Sig.（1-tailed） | 与供应商的沟通能力 | | 0.000 | 0.003 |
| | 营销与技术部门的沟通能力 | 0.000 | | 0.001 |
| | 技术与生产部门协调 | 0.003 | 0.001 | |

从以上的分析可以看出，根据公式（9-15）、公式（9-16）、公式（9-17），利用 SPSS14.0 进行分析的结果可以看出，战略能力（T'）的 KMO 为 0.799，企业文化和界面管理能力的 KMO 检验虽然不太显著，不过从因子分析结果（表 9-10，表 9-11）可以看出，原始变量间有较强的相关性。因而进行因子分析是适合的。

### 9.3.4 技术创新变量的数据处理

技术创新作为一个企业核心竞争力的重要指标,为了更好地反映我们调查的目的,在核心竞争力调查问卷的基础上,我们主要是从技术资源与环境、技术管理能力、技术创新水平和技术创新整体实力等4个方面进行调查。

(1) 技术资源与环境(TR)

综合考虑资源的各种表现形式和要素,包括技术的变动程度,创新速度,所属行业的技术改变程度,信息情报网络的建立与管理,特殊的信息渠道,电子商务与IT的运用等,依然按照核心竞争力各指标的处理方式,运用SPSS14.0中的因子分析,进行KMO测度的测量,计算各测量指标所占因子权重。

$$TR = \sum_{k=1}^{k} r_k t(n, k) \qquad KMO = 0.721 \qquad (9-18)$$

由KMO测度可以说明,进行因子分析是合适的。我们可以利用因子分析的因子权重。

(2) 技术管理能力(TM)

我们将从企业技术信息的监督,高素质的信息检测队伍,技术创新的评价方法等方面,考虑公司的技术管理能力。

$$TM = \sum_{k=1}^{k} w_k l(n, k) \qquad KMO = 0.692 \qquad (9-19)$$

虽然KMO测度不太显著,但是从因子分析的其他结果看出,原始变量间有较强的相关性。因而进行因子分析是适合的。

(3) 技术创新水平(TI)

我们根据企业技术创新水平的实际情况,从企业技术是否是首创、改创、仿创及技术创新速率等方面考虑。

$$TI = \sum_{k=1}^{k} c_k i(n, k) \qquad KMO = 0.783 \qquad (9-20)$$

经过因子分析,KMO测度表明进行因子分析中的因子权重是可信的。

(4) 技术创新实力(TS)

技术创新实力是一个相对来说比较整体的指标,我们从人员、研发、设备的先进性、新产品的开发能力、工艺创新水平、产品开发周期、专利授权量等多方面进行考虑，并对数据进行处理分析。

$$TS = \sum_{k=1}^{k} f_k g(n, k) \qquad KMO = 0.637 \qquad (9-21)$$

通过 SPSS14.0 的因子分析结果（表 9-12）可以看出，虽然 KMO 测度不显著，但是因子分析的其他结果说明进行因子分析是合适的，所以因子权重对我们而言进行下一步分析是可信的。

表 9-12 TS 的 Correlation Matix

| | | 研发的投入 | 设备先进水平 | 新产品开发能力 | 工艺创新水平 | 新产品开发周期 | 企业研发成果转化率 | 专利授权量 | 研发人员比例 | 高素质的科技人员 | 研究与开发年均投入量 |
|---|---|---|---|---|---|---|---|---|---|---|---|
| Correlation | 研发的投入 | 1.000 | 0.682 | 0.720 | -0.134 | 0.010 | -0.032 | -0.005 | 0.385 | 0.361 | -0.009 |
| | 设备先进水平 | 0.682 | 1.000 | 0.792 | -0.248 | 0.084 | -0.182 | -0.127 | 0.385 | 0.360 | -0.273 |
| | 新产品开发能力 | 0.720 | 0.792 | 1.000 | -0.219 | -0.007 | -0.266 | -0.060 | 0.405 | 0.324 | -0.200 |
| | 工艺创新水平 | -0.134 | -0.248 | -0.219 | 1.000 | 0.443 | -0.005 | 0.034 | -0.316 | -0.173 | 0.047 |
| | 新产品开发周期 | 0.010 | 0.084 | -0.007 | 0.443 | 1.000 | 0.186 | 0.231 | 0.083 | -0.112 | 0.266 |
| | 企业研发成果转化率 | -0.032 | -0.182 | -0.266 | -0.005 | 0.186 | 1.000 | 0.670 | 0.157 | -0.001 | 0.719 |
| | 专利授权量 | -0.005 | -0.127 | -0.060 | 0.034 | 0.231 | 0.670 | 1.000 | 0.425 | 0.065 | 0.617 |
| | 研发人员比例 | 0.385 | 0.385 | 0.405 | -0.316 | 0.083 | 0.157 | 0.425 | 1.000 | 0.448 | 0.284 |
| | 高素质的科技人员 | 0.361 | 0.360 | 0.324 | -0.173 | -0.112 | -0.001 | 0.065 | 0.448 | 1.000 | 0.050 |
| | 研究与开发年均投入量 | -0.009 | -0.273 | -0.200 | 0.047 | 0.226 | 0.719 | 0.617 | 0.284 | 0.050 | 1.000 |
| Sig. (1-tailed) | 研发的投入 | | 0.000 | 0.000 | 0.239 | 0.479 | 0.432 | 0.490 | 0.018 | 0.025 | 0.482 |
| | 设备先进水平 | 0.000 | | 0.000 | 0.093 | 0.330 | 0.168 | 0.253 | 0.018 | 0.025 | 0.072 |
| | 新产品开发能力 | 0.000 | 0.000 | | 0.123 | 0.485 | 0.078 | 0.377 | 0.013 | 0.040 | 0.145 |
| | 工艺创新水平 | 0.239 | 0.093 | 0.123 | | 0.007 | 0.490 | 0.428 | 0.044 | 0.181 | 0.403 |

续表

| | | 研发的投入 | 设备先进水平 | 新产品开发能力 | 工艺创新水平 | 新产品开发周期 | 企业研发成果转化率 | 专利授权量 | 研发人员比例 | 高素质的科技人员 | 研究与开发年均投入量 |
|---|---|---|---|---|---|---|---|---|---|---|---|
| Sig.（1-tailed） | 新产品开发周期 | 0.479 | 0.330 | 0.485 | 0.007 | | 0.163 | 0.110 | 0.331 | 0.278 | 0.078 |
| | 企业研发成果转化率 | 0.432 | 0.168 | 0.078 | 0.490 | 0.163 | | 0.000 | 0.204 | 0.498 | 0.000 |
| | 专利授权量 | 0.490 | 0.253 | 0.377 | 0.428 | 0.110 | 0.000 | | 0.010 | 0.366 | 0.000 |
| | 研发人员比例 | 0.018 | 0.018 | 0.013 | 0.044 | 0.331 | 0.204 | 0.010 | | 0.007 | 0.064 |
| | 高素质的科技人员 | 0.025 | 0.025 | 0.040 | 0.181 | 0.278 | 0.498 | 0.366 | 0.007 | | 0.397 |
| | 研究与开发年均投入量 | 0.482 | 0.072 | 0.145 | 0.403 | 0.078 | 0.000 | 0.000 | 0.064 | 0.397 | |

## 9.4　核心竞争力和技术创新测量模型

### 9.4.1　核心竞争力模型

通过对核心竞争力各测量变量数据的初步处理以后，主要是采用结构方程模型（Structural Equation Modeling，SEM），建立核心竞争力的测量模型。根据结构方程的特点，我们利用AMOS4.0软件，建立外源潜在变量（exogenous latent variables）和内源潜在变量（endogenous latent variables）直接的关系模型。本书的模型中，外源潜在变量是核心竞争力。内源潜在变量代表核心竞争力的概念通过他们反映出来。我们建立的模型中，内源潜在变量主要是企业规模实力、制度能力、技术水平、管理能力、文化。其中企业规模实力通过人力资源、财务实力、装备能力、环境影响力4个观察变量来衡量；制度能力由企业制度、管理体制、经营体制3个观察变量来衡量；技术水平由与技术有关的学习能力、创新能力、信息化水平、技术综合能力来衡量；管理能力由生产能力、营销能力、开拓能力、财务能力、管理绩效等5个观察变量来衡量；文化通过企业文化、战略能力、总体的界面管理能力等3个观察变量来衡量。综上所述，本研究需要验证的核心竞争力模型如图9-1所示。

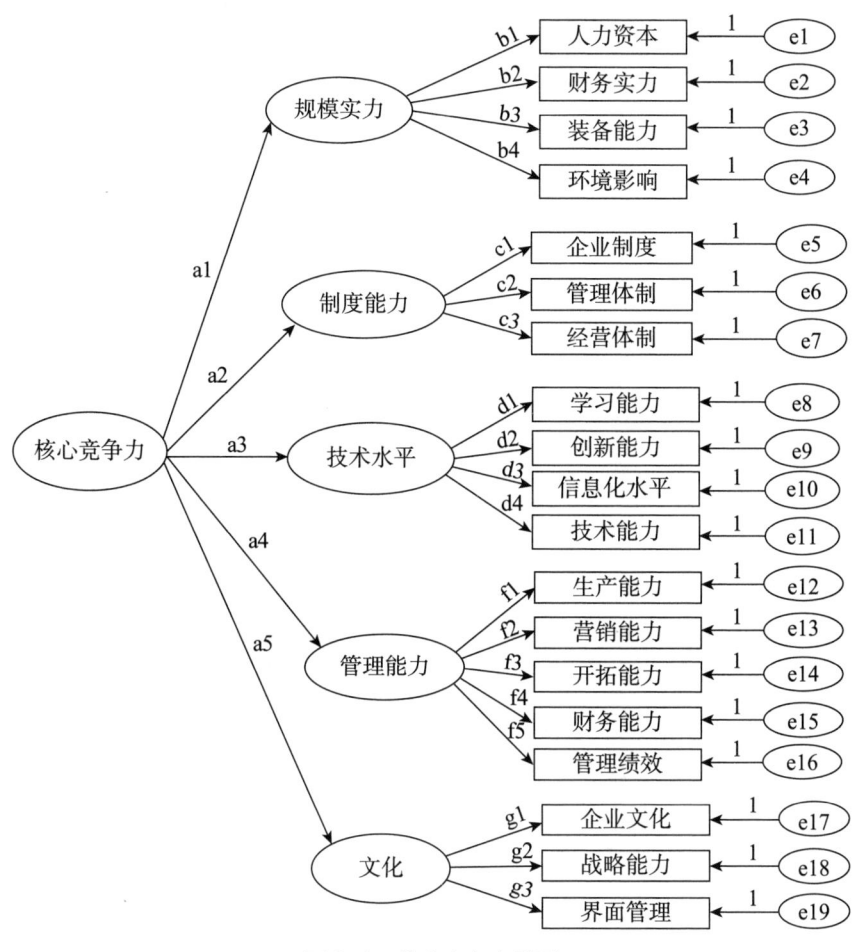

**图 9-1　核心竞争力模型**

由于环境的不断变换，企业的核心竞争力也是处在不断变换之中，我们主要考虑的是近3年来企业各种关于核心竞争力的数据，通过将SPSS14.0和AMOS4.0分析软件作为资料分析工具，首先使用SPSS14.0对数据进行处理，检验其是否适合进行因子分析，然后利用因子分析权重对原始数据进行处理，计算二级变量和一级变量，即测量外源潜在变量核心竞争力和内源潜在变量：规模实力、制度能力、技术水平、管理能力和文化，然后根据AMOS的结构方程模型计算各个测量变量及内源潜在变量和外源潜在变量之间的影响系数。

用 $a_i$（$i=1,2,3,4$），$b_j$（$j=1,2,3,4$），$c_{i'}$（$i'=1,2,3$），$d_q$

（q=1，2，3，4），f j'（j'=1，2，3，4，5），gp（p=1，2，3）表示标准回归系数权重，ei（i=1，2，…，19）表示模型所允许的误差值。我们将利用AMOS4.0，在利用SPSS14.0计算的基础上，计算出核心竞争力模型的系数（图9-2）。

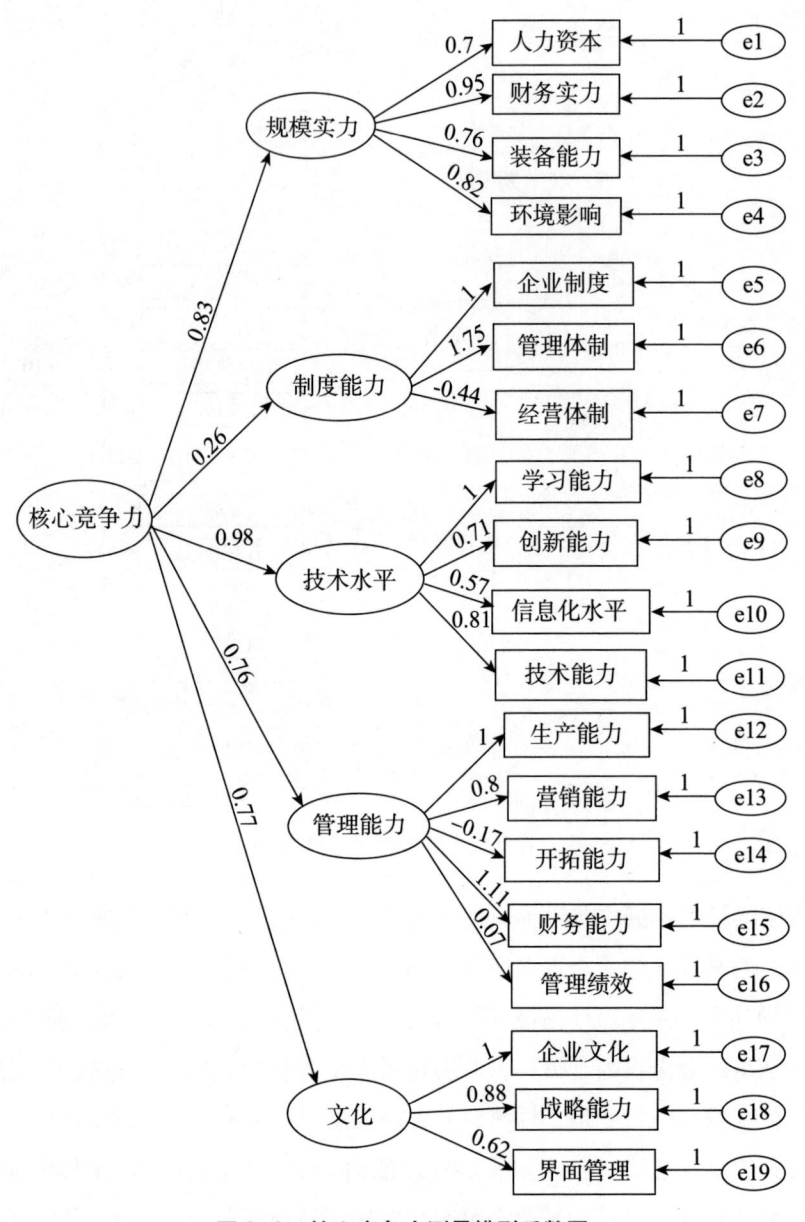

图9-2 核心竞争力测量模型系数图

利用 AMOS4.0 软件进行结构模型分析，来判别企业核心竞争力构成要素的影响。以核心竞争力测量模型的外源潜在变量为核心竞争力，包括规模实力、制度能力、技术水平、管理能力和企业文化等五个内源潜在变量。通过对这五个内源潜在变量的多个观测变量的分析，说明企业的规模实力、制度、技术水平、管理及文化对核心竞争力的作用。

由图 9-2 可以看出，对于核心竞争力而言，企业的规模实力、制度、技术水平、管理和文化等基本上反映了企业的核心竞争力。并且由 AMOS4.0 的分析结果可以知道，这五个内源潜在变量的标准化参数分别为：规模实力 0.83，制度能力 0.26，技术水平 0.98，管理能力 0.76，文化 0.77。从模型分析结果可知，如果企业的规模实力改变 1 个单位，会使企业的核心竞争力增加 0.83 个单位；制度能力加强 1 个单位，核心竞争力将提高 0.26 个单位；技术水平加强 1 个单位，核心竞争力提高 0.98 个单位；管理能力增加 1 个单位，核心竞争力提高 0.76 个单位；而企业文化对核心竞争力的影响系数为 0.77，加强企业文化的影响，同样可以使企业的核心竞争力提高 0.77 个单位。其中除了制度能力的标准化参数值为 0.26 较小，说明对于企业的核心竞争力而言，我们调查企业的制度还不是非常完善。其他的内源潜在变量中，技术水平的标准化参数值最大 0.98，说明技术水平最能反映企业的核心竞争力，企业技术水平和规模实力的强弱，对于企业的核心竞争力影响较大。并且与制度能力、管理能力和文化相比，技术水平和企业规模实力在核心竞争力的形成过程中有着更为关键的作用。

从企业的规模实力上看，我们从人力资本、财务实力、装备能力和环境来考虑是合理的，四个观测变量对企业规模实力的影响力度分别为：人力资本 0.7，财务实力 0.95，装备能力 0.76，环境影响力 0.82。模型的分析结果表明，财务实力增加 1 个单位，那么其核心竞争力将增加 0.95 个单位；人力资本增加 1 个单位，则其核心竞争力将增加 0.7 个单位；加强装备能力 1 个单位，其核心竞争力也将提高 0.76 个单位；改善公司整体经营环境 1 个单位，也有助于提高企业的核心竞争力 0.82 个单位。财务实力和环境影响力是企业规模实力的重要表现。

对于制度能力这个内源潜在变量，其观测变量及其参考值分别为：企业制度 1，管理制度 1.75，经营制度 -0.44。这样的结果，说明对于企业制度能力而言，其对核心竞争力的解释能力较弱，从其观察变量而言，以企业制度为基础进行比较，说明企业的管理制度是企业制度能力的重要表现，如果在企业制度能力不发生变化的情况下，增加 1 个单位的管理能力能够使制度能力增加 1.75 个单位。管理制度是企业制度能力的重要表现形式，而经营制度的盲目改进则可能使企业的制度能力降低。同时也表明，在制度能力当中，企业制度和管理制度都是制度能力较好的反映，但是对于将经营能力划归为制度能力似乎不太合适。

技术水平的观测变量包括学习能力、技术创新水平、信息化水平和技术能力等，它们和技术水平这个内源潜在变量之间的参数值分别为：1、0.71、0.57 和 0.81，在进行模型拟合时，我们考虑以学习能力作为参考基础，这些观察变量的参数值分别表示改变 1 个单位观测值会给技术水平带来的改变。和学习能力相比，信息化水平的影响力最小，即如果加强 1 个单位的信息化水平，那么核心竞争力将增加 0.57 个单位；提高 1 个单位的技术创新水平，会使企业的核心竞争力增加 0.71 个单位；技术能力加强 1 个单位，那么核心竞争力会提高 0.81 个单位。这四个观察变量中对技术水平影响力最大的是学习能力，其次是技术能力，创新能力，较弱的是信息水平。说明企业技术部门的学习能力和技术能力最能够反映出企业的技术水平。

对于管理能力这个内源潜在变量而言，我们将从生产能力、营销能力、市场开拓能力、财务管理能力和管理绩效等五个方面进行观察。这五个观察变量的参数值分别为：生产能力 1、营销能力 0.8、市场开拓能力 -0.17、财务管理能力 1.11 和管理绩效 0.07，通过分析模型结果，将开拓能力和管理绩效归入到管理能力当中是不合适的，或者说这两个方面不能很好地表现企业管理能力。进一步分析可知，市场的开拓能力说明企业的营销水平，而管理绩效是一个比较宏观的观测标量，其说明进行定量分析是不合适的。企业的观测标量，基本上都很好地反映了管理能力。以生产能力为基础，我们可以通过参数系数比较这些观察变量对于企业管理能力的影响。如果增加 1 个单位的生产能力能够使企业的管理能力提高 1 个单位的话，那么营销能力提高 1 个单位，可以使企业的管理能力加强 0.8 个单位；财务管理能力增加 1 个单位,则企业的管理能力增加 1.11 个单位。企业财务管理能力是企业管理能力的主要表现形式,并且对企业管理能力的增加起着至关重要的作用。

就文化这个内源潜在变量而言,包括 3 个观察变量,其与文化之间的管理的参数分别为:企业文化影响力 1、战略能力 0.88、界面管理能力 0.62。企业良好的文化影响力对企业的影响力最大,以此为基础并以此为战略管理能力和界面管理能力。这三个变量都能很好地反映企业的文化对于企业核心竞争力的重要影响。以企业文化为基础,考虑战略能力和界面管理能力对文化影响力在核心竞争力中的作用,战略能力提高 1 个单位,其文化对核心竞争力的影响也将提高 0.88 个单位;界面管理能力提高 1 个单位,则企业文化影响力提高 0.62 个单位。

通过对以上的结构方程模型分析,对企业核心竞争力构成要素的影响进行分析,我们可以知道,企业技术水平和规模实力对企业核心竞争力的提高具有积极的作用,是企业核心竞争力的重要表现,而管理能力、企业文化和企业的制度等对增加企业核心竞争力也具有重要的作用。因为企业的管理是企业能够高效率运转的重要保障,而企业文化是一个企业具有自己特色,在激烈的市场竞争能够与其他同类型企业相区别、增加企业员工的主人翁意识的重要基础,是一个企业能够长远发展并不断壮大的重要保障。而企业制度是企业管理制度的另一个侧面反映,制度的完善能够使企业在一个高效率的环境中运转,从而为保持和提高企业核心竞争力提供重要的制度基础。

## 9.4.2 技术创新能力测量模型

为了进一步具体讨论技术对于核心竞争力的重要作用,我们从技术创新的环境支持、技术管理能力、技术创新水平和技术创新实力等方面,分析这些因素与技术之间的关系。这些变量之间与技术创新的关系我们通过模型(图 9-3)表示。

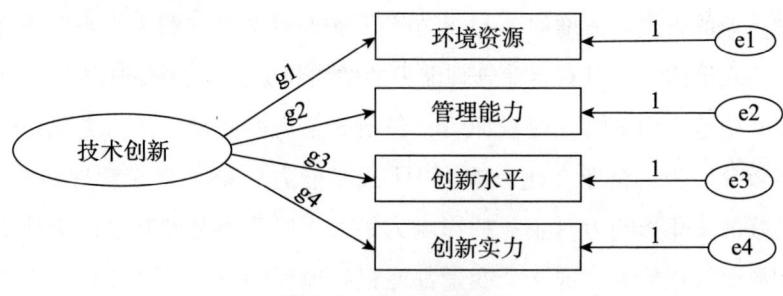

图 9-3 技术创新模型

在该模型中，用 gi（i=1，2，3，4）表示各个变量对技术创新的影响力。ei（i=1，2，…，4）表示模型所允许的误差值。我们将在利用 AMOS4.0 和 SPSS14.0 的基础上，计算出技术创新测量模型的系数（图 9-4）。

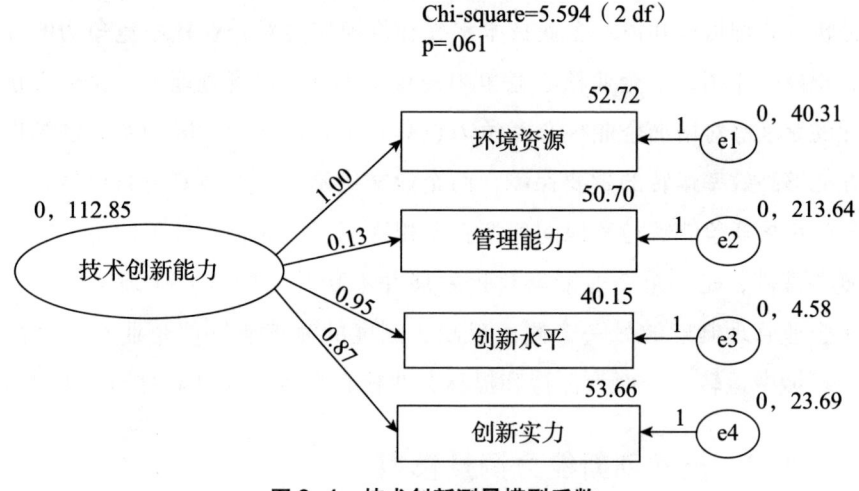

图 9-4 技术创新测量模型系数

由图 9-4 模型测量系数我们可以看出，这个模型的卡方值为 5.594，自由度（df）为 2，通过卡方检验，我们可以知道，该模型的卡方检验值为 0.061，说明所分析的数据和所建立的模型拟合得较好，我们可以用该模型的测量结果进行分析。

如果以技术创新的环境作为比较基础，比较技术创新的环境支持、技术管理能力、技术创新水平和技术创新实力对技术创新能力的影响，模型分析技术创新的环境支持、技术管理能力、技术创新水平和技术创新实力的测量参数分别为：1、0.13、0.95、0.87。

如果以技术创新支持环境改变 1 个单位，则企业技术创新能力增加 1 个单位，那么技术管理能力改变 1 个单位，相对于技术创新技术支持环境而言其对技术创新的影响力改变 0.13 个单位；技术创新水平提高 1 个单位，则技术创新能力提高 0.95 个单位；技术创新实力即基础改善 1 个单位，则技术创新能力提高 0.87 个单位。这说明从技术创新的环境支持、技术管理能力、技术创新水平和技术创新实力等方面考虑技术创新能力是合适的。其中企业所能提供的技术创新环境和技术创新能力最能够反映企业的技术创新能力，其次为技术创新实力和技术管理能力。

### 9.4.3 技术创新对核心竞争力的影响

通过以上的分析，我们将核心竞争力和技术创新联系起来，建立核心竞争力与技术创新之间的测量模型，如图 9-5 所示。

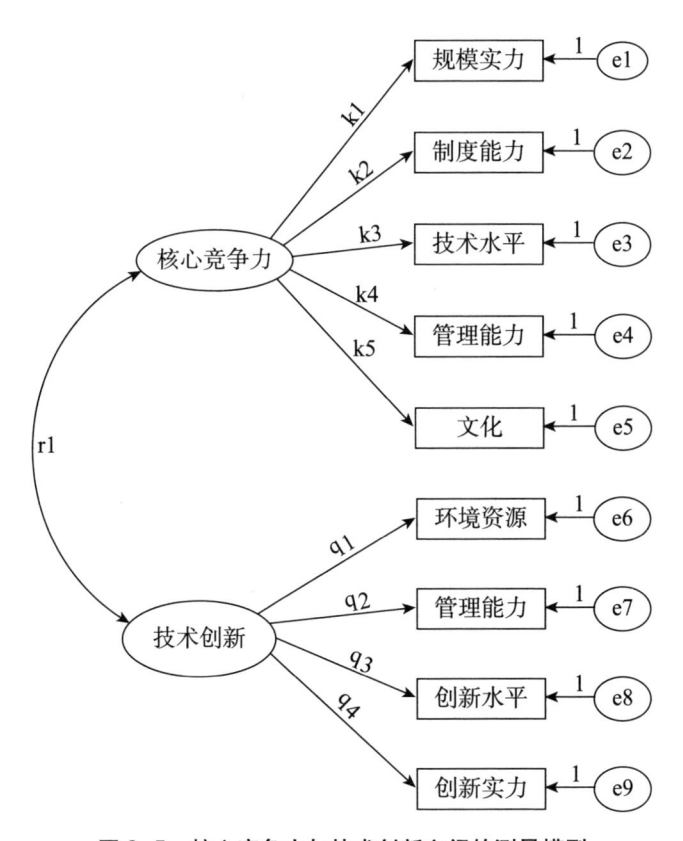

图 9-5 核心竞争力与技术创新之间的测量模型

在图 9-5 的模型中，用 ki（i=1，2，3，4，5）表示核心竞争力中规模实力、制度能力、技术水平、管理能力和文化对核心竞争力之间的影响；用 qi（i=1，2，3，4）表示技术创新的环境支持、技术管理能力、技术创新水平和技术创新实力对技术创新能力的影响。用 r1 表示技术创新与核心竞争力之间的协方差。利用 AMOS4.0 如图 9-6 所示，得出的计算结果为 r1=65.49，说明核心竞争力和技术创新之间具有较强的相关性。

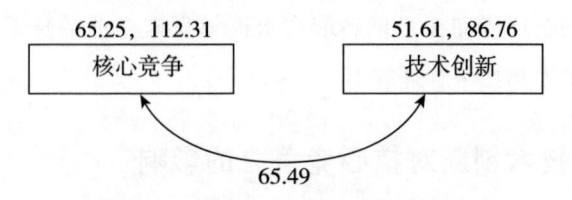

**图 9-6　核心竞争力与技术创新协方差模型**

在模型 9-1 和 9-3 分析的基础上，我们可以将核心竞争力和技术创新之间的关系模型及各变量之间的系数关系用图 9-7 表示。

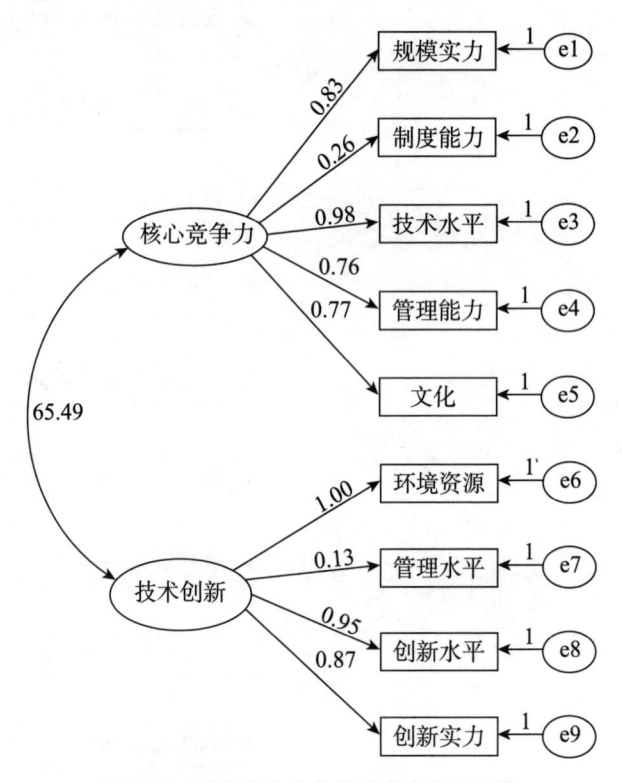

**图 9-7　核心竞争力和技术创新关系系数**

如果企业的规模实力改变 1 个单位，会使企业的核心竞争力增加 0.83 个单位；制度能力加强 1 个单位，核心竞争力将提高 0.26 个单位；技术水平加强 1 个单位，核心竞争力提高 0.98 个单位；管理能力增加 1 个单位，核心竞争力提高 0.76 个单位；而企业文化对核心竞争力的影响系数为 0.77，加强企业文化的影响，同样可以使企业的核心竞争力提高 0.77 个单位。如果以技术创新支持环境改变 1 个单位，企业技术创新能力增加 1 个单位的话，那么技术管理能力改变 1 个单位，相对于技术创新支持环境而言其对技术创新的影响力改变 0.13 个单位；技术创新水平提高 1 个单位，则技术创新能力提高 0.95 个单位；技术创新实力即基础改善 1 个单位，则技术创新能力提高 0.87 个单位。

## 9.5 核心竞争力与技术创新影响因素的实证分析

通过模型 9-2 和 9-4（图 9-2，图 9-4）可以看出，我们从规模实力、制度能力、技术水平、管理能力和企业文化等五个方面考察企业的核心竞争力是基本上合理的，但是有些分析结果，如制度能力与核心竞争力之间的关系相对于其他几个内源潜在变量而言不太显著。因此，我们在考虑技术创新与核心竞争力之间的影响因素时，将这个方面剔除进行分析。而在技术创新模型中，我们考虑到企业管理能力和技术创新中的管理能力的冲突，并且管理能力对于企业技术创新的关系从分析结果而言不太显著，所以，在考虑核心竞争力内源潜在变量与技术创新能力之间的关系时，我们只考虑技术环境、创新水平和创新实力。利用 AMOS4.0 建立以下模型（图 9-8）。在建立此模型时，不考虑技术环境对于核心竞争力的直接影响。此外，从前面的分析我们可以得知，企业管理水平对于技术创新的直接影响力较小，因此在进行交叉影响因素分析时，将管理水平对技术创新的直接影响视为 0。我们可以知道，这个假设基础是合理的，技术开发环境是企业技术创新的基础，而企业规模实力是企业核心竞争力最直接的表现形式。

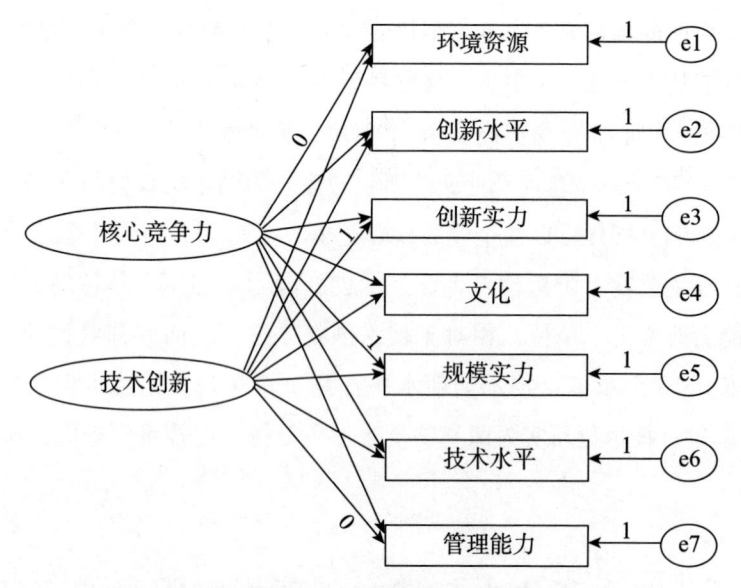

图 9-8 核心竞争力与企业技术创新变量系数模型

在模型 9-8（图 9-8）中，我们用 ei（i=1，2，…，7）表示模型中的残差，即对我们要考虑的关系中影响不大的其他项目。利用 SPSS14.0 和 A-MOS4.0，我们得到了图 9-9 所示的模型分析结果。

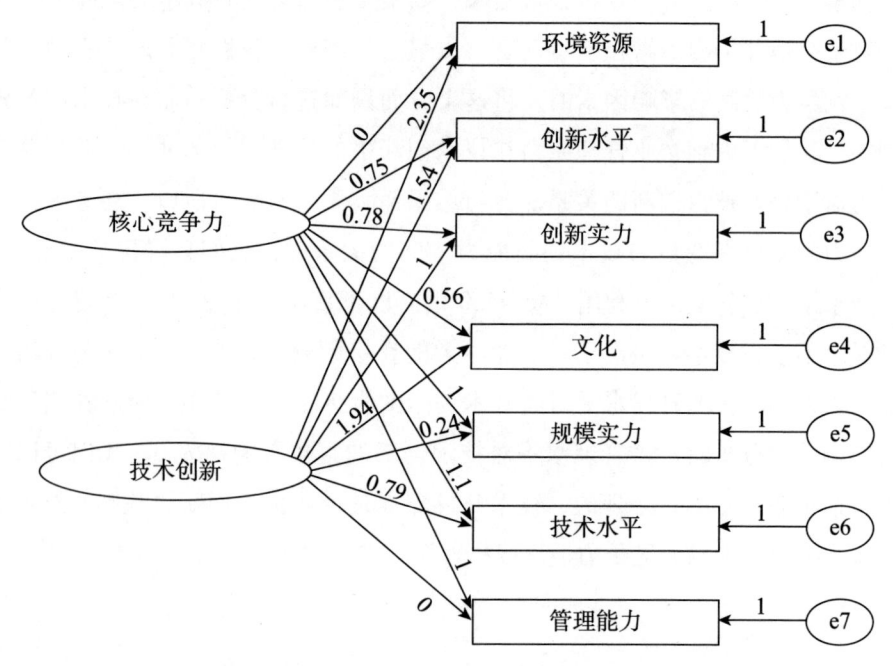

图 9-9 核心竞争力与企业技术创新变量系数关系

由以上的系数可以知道技术创新能力与核心竞争力各内源潜在变量之间的关系。在不考虑技术环境对于核心竞争力的直接影响，企业文化对于核心竞争力直接影响的条件下，以技术环境对于技术创新能力的影响，企业规模实力对核心竞争力的影响为基础，系数关系可以用表9-13表示。

表9-13 核心竞争力与企业技术创新变量系数

|  | 环境资源 | 创新水平 | 创新实力 | 规模实力 | 技术水平 | 管理能力 | 文化 |
|---|---|---|---|---|---|---|---|
| 核心竞争力 | 0 | 0.75 | 0.78 | 1 | 1.1 | 1 | 0.56 |
| 技术创新能力 | 2.35 | 1.54 | 1 | 0.24 | 0.79 | 0 | 1.94 |

从以上的系数分析可以知道，创新水平提高1单位，则核心竞争力将随之提高0.75个单位；创新实力提高1个单位，核心竞争力水平提高0.78个单位；技术水平提高1个单位，核心竞争力将提高1.1个单位；管理能力提高1个单位，则核心竞争力提高1个单位；文化影响增加1个单位，则核心竞争力提高0.56个单位。对于技术创新而言，核心竞争力当中内源潜在变量对技术创新的作用为：企业规模实力提高1个单位，能够促进技术创新能力提高2.4个单位；整体技术水平提高1个单位，技术创新能力提高0.79个单位；加强企业文化建设1个单位，则技术创新能力提高1.94个单位。

通过以上的分析我们可以知道，核心竞争力与技术创新之间的关系是相互影响相互作用的。企业核心竞争力的提高，重视企业文化建设，提高管理能力和技术水平都能够增加技术创新的实力，促进技术创新能力的发挥；反过来，通过加强技术环境资源建设，随着技术创新实力和创新水平的提高促进技术创新能力的发挥，也必将改善企业核心竞争力。技术创新是核心竞争力的重要变现，同时对核心竞争力的形成和发展具有积极的不可替代的作用。

# 第10章 技术创新促进核心竞争力成长策略研究

## 10.1 提升技术创新的策略

以哈尔滨机械类的中小企业作为调查对象进行分析，通过第3章中的模型3-3我们可以知道，对于一个企业的技术创新能力而言，技术创新的环境、技术创新实力、技术创新水平、技术创新管理能力等都会对技术创新能力产生影响。对于机械类的中小企业而言，2/3没有研究开发机构，2/5既无研发机构，也无研究人员，还有很多企业根本就没有研发能力。可以从以下几个方面考虑提升其技术创新能力。

### 10.1.1 改善技术创新环境，加强机制创新

企业环境对于一个企业的生存和发展犹如土地对于植物的生长一样，任何一种事物的生长发展都必须有一个适合其生长的环境支持。对于技术创新而言，从模型3-3可以看出，只要改善技术环境，那么其技术创新能力就会提高。从我们调查的结果看，大多数企业都或忽视或不重视企业制度机制对技术创新能力的支持及作用。例如可以通过引进该领域的专家学者组成专家委员会，通过建立专家决策制度，对技术的开发、改造全过程进行管理控制，形成科学严谨的技术开发氛围，以提高技术开发的质量。

鼓励建立创新性学习组织，将企业的各个组织部门与技术创新能力之间形成一种无形而有力的联系，构建一种将技术创新能力融入企业文化、整体

经营环境和组织结构中的隐形的创造力。通过集体"干中学"在各种技术的不断应用和分享过程中产生创新的动力，建立一个拥有创新精神的团队，不断开发新的技术。实验表明，在产生新想法和灵活解决问题方面，团队都比个人具有优势[29]。此外，通过建立学习型组织，对各种新技术的培训，对外合作及从实践中创造性学习来提高企业整体的技术能力水平和素质，从而为企业技术创新提供一个较好的创新环境。

企业创新活动是在一定的环境和条件下进行的，创新过程要受到各种因素和各方关系的激励和约束。这些环境、条件、激励和约束是在一定机制下形成的。企业创新机制的建立和完善，是实现企业创新目的，增强持续创新能力的保证。企业应该要有强烈的核心技术保护意识，保护好核心技术不外泄，保护好技术创新者的利益不被侵犯，并使之成为核心竞争力。

## 10.1.2 加强合作提高技术创新水平

通过模型 9-3 的分析结果，我们可以知道，如果企业能够将自己的技术创新水平提高 1 个单位那么其技术创新能力将提高 98%，技术创新实力不仅反映了企业的技术创新水平，更体现了企业的技术创新能力的强弱。技术创新水平是企业技术创新能力最真实的反应。中小型机械类企业，应该认真吸取大型企业技术培养方法，在自身经济实力允许的情况下，积极与高等院校、科研院所开展"产学研联合"，将与高校合作作为一个重要的提高技术创新能力的机会，正确认识获取或者开发前沿技术的重要性。中小型企业可以通过技术合作联合开发等形式，提高技术开发水平。小型企业可以通过企业协会的联合，在一流的大学的相关项目中投入研究基金，利用大学的研究获得专业技术人员的技术支持，同时还可以利用他们的专有技术拓展行业内部研究，从而为小型企业提供一个接触新兴技术的窗口。通过这种合作，企业可以打破单个企业自身实力的限制，获得单个企业内部研发所无法达到的层次。同时，也可以把引进的先进技术与培育提高自己的技术创新能力有机地结合起来，从而形成自己独特的技术创新体系。"中国的技术问题最终要靠自己解决，这一点到什么时候都不能忘记"，企业与高等院校、科研机构建立起良好的合作机制，在合作中受益，在合作中学习，通过合作提高自主技术创新能力。

通过企业之间的合作创新，推动企业创新组织形式，产生共生经济，这种共生经济可以将原本独立的企业通过技术创新联系起来形成一个共享资源和技术的经济共生体，可以在较少投入的情况下分享创新的经验、技能、知识和创新成果，改善资源结构，从而降低技术创新风险，缩短创新周期，扩大创新空间。

企业还可以依靠信息手段和其他若干企业形成动态的虚拟创新联盟，当出现新的市场机会时，可以通过联合其他的有关机构组成一个临时的组织迅速动员其各种力量参与新产品、新技术的开发和核心市场的开拓，这是一种在新的动态环境下产生的适应激烈快速竞争的新型的创新形式。

### 10.1.3 重视知识管理，提高技术创新能力

从我们的调查研究和最后的数据分析模型的结果显示，相对于技术创新实力、技术创新水平和环境来说，中小企业对于技术管理不太重视，从我们的模型也有所显示，如果对于技术创新的管理提高 1 个单位，那么对于技术创新能力将会增加 0.13 个单位。

对于机械类的中小企业而言，必须重视对新技术的管理能力，加强产权保护意识，严格依据知识产权的法规进行申请、登记，通过选择适当的专利战略，通过基础开发拥有专利技术，从而使自己能够拥有核心技术，提高技术创新能力。企业在进行技术创新活动时，要努力建立企业的创新机制。企业创新机制的建立和完善，是实现企业创新目的，增强持续技术创新能力的保证。这类型的企业应该要有强烈的核心技术保护意识，保护好核心技术不外泄，保护好技术创新者的利益不被侵犯，并使之成为核心竞争力，从而转化为现实的生产力，为公司创造更多的经济利润。

## 10.2 技术创新对核心竞争力的培育与成长策略

### 10.2.1 技术创新在培养和提升核心竞争力中的作用

通过前面的分析，我们可以知道，技术创新与核心竞争力是共生的关系。企业要想在激烈的市场竞争中获得较强的市场地位，就必须不断地培养、提升核心竞争力[34]。有专家对世界著名的极具核心竞争力的企业进行调查显示，技术创新都被摆在了公司经营理念的第一位。例如3M公司，他们将自己的经营理念定为"真正的事业就是解决问题"，鼓励技术创新并"不扼杀任何一种新的产品设想"，从而不断提供高质量和可信赖的产品；GE追求"通过技术与创新改善生活质量"的经营理念；HP公司认为对公司"所从事的事业做出技术贡献，公司存在的目的是作出贡献"，根据顾客的需要和购买力确定产品等级，其利润与增长是推进所有其他目标实现的工具；SONY公司"享受有益于公众的技术进步，技术应用和技术革新带来的真正乐趣"，尊重和鼓励每个人的才能和创造力。这些企业为了提高其产品和服务的质量，始终将技术创新放在企业的重要位置，不断提升企业核心竞争力。

从模型9-8、9-9我们可以进一步地证实技术创新与核心竞争力之间这种密不可分的和谐共生的关系，同时我们还可以看出，技术创新对于核心竞争力的作用可以通过具体的机制表现出来。通过模型的分析结果，我们可以用图10-1来表示技术创新对核心竞争力的作用。

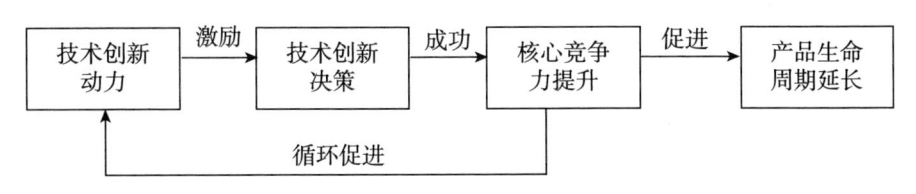

图 10-1 企业技术创新对企业核心竞争力的促进作用

技术创新的水平和实力，不仅是技术创新能力的最好体现，同时我们可以看到，如果企业加强在技术创新水平和技术创新实力方面的影响力，那么企业的核心竞争力也将得到提升。但是从我们的分析结果来看,机械类的中小企业不太重视核心竞争力与技术创新之间的这种密切联系,技术环境、技术的管理能力和技术的创新水平对于核心竞争力的影响没有被充分体现。

### 10.2.2 以核心技术为突破口培育核心竞争力

通过第9章的模型分析,我们可以判断出,大多数企业不重视企业核心竞争力的培养。企业培育核心竞争力并不意味着一定要在研究和发展上超过竞争对手。中小企业在构建核心竞争力的过程中,应当重视技术创新的重要作用,没有技术上突破性的创新,那么构建的核心竞争力的价值也将是有限的不稳固的。企业应该以技术创新为突破口,构建技术创新规划,将技术创新和企业的整体战略相联系,明确战略意图;以核心技术为基础开展技术创新,并根据其自身的核心竞争力进行技术整合。

实力较弱的企业,可以把相对有限的技术资源集中于少数技术领域进行技术积累,该企业的技术能力就会具有某种技术范式,这实际上会构成企业技术创新必须遵守的核心技术体系。对于机械类的企业而言,核心技术则表现为在一定的技术、生产、组织和市场的约束下,能够支配该企业创新的产品主导设计,并实现其设计的核心生产技术和相应的核心管理技术。机械类企业在一般情况下,其技术由于其产品开发的复杂性和耐用性,都是由原有的产品设计和生产技术延展出的新产品设计和生产技术,实际上其主导技术和核心生产技术并没有实质性的改变,所以技术创新人员只需要对生产设备进行调整,在短时间内就可以实现技术创新,同时还可以降低创新的成本和时间。围绕核心技术体系进行产品创新,用新产品替代老产品,因此,在进行这类型的创新活动时,创新者要能够对市场进行分析,进行市场开拓,利用原有的产品的市场渗透力、销售网络和设施,使新产品快速地进入市场。

此外,以一种或者几种关键的核心技术为主导,把若干相关的技能有机地结合起来,形成核心竞争力的整合。有实力的企业还可以通过并购整合,扩大市场占有率,提高核心竞争能力,实施资本扩张,如果处理得当将实现一种优化的核心竞争力的整合。在对关键能力、有效能力集中整合,对多余的、落后的、无关的各种机制或是技术消除的基础上,实现"1+1>2"的企业核心竞争力的增值效应。

## 10.2.3　通过自主创新提升核心竞争力

对于我们所调查的大多数企业来说，技术创新的模式主要是依靠追随技术，模仿新的技术实现对本企业的技术创新。大多数企业由于其自身资金和时间的不足，基本上靠模仿世界先进水平的技术和产品来提高和加快自身的技术进步。

对于机械类企业来说，其产品的创新要根据自身产品的功能要求，通过概念设计，以图纸或是一些模型来表示，并根据图纸或模型制定适当的加工方案，然后利用各种设备和手段制造出新的产品。通过这种概念的设计，形成一种创造性思维[40]。因此，机械类的企业可以在模仿的基础上，不断地开发出自己的创造创新思维能力，进行自主的创新从而在快速掌握已有先进技术的基础上形成自己的核心技术。

企业通过自主创新提高产品的差异化，提升核心竞争力。产品的差异化主要体现为产品外观、性能、质量、可靠性和耐用性、产品复杂性以及安装操作难度。开发出独特的产品外观需要强大的技术支撑。产品性能和质量也和技术创新息息相关[41]。产品差异化的其他方面，如产品可靠性、耐用性、复杂性以及操作的便捷性等都离不开企业孜孜不倦地自主创新。企业在市场中核心竞争力的提高正是基于企业技术水平的提高。而企业技术水平的提高则依赖于企业的自主创新程度。企业通过自主技术创新改进了产品差异化的特征，为消费者提供了更多的价值，提升了企业自身的核心竞争力。

# 第11章 高新技术产品国际竞争力现状分析

## 11.1 我国高新技术产品进出口现状

在全球高新技术产业的发展过程中,不同的国家都主动或被动地被纳入全球的产业链分工体系中。改革开放以来,我国利用廉价的劳动力成本、庞大的市场规模和良好的外部环境,积极引进外资、参与全球高新技术产业分工,迅速增大了高新技术产业规模。我国高新技术产品对经济增长的直接贡献率迅猛上升,由1992年的1.23%上升到2007年的4.5%。

### 11.1.1 高新技术产品进出口基本情况

2008年我国高新技术产品出口额又上新台阶,突破4000亿美元,达到4156.06亿美元,比上年增长19.49%。同年,进口额为3418.20亿美元,比上年增长19.11%。2008年高新技术产品进出口额虽然继续保持良好的增长势头,但与"十五"期间相比,增长速度明显放缓(图11-1)。与"十五"相比,"十一五"前三年我国高新技术产品进出口额的增长速度出现明显逐年下降趋势。从出口额来看,"十五"期间年均增速达到42.6%,2003年达到最高点为62.3%,而"十一五"第一年增速降到30%以下,2008年下降至19.49%,比2007年低4.09个百分点。从进口额来看,2008年增长率也由2003年的44.02%降为19.11%。可见,国际金融危机爆发后,国外市场对我国高新技术产品的需求与供给均受到一定程度的影响。

尽管高新技术产品进出口的增速放缓，但产品贸易盈余依然保持上升趋势。自 2004 年我国高新技术产品首次出现贸易顺差以来，五年间高新技术产品出口额大幅增长，出口增速大大高于进口，使得贸易顺差继续增大。2008 年贸易顺差达到 737.86 亿美元，是上年的 1.21 倍。高新技术产品贸易顺差的不断扩大在一定程度上反映了我国高新技术产品出口优势及其对经济增长的直接贡献。

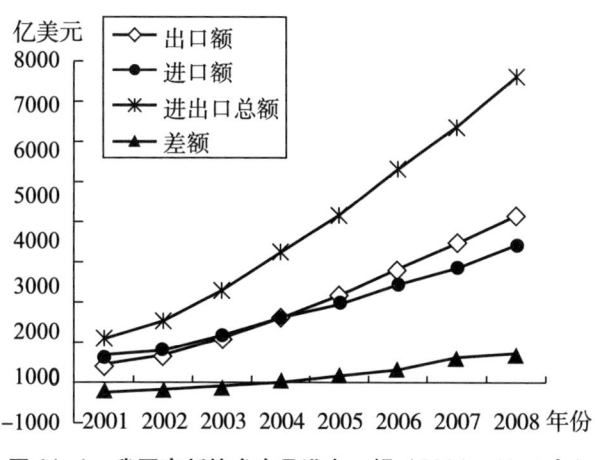

图 11-1　我国高新技术产品进出口额（2001—2008 年）

数据来源：中国高新技术产业数据 2009。

## 11.1.2　高新技术产品进出口贸易的技术领域分布

2008 年，我国高新技术产品出口的各类技术领域中，计算机与通信技术仍居首位，居第二位的电子技术出口额首次突破 500 亿美元，占高新技术产品出口总额的比重达到 13.33%。与"十五"中期的高速增长相比，上述两个技术领域产品的出口增长速度都出现了明显的下降。由此可见，这两个技术领域出口增速的迅速下降是导致高新技术产品出口总额增速不断下滑的主要原因。相比之下，2008 年光电技术的出口额增长最为迅猛，由 2007 年的 34.99 亿美元迅速增加到 245.91 亿美元，成为出口额排名第三的高技术领域。材料技术和生命科学技术出口额也保持了较好的增长势头，生物技术增长率较 2007 年略有下降（表 11-1）。

电子技术仍然是进口高新技术产品最多的技术领域，2008 年该领域进口额达到 1611.57 亿美元。同年，位居高新技术领域进口额第二位的计算机与通信技术占高新技术产品进口总额的比重由 2007 的 27.2%降至 23.31%。进口额居第三位和第四位的是光电技术和计算机集成制造技术。与出口增速下降的趋势相同，计算机与通信技术和电子技术的进口额增速也出现了明显的下降。相比之下，光电技术进口额增长速度最快，比上年增长了约 11 倍。

2008 年计算机与通信技术是贸易顺差最大的领域，顺差额达 2287.89 亿美元。生命科学技术出口盈余逐年攀升。电子技术仍然保持高额的产品贸易逆差，位居高新技术产品各类技术之首，2008 年该技术领域贸易逆差为 1057.55 亿美元。生命科学技术出口盈余逐年攀升。电子技术仍然保持高额的产品贸易逆差，位居高新技术产品各类技术之首，2008 年该技术领域贸易逆差为 1057.55 亿美元。2008 年光电技术贸易逆差进一步增大，达到 239.56 亿美元，超过计算机集成制造技术，跃居所有技术领域第二位。生物技术首次出现贸易逆差，为 0.58 亿美元。此外，计算机集成制造技术、航空航天技术也保持着较高的贸易逆差（表 11-1）。

表 11-1 高新技术产品进出口额按技术领域分布（2008 年）

单位：亿美元

| 技术领域 | 出口额（亿美元） | 占出口总额（%） | 比上年增长（%） | 进口额（亿美元） | 占进口总额（%） | 比上年增长（%） | 贸易差额 | | |
|---|---|---|---|---|---|---|---|---|---|
| | | | | | | | 2006 年 | 2007 年 | 2008 年 |
| 合 计 | 4156.06 | 100.00 | 19.49 | 3418.20 | 100.00 | 19.11 | 341.52 | 608.34 | 737.86 |
| 计算机与通信技术 | 3084.50 | 74.22 | 10.31 | 796.61 | 23.31 | 1.96 | 1542.05 | 2014.83 | 2287.89 |
| 生命科学技术 | 133.94 | 3.22 | 50.21 | 80.63 | 2.36 | 24.74 | 12.04 | 24.54 | 53.31 |
| 电子技术 | 554.02 | 13.33 | 21.31 | 1611.57 | 47.15 | 2.71 | -941.83 | -1112.41 | -1057.55 |
| 计算机集成制造技术 | 63.45 | 1.53 | 28.63 | 247.03 | 7.23 | 7.84 | -167.66 | -179.75 | -183.57 |
| 航空航天技术 | 32.13 | 0.77 | 27.59 | 131.35 | 3.84 | 1.69 | -107.22 | -103.58 | -99.22 |

续表

| 技术领域 | 出口额（亿美元） | 占出口总额（%） | 比上年增长（%） | 进口额（亿美元） | 占进口总额（%） | 比上年增长（%） | 贸易差额 | | |
|---|---|---|---|---|---|---|---|---|---|
| | | | | | | | 2006年 | 2007年 | 2008年 |
| 光电技术 | 245.91 | 5.92 | 602.79 | 485.47 | 14.20 | 1140.63 | 29.76 | -5.31 | -239.56 |
| 生物技术 | 2.63 | 0.06 | -0.65 | 3.22 | 0.09 | 60.60 | 1.03 | 0.63 | -0.58 |
| 材料技术 | 36.21 | 0.87 | 70.57 | 57.63 | 1.69 | 12.44 | -27.53 | -30.02 | -21.41 |
| 其他技术 | 3.26 | 0.08 | 14.33 | 4.69 | 0.14 | 53.85 | 0.87 | -0.19 | -1.43 |

数据来源：中国科技统计数据2009

由上述分析可知，我国在计算机与通信技术和生命科学技术领域具有较强的出口优势和国际竞争力。电子技术和计算机集成制造技术较高的贸易逆差则表明，我国高新技术产业对中间品和资本货物的需求很大，且国内生产难以满足这些需求，这也反映出我国在电子元器件和先进制造领域缺乏国际竞争力。

## 11.1.3 高新技术产品进出口的主要贸易伙伴

### 11.1.3.1 高新技术产品出口的主要国家

2008年，中国香港、美国和欧盟依然是我国内地高新技术产品最大的出口市场，三个地区进口中国高新技术产品的总额均超过700亿美元，占高新技术产品出口总额的比重分别为23.45%、18.75%和23.57%。

计算机与通信技术、电子技术、光电技术和生命科学技术是2008年我国高新技术产品出口最多的4类技术领域。这4类技术领域的出口总额占高新技术产品出口总额的比重高达96.69%。从上述4个技术领域出口国家和地区的分布来看，计算机与通信技术、电子技术和光电技术出口额排名前三位的地区合计所占份额均超过60%。而生命科学技术出口地的集中度相对较低，出口额排名前三位的地区合计所占份额均略低于50%。我国计算机与通信技术和光电技术产品的主要需求市场为美国、欧盟和中国香港；电子技术产品主要出口到中国香港、欧盟和韩国；生命科学技术产品的主要出口市场为欧盟、美国、印度和阿根廷（图11-2）。

☐ 欧盟　☒ 美国　☐ 中国香港　☐ 韩国　☐ 阿根廷　☐ 印度

图11-2　部分技术领域高新技术产品出口按主要国家（地区）分布（2008年）

数据来源：高新技术产业数据2009

#### 11.1.3.2　高新技术产品进口的主要国家

与出口市场高度集中不同，我国高新技术产品进口来源更加多元化和分散化。20世纪90年代初期我国高新技术产品进口主要被美欧等发达国家所垄断，但90年代中期开始，由于亚洲国家和地区在电子技术领域高技术产品竞争力的提升，欧美等发达国家在我国高新技术产品进口额中的份额逐步下降，中国台湾、日本和韩国逐步成为我国高新技术产品最大的进口市场，但美国和欧盟在航空航天技术、生物技术和生命科学上仍然具有较大的优势。2008年，从中国台湾、日本和韩国进口的高新技术产品均超过450亿美元，三地占高技术产品进口总额的比重为46%（图11-3）。

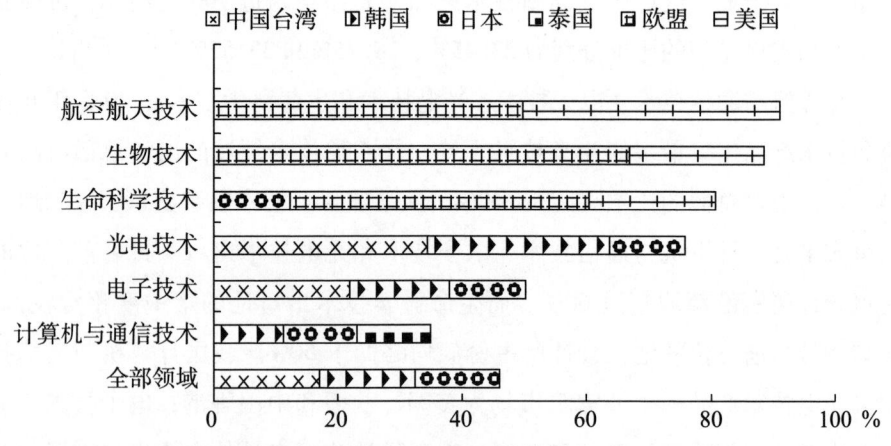

图11-3　部分技术领域高新技术产品进口按主要国家（地区）分布（2008年）

数据来源：中国高新技术产业数据2009

## 11.2 高新技术产品国际竞争力的指标分析

测定和衡量产品国际竞争力的指标可以分为两类：一类是显示性指标，用来说明国际竞争力的结果；另一类是因素指标，它反映的是竞争力强弱的原因。显示性指标根据分析基础的不同而不同，有以进出口数据为分析基础的国际竞争力评价指标，有以价格、成本、生产率分析的国际竞争力评价指标以及标杆测定等，本书测定国际竞争力的显示指标是以进出口数据为基础的分析指标。

### 11.2.1 国际竞争力显示性指标比较

以进出口数据为分析基础的国际竞争力显示性指标根据衡量的主体不同，分为不同的测定指标，例如国际市场占有率根据考察的角度不同可以分为：用于衡量一国或地区的国际市场占有程度；评价某类商品的国际市场占有程度；动态反应国际市场占有率的变化情况。这些不同的测定指标归纳起来有：指标本身没有比较对象的显示性指标，这一类指标占现有测定国际竞争力显示性指标的主要地位，有反映一国从国际贸易中取得的净收入的净出口指标、反映产业竞争优势的产业内贸易指数（RCA 指数）；另一类指标本身含有比较对象的显示性指标，如张政提出出口商品竞争力的计算公式：

出口商品竞争力 = $a$ 国商品国外市场占有率 / $b$ 国商品同一国外市场占有率

将现有的这些显示性指标总结起来，可以得到如图 11-4 指标树，这些指标从出口所占总出口的比例、市场份额、净出口等角度来评价某个国家、产品、产业或者企业的国际竞争力。但是这些测定方法存在许多局限和不足，主要表现在：无比较对象，只反映了本国出国商品竞争力的评价值；指标比较笼统单一，不能全面反映竞争力水平；多以出口额的角度分析，但出口额中包含了许多可变的因素，出口额与竞争力不是绝对的正相关关系。为了克服单一指标的片面性，本书选择现在常用的衡量国际竞争力的四个指标从不同角度综合反映我国现在高新技术产品国际竞争力的水平。

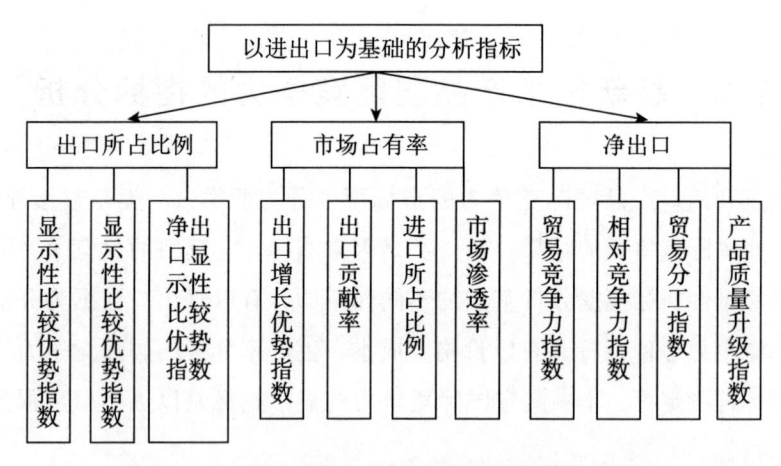

```
                    以进出口为基础的分析指标
         ┌──────────────┼──────────────┐
     出口所占比例      市场占有率         净出口
     ┌──┬──┬──┐    ┌──┬──┬──┬──┐   ┌──┬──┬──┬──┐
```

图 11-4 以进出口数据为分析基础的国际竞争力指标

## 11.2.2 国际市场占有率（IMS 指数）

国际市场占有率（IMS）是评价一国某类产品国际竞争力大小的最简单、也是比较重要的指标。其计算公式表示为：

$$IMS_{ij} = \frac{E_{ij}}{E_{iw}} \tag{11-1}$$

公式 11-1 中 $E_{ij}$ 表示 $j$ 国产品 $i$ 的出口额，$E_{iw}$ 表示世界产品 $i$ 的出口额。国际市场占有率越高，说明该国产品的国际竞争力或出口竞争力越强。该指标可以方便地用来测量相关产品的国际竞争力[40]。

世界主要国家高新技术产品的国际市场占有率如图 11-5 所示。从图中可以看出，世界高新技术产品的市场集中度较高，1995 年美国、欧盟和日本三方的国际市场占有率达到 55.99%，占整个世界高新技术产品市场份额的一半还多。但是美国和日本自 1995 年以来市场占有率一直呈下降的趋势，欧盟则保持持平的状态。反观中国，虽然在 2002 年之前与欧盟、日本及美国相比，差距一直十分明显。但是我国高新技术产品的国际市场占有率从 2001 年的 8.57% 快速增长到 2008 年的 19.83%，并且在 2006 年超过美国成为国际市场占有率最高的国家，而这一数字在 1995 年只有 6.19%，这就说明我国高新技术产品在国际市场上已经具有了一定的竞争力。

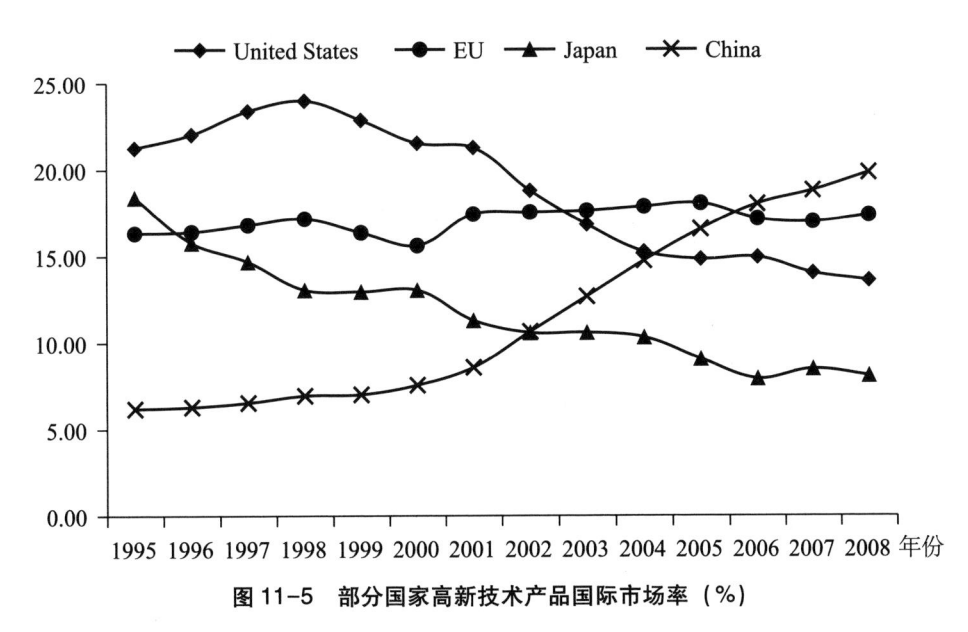

图 11-5　部分国家高新技术产品国际市场率（%）

数据来源：Science and Engineering Indicators 2010

## 11.2.3　贸易特化指数（TSC 指数）

贸易特化指数（Trade Specialization Coefficient，TSC）反映相对于世界市场上由其他国家所供应的一种产品而言，本国生产的同种产品是处于效率的竞争优势还是劣势以及优劣的程度，是分析行业结构国际竞争力的一种有力工具。其计算公式为：

$$TSC_i = X_i - M_i / X_i + M_i \quad (11-2)$$

式中 $TSC_i$ 表示第 $i$ 种商品的贸易特化指数；$X_i$ 表示第 $i$ 种商品的出口额；$M_i$ 表示第 $i$ 种商品的进口额。TSC 的取值范围为（-1，1），其值越接近1，表示一国在该种商品的出口上越具有竞争优势；越接近-1，表示一国在该种商品的出口上竞争力越差。

如图 11-6 所示，从总体上来看，我国高新技术产品的出口由不具有竞争优势上升到具有微弱的竞争优势，TSC 指数由 2001 年的-0.16 上升到 2008 年的 0.1，这说明我国高新技术产品的出口从总体上来看虽然起步比较低，但具有快速发展的潜力。

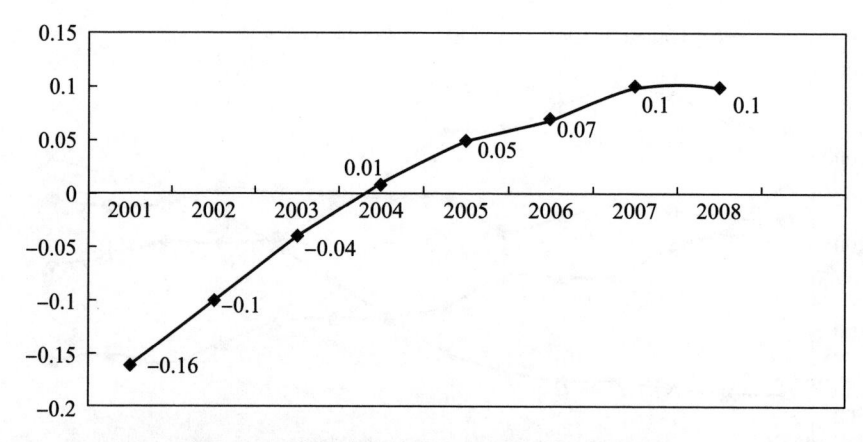

图 11-6 我国高新技术产品总体 TSC 变化情况

数据来源：中国高新技术产业数据 2009 计算而得

由图 11-7 可以得出，从分类来看，发展很不平衡。计算机与通信技术、生物技术和光电技术产品的出口具有一定的国际竞争力，计算机与通信技术产品的出口逐年扩大，竞争力稳步提高。光电技术产品异军突起，而生物技术产品出口的 TSC 指数则呈下降的趋势；除生命科学技术产品以外，计算机集成制造技术、航空航天技术、电子技术和材料技术产品明显缺乏国际竞争力，其 TSC 指数都在 -0.05 以下，且没有明显改善的迹象。这说明我国大多数高新技术产品的出口是缺乏国际竞争力的。

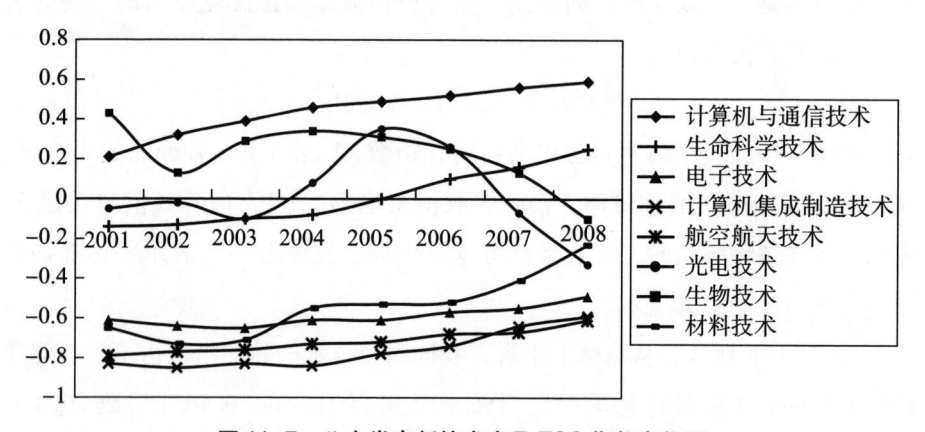

图 11-7 八大类高新技术产品 TSC 指数变化图

数据来源：中国高新技术产业数据 2009 计算而得

## 11.2.4 显示性比较优势指数(RCA 指数)

显示性比较优势指数(RCA)由美国经济学家贝拉·巴拉萨(Bela Balassa, 1965)提出,它是指一个国家的某种产品出口值占该国出口总值的份额与该种产品的世界出口总值占所有产品的世界出口总值的份额的比率。它反映了一个国家某种产品的出口与世界平均出口水平的相对优势。这一指数剔除了国家总量波动和世界总量波动的影响,能够较好地反映该产品的相对竞争优势[42]。其计算公式如下:

$$RCA_{ik} = (\frac{X_{ik}}{X_i})/(\frac{X_{wk}}{X_w}) \quad (11-3)$$

公式中,$X_{ik}$ 表示 $i$ 国 $k$ 类产品出口额;$X_i$ 表示 $i$ 国全部产品出口额,包括商品出口额和服务贸易出口额;$X_{wk}$ 表示世界 $k$ 类产品出口额;$X_w$ 表示世界全部产品出口额。

通过 RCA 数值的大小,可以判断产品国际竞争力的强弱。一般认为,若 RCA>2.5,则表示该国 $k$ 产品具有极强的比较优势;若 1.25<RCA<2.5,则表示该国 $k$ 产品具有较强的比较优势;若 1.25>RCA>0.8,表示该国 $k$ 产品具有中等比较优势;若 RCA<0.8,则表示该国 $k$ 产品具有较弱的比较优势。显示性比较优势指数法是一种被广泛地用于测量一个国家或地区某类产品是否具有出口竞争力的方法,该指数法的不足之处在于没有考虑到进口方面的因素。

由表 11-2 可以计算出各国的高新技术产品 RCA 指数如图 11-8 所示,作为科技强国德国的高新技术产品一直具有极强的比较优势,日本的高新技术产品与德国相比没有比较优势,但是与其他国家相比,具有较强的比较优势。印度的高新技术产品在国际市场上比较优势十分弱。中国和墨西哥的高新技术产品具有比较相近的竞争优势。虽然中国高新技术产品与科技发达的德国和日本有一定的差距,但是值得高兴的是从横向来看,德国和日本的竞争优势一直处于微小的波动状态,甚至有降低的趋势。反观中国,高新技术产品的竞争优势一直在不断地上升,从具有较弱的比较优势,上升到具有中等的比较优势,在 2006 年增强到具有较强的比较优势,从图中可以看到 2008 年,我国高新技术产品的竞争优势只是略弱于日本。

表11-2 部分国家向美国出口高新技术产品额及出口产品总额

单位：百万美元

| 年份 | 2000 | 2001 | 2002 | 2003 | 2004 | 2005 | 2006 | 2007 | 2008 |
|---|---|---|---|---|---|---|---|---|---|
| 美国进口高新技术产品总额 | 222,080 | 195,177 | 195,151 | 207,031 | 238,275 | 259,742 | 290,761 | 326,809 | 331,372 |
| 印度 | 146 | 200 | 199 | 253 | 319 | 456 | 693 | 709 | 1,062 |
| 中国 | 12,466 | 13,367 | 20,097 | 29,370 | 45,694 | 59,252 | 72,727 | 88,015 | 91,393 |
| 德国 | 9,119 | 9,537 | 8,089 | 8,010 | 9,580 | 11,034 | 11,428 | 11,861 | 11,628 |
| 日本 | 37,327 | 27,879 | 23,688 | 22,388 | 23,877 | 24,576 | 25,853 | 28,093 | 26,720 |
| 墨西哥 | 14,816 | 16,422 | 16,196 | 17,961 | 22,142 | 23,991 | 30,881 | 38,631 | 40,320 |
| 美国进口产品总额 | 1,258,080 | 1,180,073 | 1,202,284 | 1,305,091 | 1,525,268 | 1,732,320 | 1,918,997 | 2,017,120 | 2,164,834 |
| 印度 | 11,311 | 10,290 | 12,449 | 13,752 | 16,437 | 19,875 | 22,993 | 25,113 | 26,931 |
| 中国 | 107,614 | 109,380 | 133,484 | 163,250 | 210,517 | 259,829 | 305,779 | 340,106 | 356,304 |
| 德国 | 60,161 | 60,490 | 63,880 | 69,613 | 79,110 | 86,934 | 91,215 | 96,631 | 99,758 |
| 日本 | 150,631 | 129,708 | 124,633 | 121,232 | 133,339 | 141,950 | 152,244 | 149,423 | 143,352 |
| 墨西哥 | 137,448 | 132,774 | 136,142 | 139,700 | 157,820 | 172,480 | 200,499 | 212,878 | 218,066 |

数据来源：Science and Engineering Indicators 2010, International Trade Statistics 2009, United Nations Statistics 2009 整理所得

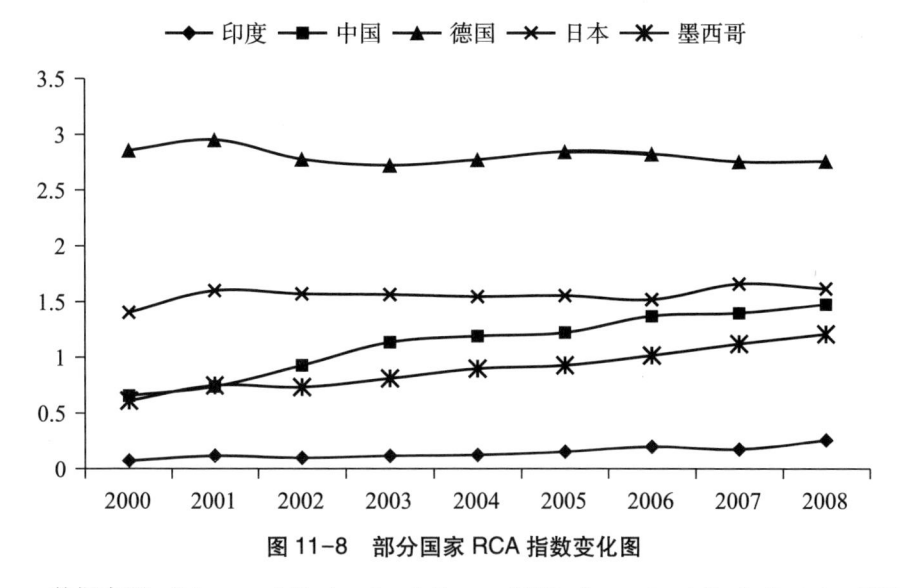

图 11-8 部分国家 RCA 指数变化图

数据来源：Science and Engineering Indicators 2010，International Trade Statistics 2009，United Nations Statistics2009 整理所得

## 11.2.5 产业内贸易指数（ITT 指数）

产业内贸易指一个国家在出口的同时又进口某种同类产品。产业内贸易有水平产业内贸易和垂直产业内贸易之分。水平性产品差异化分工就是从产品附加值和技术水平来看，没有明显的差异，主要是基于产品的品牌、设计、质量、性能、售后服务等方面差异化的分工，这种分工主要发生在发达国家之间。水平产业内贸易主要源于各国消费者需求的多样性和市场的不完全竞争性，如档次和价格相近的不同品牌的汽车之间的进出口贸易。垂直性产品差异化分工是基于产品在附加值和技术水平方面存在明显差异的分工。一般而言，发达国家出口高附加值产品，发展中国家出口低附加值产品。在同一类产品中垂直产业内贸易的产生，既有各国收入水平和消费者需求不同的原因，也有经济全球化加快导致国际分工深化的因素。

当一个产业在两国之间都没有明显比较优势时，即两国间在该产业上的外贸显性比较优势指数 RCA 接近或等于 0，在这种情况下，两国间就进入产业内贸易的分工模式中。ITT 是衡量产业内贸易水平高低的重要指标，即产业内贸易指数[44]，计算公式：

$$ITT = \left[1 - \left|\frac{X_i - M_i}{X_i + M_i}\right|\right] \times 100\% \qquad (11-4)$$

式中 $X_i$ 为出口额，$M_i$ 为进口额。$0 \leq ITT \leq 1$，$ITT$ 越接近 1，表示该类产品产业内贸易度越高。

从总体上看，我国高新技术产品贸易存在典型的产业内贸易现象，从产业内贸易水平的角度衡量出口竞争力是符合我国高新技术产品本身特征的。从表 11-3 可以看出，我国高新技术产品的总体产业内贸易水平比较高，但是各领域高新技术产品的产业内贸易存在很大差距。从 2001—2008 年的数据来看，生命科学技术类产品一直保持较高的产业内贸易水平，2005 年其产业内贸易指数达到 0.99。光电技术和计算机与通信技术也有较高的产业内贸易，其中计算机与通信技术类产品的产业内贸易指数一直是下降的，这和该类产品不断增加的贸易顺差是吻合的。计算机集成制造技术和航空航天技术，产业内贸易比较低，一直是以产业间贸易为主。生物技术类所有年份均在 0.5 以上，属于产业内贸易。材料技术类在 2007 年和 2008 年超过 0.5，其余年份均在 0.5 以下。

表 11-3　2001—2008 年高新技术产品类主要产品 ITT 指数

| 年份 | 2001 | 2002 | 2003 | 2004 | 2005 | 2006 | 2007 | 2008 |
| --- | --- | --- | --- | --- | --- | --- | --- | --- |
| 计算机与通信技术 | 0.79 | 0.68 | 0.61 | 0.54 | 0.51 | 0.48 | 0.44 | 0.41 |
| 生命科学技术 | 0.86 | 0.87 | 0.9 | 0.92 | 0.99 | 0.9 | 0.84 | 0.75 |
| 电子技术 | 0.39 | 0.36 | 0.35 | 0.39 | 0.39 | 0.43 | 0.45 | 0.51 |
| 计算机集成制造技术 | 0.17 | 0.15 | 0.17 | 0.16 | 0.22 | 0.26 | 0.36 | 0.41 |
| 航空航天技术 | 0.21 | 0.23 | 0.24 | 0.27 | 0.28 | 0.32 | 0.33 | 0.39 |
| 光电技术 | 0.95 | 0.98 | 0.9 | 0.92 | 0.65 | 0.74 | 0.93 | 0.64 |
| 生物技术 | 0.57 | 0.87 | 0.71 | 0.66 | 0.69 | 0.75 | 0.87 | 0.9 |
| 材料技术 | 0.35 | 0.27 | 0.29 | 0.45 | 0.47 | 0.48 | 0.59 | 0.77 |

数据来源：中国高新技术产业数据 2009 计算所得

通过上述的指标分析可以得出以下的结论：

（1）世界主要国家高新技术产品的国际市场占有率告诉我们世界高新技

术产品的市场集中度较高，我国高新技术产品国际市场占有率快速增长，现在已经超过美国成为国际市场占有率最高的国家。但是，鉴于国际市场占有率的笼统性，我们应该注意国际市场占有率的提高并不意味着竞争力的提高，有时候可能反映的是产品结构的调整，也有可能是消费结构引起的。

（2）贸易特化指数分析告诉我们，从总体上看我国高新技术产品的出口由不具有竞争优势上升到具有微弱的竞争优势，这就说明我国的高新技术产品具有快速发展的潜力；同时我们也要注意到从分类来看，我国的高新技术产品发展得很不均衡，差距较大。

（3）从显示性比较优势指数可以看出，我国高新技术产品国际竞争力由具有较弱的比较优势上升到具有中等竞争力，在 2006 年增强到具有较强的比较优势，但是与德国、日本等发达国家相比差距明显。

（4）产业内贸易指数分析说明，一方面我国高新技术产品的总体产业内贸易水平比较高，但是各领域高新技术产品的产业内贸易存在很大的差距。这种差距导致了高新技术产品出口结构严重不均衡，严重依赖计算机与通信技术和电子技术类产品；另一方面产业内贸易指数分析还告诉我们我国高新技术产品出口的比较优势主要是偏向劳动密集型产品，高附加值的产品不占主导地位。

（5）随着我国政府对高新技术的重视力度的提高，高新技术产品国际竞争力总体上已经有了很大的提高，但是投资的力度，科研的水平与发达国家相比，差距依然很显著。

## 11.3 高新技术产品国际竞争力影响因素

从上一小节的指数分析可以看出我国高新技术产品国际竞争力虽然有所提升但与其他发达国家相比还是处于竞争力不足的阶段，造成高新技术产品出口竞争力不足的因素有很多，本小节以瑞士国际管理发展研究院 2000 年出版《世界竞争力年鉴》（The World competitiveness Yearbook，简称 WCY）发布的研究报告中选取的竞争力构成要素为参照，主要从国际化、技术创新、政府作用和生产率四个方面定性分析其对高新技术产品国际竞争力的影响。

### 11.3.1 国际化

随着经济一体化进程的不断加深,外商直接投资(FDI)很大程度地影响着我国高新技术产品出口竞争力。理论上,FDI 对提升东道国出口竞争力的直接影响包括四个方面:一是大量利用当地原材料和零部件加工制造产品的外资项目,会明显增加东道国工业品的出口;FDI 的进入可加速东道国某些进口替代产业向出口产业的转换;第三,FDI 提高东道国劳动密集型产品的出口质量,通过加大技术投入可以将当地劳动密集型产品转换为附加值高的技术密集型产品出口;第四,FDI 与当地资本的结合,使东道国相关产业纳入了跨国公司的垂直和水平分工网络,增加了高附加值产品出口的机会,对于东道国优化出口结构、改善国际分工地位意义重大[45]。

表 11-4  2008 年高新技术企业按注册类型分类

| | 企业数（个） | 年末从业人员（万人） | 营业总收入（亿元） | 工业总产值（亿元） | 工业增加值（亿元） | 出口创汇总额（亿美元） |
|---|---|---|---|---|---|---|
| 高新技术产业 | 52632 | 716.5 | 65985.7 | 52684.7 | 12507.0 | 2015.5 |
| 国有企业 | 1361 | 69.4 | 6071.4 | 4923.8 | 1374.2 | 57.1 |
| 三资企业 | 8536 | 234.2 | 26583.6 | 22475.1 | 4736.4 | 1604.1 |

数据来源:中国高新技术产业数据 2009

按企业注册类型分类来看,2008 年我国高新技术产业中三资企业的营业总收入占全部的 40.3%,工业总产值占全部的 40.9%,比国有企业具有领先优势,见表 11-4。外商投资企业一直是我国高新技术产品出口的主力军,并且连年保持高速增长,其出口在我国高新技术产品出口中的份额明显提高,1996 年,外商投资企业高新技术产品出口额占当年高新技术产品出口的 58.6%,2003 年外商投资企业高新技术产品出口额已增加到 942.7 亿美元,占当年高新技术产品出口的 85.5%,对我国高新技术产品出口的直接贡献度为 90.61%,已经成为我国高新技术产业出口的绝对主力。另外,愈是高技术含量、高附加值的产品,外商投资企业的地位越是重要。电子计算机产业和移动通信产业是增长速度和出口增长最快的两类高新技术产业，外商投资企业对生产和出口贡献突出。

## 11.3.2 技术创新

与传统产业比较而言，高新技术产业的高成长、高渗透、高效益、高智力、高竞争、高风险等特征决定了其特有的发展规律：从技术到产品的周期短，产品更新换代速度快；以人才、技术为本，以创新性、独占性取胜等，高新技术产品的技术特征也就是它的优势所在，这种竞争优势就来源于技术创新。技术创新能力已成为推动高新技术产业进步的核心因素。

以专利数为例，专利是衡量自主创新能力的重要标志之一。为了提高我国高新技术产品的国际竞争力就必须拥有自主知识产权的高科技产品。由表11-5 可以看出我国自主创新能力在不断地提高，但是高新技术产业专利数的份额相对较小，这主要是我国高新技术产业中自主开发的技术和产品少，大部分是采用外资企业的或者引进国外先进技术，而且所从事的贸易形式多是来料加工和进料加工贸易。

表 11-5　2002—2007 年高新技术产业专利数

| 年份 | 2007 | 2006 | 2005 | 2004 | 2003 | 2002 |
| --- | --- | --- | --- | --- | --- | --- |
| 专利申请总数 | 351782 | 268002 | 214003 | 190238 | 182226 | 132401 |
| 高新技术产业专利申请数 | 34446 | 24301 | 16823 | 11026 | 8270 | 5590 |
| 比例 | 0.098 | 0.091 | 0.079 | 0.058 | 0.045 | 0.042 |

数据来源：中国高新技术产业数据 2007，国家知识产权局网站整理所得

根据 OECD 界定的范围，只有 R&D 强度明显高于其他产业的产业才是高新技术产业。R&D 强度指标主要指自主研究与开发新产品或新工艺的投入力度，它的产出主要是指新的知识、新的方法以及这些知识与方法导致的创造性的成果，即：R&D 强度＝R&D 经费支出/总产值或销售收入或工业增加值。

表 11-6 2003—2007 年我国高新技术产业 R&D 强度（%）

| 年份 | 2007 | 2006 | 2005 | 2004 | 2003 |
|---|---|---|---|---|---|
| R&D 强度 | 6.0 | 5.7 | 5.6 | 4.6 | 4.4 |

数据来源：中国高新技术产业数据 2008

从表 11-6 得知，我国高新技术产业 R&D 强度不断地提高，说明近年来我国的技术在稳步提升，高新技术产品的国际竞争力也有所提高；但是表 11-7 告诉我们，我国与其他国家的 R&D 强度相比存在着明显的差距，高新技术产品的国际竞争力还不能与技术强国的美国、日本等国家相比。

表 11-7 2006 年部分国家高新技术产业 R&D 强度（%）

| | 中国 | 美国 | 日本 | 德国 | 法国 | 英国 |
|---|---|---|---|---|---|---|
| R&D 强度 | 5.7 | 39.8 | 28.9 | 21.5 | 31.9 | 26.6 |

数据来源：中国高新技术产业数据 2007

### 11.3.3 政府作用

产业的发展离不开政府的支持，政策因素对于国际竞争力的影响是很明显的。对于出口产品，出口国为了提高国际竞争力，使其具有竞争优势，常常会对出口产品实行积极的关税政策，其中最典型的政策就是出口退税和调整汇率的政策。

出口退税是一个国家或地区对已报关离境的出口货物，由税务机关根据本国税法规定，将其在出口前生产和流通各环节已经交纳的国内增值税或消费税等间接税税款，退还给出口企业的一项税收制度。其目的是使出口商品以不含税价格进入国际市场，避免对跨国流动物品重复征税，从而促进该国家和地区的对外出口，增强其对外出口商品的竞争力。从长期来看，出口退税补贴会扭曲商品在国际市场上的价格，甚至会对出口国商品或同类的生产造成损害。我国的出口退税制度开始于 1985 年，1994 年税制改革后，出口退税率大幅提高。出口退税政策的实施对增强我国高新技术产品国际竞争力、促进出口增长起到了重要作用。因为出口退税与产品出口成本之间存在密切关系，出口退税率越高则企业商品出口成本越低，使企业在价格上有更多的选择余地和竞争力,从而具有价格竞争优势。

汇率调整也是国家常用的促进进口的政策,从理论上讲,汇率变动可通过引起国内和国际市场商品相对价格的变化来影响进出口和贸易收支[47]。一国为了增加出口和提高商品的国际竞争力,往往采取货币贬值的措施。本币的名义汇率贬值可降低本国产品相对价格,提高外国产品的相对价格,即出口商品的价格竞争力增强。本国货币贬值则在国内价格不变的情况下提高产品的国际竞争力。

### 11.3.4 生产率

生产率作为经济学和管理学中的一个基本概念,具有几种不同的表达方式如劳动生产率、全要素生产率。在 IMD 的竞争力指标体系中,生产率以综合生产率(每个就业者人均 GDP)和劳动生产率(每个雇员每小时的 GDP)来衡量。本书在研究时采用 IMD 竞争力指标体系中所指的生产率作为影响因素。生产率对于出口竞争力的影响是长期性的。首先,综合生产率的提高是指每个就业者人均产出的增长,这其中当然也包含了出口部门的增长,对于出口产业而言生产率决定了作为供给方面的能力。其次,对于具体的行业来说,生产率的提高既有可能使产品因成本降低也有可能因技术含量的增加而更具有竞争力。再者,生产率与出口之间还存在着正向相关相互促进的作用。

## 11.4 本章小结

本章首先研究了我国高新技术产品进出口的现状,高新技术产品进出口额不断增长;虽然增速放缓,但贸易顺差依然逐年增大。第二节运用国际市场占率、贸易特化指数、显示性比较优势指数、产业内贸易指数分别评价了我国高新技术产品国际竞争力的水平,发现虽然我国高新技术产品国际竞争力有明显的提高,但是与发达国家相比还是有一定的差距。第三节从国际化、技术创新、政府作用和生产率四个方面分析,得出外商直接投资能够促进出口,增强竞争优势;技术创新对于提高竞争力有显著的促进作用;政府支持生产率与高新技术产品国际竞争力有正相关关系。

# 第12章 高新技术产品国际竞争力影响因素测算

## 12.1 结构方程相关概念界定

结构方程模型（structural equation modeling，SEM），是一种通用的、重要的线性统计建模技术。SEM 包括：回归分析、因子分析（验证性因子分析、探索性因子分析）、$t$ 检验、方差分析、比较各组因子均值等方法。可以说，结构方程模型是计量经济学、计量社会学与计量心理学等领域的统计分析方法的综合。

### 12.1.1 SEM 术语介绍

表 12-1　SEM 术语

| 术语名称 | 术语界定 | 表示符号 |
| --- | --- | --- |
| 潜在变量<br>latent variables | 又称无法观察的变量、建构变量。它是构念因素，是不可直接测量或无法直接观察得到的，只能以间接的方式推论出来，通常称为构念、层面或因素，分为外生潜变量和内生潜变量 | 用○或者⬭表示 |
| 显性变量<br>manifest variables | 又称为观察变量、指标变量或可测变量。研究者可以直接观察或直接测量获得，获得的数据可以转化为量化数据 | 用□或者▭表示 |

续表

| 术语名称 | 术语界定 | 表示符号 |
|---|---|---|
| 误差变异项<br>error term | 是内因潜在变量无法被模型中外因潜在变量解释的变异量，即结构方程模型中的随机变异部分 | 常用 ⓔ 表示 |

### 12.1.2　SEM 建模过程

SEM 模型的分析程序不同的学者有不同的观点，Bollen 与 Long 从验证性因素分析的观点提出有五个程序：模型的确认→模型辨识→参数估计→检验适配度→模型的再确认。Diamantopoulos 与 Siguaw 认为 SEM 模型的分析程序有 8 个步骤。综合一些学者的看法，一个完整的结构方程模型的分析流程图如下：

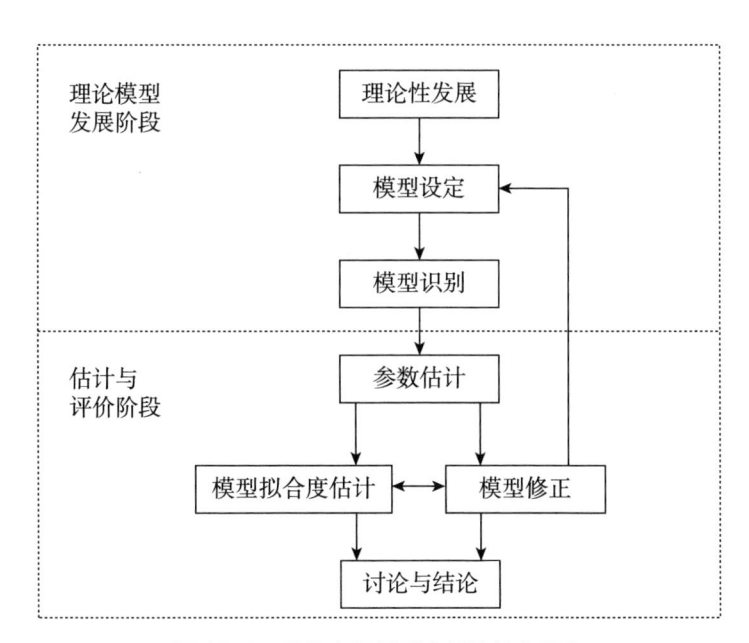

图 12-1　结构方程模型分析的基本程序

### 12.1.3　结构方程模型

结构方程模型包括测量模型与结构模型，测量模型由潜变量与观察变量组成，是一组观察变量的线性函数；结构模型是潜在变量间因果关系模型的说明。

#### 12.1.3.1 测量模型

$$y = \Lambda_y \eta + \varepsilon$$
$$x = \Lambda_x \xi + \delta$$

$x$ ——是由外生（exgenous）指标组成的向量；

$y$ ——是由内生（endogenous）指标组成的向量；

$\eta$ ——内生潜变量组成的向量；

$\xi$ ——外生潜变量组成的向量；

$\Lambda_x$ ——外生指标与外生潜变量之间的关系，是外生指标在外生潜变量上的因子负荷矩阵；

$\Lambda_y$ ——内生指标与内生潜变量之间的关系，是内生指标在内生潜变量上的因子负荷矩阵；

$\delta$ ——外生指标 $x$ 的误差项；

$\varepsilon$ ——内生指标 $y$ 的误差项；

测量方程描述潜变量 $\eta$，$\xi$ 与观测变量 $x$，$y$ 之间的关系。

#### 12.1.3.2 结构模型

$$\eta = B\eta + \Gamma\xi + \zeta$$

$\eta$ ——内生潜变量组成的向量；

$\xi$ ——外生潜变量组成的向量；

$B$ ——内生潜变量之间的关系系数；

$\Gamma$ ——外生潜变量对内生潜变量的影响系数；

$\zeta$ ——结构方程的残差项，反映了在方程中未能被解释的部分；

结构方程描述潜变量之间的关系。

## 12.2 基于结构方程的高新技术产品国际竞争力的影响因素测算模型

### 12.2.1 变量选取

上一章的第三节从国际化、技术创新、政府作用和生产率四个方面定性的分析了其对高新技术产品国际竞争力的影响。本节在借鉴 IMD 竞争力指标体系的基础上，结合我国高新技术产业的实际情况，选取如下变量：

#### 12.2.1.1 高新技术产品国际竞争力

（1）TSC 指数（$a_1$）

TSC 指数反映相对于世界市场上由其他国家所供应的一种产品而言，本国生产的同种产品是处于效率的竞争优势还是劣势以及优劣的程度，是分析行业结构国际竞争力的有力指标。

（2）IMS 指数（$a_2$）

IMS 指数是评价一国某类产品国际竞争力大小的最简单、也是比较重要的指标。

（3）ITT 指数（$a_3$）

ITT 指数是衡量产业内贸易水平高低的重要指标，产业内贸易指一个国家在出口的同时又进口某种同类产品。

#### 12.2.1.2 国际化

（1）FDI（$a_4$）

随着贸易国际化，国际投资也发生了翻天覆地的变化。资本的流动成为国际化的重要表现。FDI 从总体上反映了一个国家在国际投资方面的开放程度。

（2）外贸依存度（$a_5$）

外贸依存度＝对外贸易进出口总额/GDP；这一指标可以从两个分指标对

一国的贸易全球化进行表征：①出口依存度，即一个国家的出口总额对GDP的比率，这一比率反映了一国经济对世界市场的依赖程度。②进口依存度，即一个国家的进口总额与GDP的比率，这个比率反映了一国利用全球资源和市场的程度。

### 12.2.1.3 技术创新

(1) R&D强度（$a_6$）

研发强度是指企业自主研究与开发新产品或者新工艺的投入力度，研发强度=研发经费支出/总产值或总销售收入或工业增加值。研发投入是促进技术进步最直接的因素；研发强度是衡量研发投入相对规模的一个重要指标。

(2) 专利申请数（$a_7$）

专利申请数直接说明了技术创新所取得的成果。

(3) R&D人员比重（$a_8$）

该指数从人力资本的角度来刻画技术创新，人力资本以劳动者为载体，体现了劳动者的素质与技能，构成了技术创新的软技术部分。

### 12.2.1.4 政府作用

(1) 实际有效汇率（$a_9$）

调整人民币汇率是政府参与经济调控的重要手段，政府通过调整汇率的变动影响贸易的变化。

(2) 出口退税（$a_{10}$）

政府调整退税率，控制出口产品的成本，影响其国际竞争力。

(3) 财政科技拨款比（$a_{11}$）

财政科技拨款比直接反映了政府对高新技术产业的支持力度。

### 12.2.1.5 生产率

(1) 综合生产率（$a_{12}$）

综合生产率=GDP/就业总人数，是长期影响国际竞争力的要素。

(2) 劳动生产率（$a_{13}$）

劳动生产率指劳动者在单位时间内生产合格产品（或价值）的数量，这里是每个雇员每小时的 GDP，是综合性的经济指标。

表 12-2 模型变量对应表

| 潜变量 | 显变量 |
|---|---|
| 高新技术产品国际竞争力 | TSC 指数（$a_1$）<br>IMS 指数（$a_2$）<br>ITT 指数（$a_3$） |
| 国际化 | FDI（$a_4$）<br>外贸依存度（$a_5$） |
| 技术创新 | R&D 强度（$a_6$）<br>专利申请数（$a_7$）<br>科技人员比重（$a_8$） |
| 政府作用 | 实际有效汇率（$a_9$）<br>出口退税（$a_{10}$）<br>财政科技拨款比（$a_{11}$） |
| 生产率 | 综合生产率（$a_{12}$）<br>劳动生产率（$a_{13}$） |

## 12.2.2 模型构建

构建初始模型，设计的结构路径图和基本路径假设如表 12-3 所示：

表 12-3 设计的结构路径图和基本路径假设

| 设计的结构路径图 | 基本路径假设 |
|---|---|
| （国际化、技术创新、政府作用、生产率→高新技术产品国际竞争力） | ※国际化对高新技术产品国际竞争力有路径影响<br>※技术创新对高新技术产品国际竞争力有路径影响<br>※政府作用对高新技术产品国际竞争力有路径影响<br>※生产率对高新技术产品国际竞争力有路径影响 |

初始模型如图 12-2 所示：

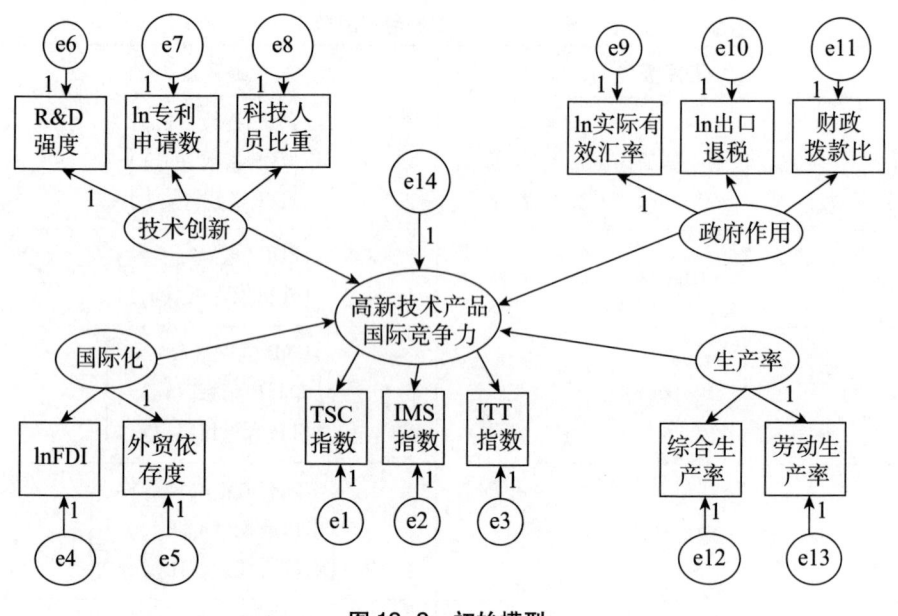

图 12-2　初始模型

## 12.3　实力测算

### 12.3.1　模型测算

#### 12.3.1.1　数据处理

Amos 是以极大似然法（Maximum Likelihood Method）、最小平均法（Least-Squares Method）来进行假设检验、区间推定等。为了对标准误差（standard error）做有效的计算，Amos 会做如下的假设：①线性关系（linearity of relationships）；②观察值独立，即甲样本的选取独立于乙样本的选取，换句话说就是，样本的选择随机的；③观察值必须满足正态分布的要求。如果能满足上述的两个前提假设，Amos 就会产生"渐进结论"（asymptotic conclusions），即获得的结论是"几乎正确的"（approximately true）。

因此在进行计算之前首先进行观察变量，在 spss16.0 中计算样本的信度得到：

表 12-4　Reliability Statistics

| Cronbach's Alpha | N of Items |
|---|---|
| 0.770 | 121 |

Cronbach α 值≥0.70 时，属于高信度；0.35≤Cronbach α 值<0.7 时，属于尚可；Cronbach α 值<0.35 时，为低信度。本书样本的 Cronbach α = 0.77>0.7 时，所以样本的信度是属于高信度。样本可以带入 Amos 模型运算。

### 12.3.1.2　初始模型计算与改进

运行 Amos 软件得到以下结果：

表 12-5　初始模型 CMIN

| Model | NPAR | CMIN | DF | P | CMIN/DF |
|---|---|---|---|---|---|
| Default model | 43 | 3995.873 | 61 | 0.032 | 65.506 |

表 12-6　初始模型 Regression Weights

| | | | Estimate | S.E. | C.R. | P | Label |
|---|---|---|---|---|---|---|---|
| 高新技术产品国际竞争力 | ← | 国际化 | 0.016 | 0.001 | 14.471 | *** | W9 |
| 高新技术产品国际竞争力 | ← | 技术创新 | -0.001 | 0.001 | -1.304 | 0.192 | W10 |
| 高新技术产品国际竞争力 | ← | 政府作用 | 1.546 | 0.536 | 2.885 | 0.004 | W11 |
| 高新技术产品国际竞争力 | ← | 生产率 | 0.000 | 0.000 | -1.274 | 0.203 | W12 |
| IMS 指数 | ← | 高新技术产品国际竞争力 | 58.147 | 3.628 | 16.025 | *** | W1 |
| TSC 指数 | ← | 高新技术产品国际竞争力 | 1.613 | 0.107 | 15.090 | *** | W2 |
| ln 专利申请数 | ← | 技术创新 | 1.458 | 0.129 | 11.286 | *** | W3 |
| 科技人员比重 | ← | 技术创新 | 0.356 | 0.038 | 9.433 | *** | W4 |

续表

|  |  |  | Estimate | S.E. | C.R. | P | Label |
|---|---|---|---|---|---|---|---|
| ln 出口退税 | ← | 政府作用 | −25.938 | 5.614 | −4.620 | *** | W5 |
| 财政科技拨款比 | ← | 政府作用 | 4.151 | 0.862 | 4.816 | *** | W6 |
| lnFDI | ← | 国际化 | 0.083 | 0.003 | 28.374 | *** | W7 |
| 综合生产率 | ← | 生产率 | 21.188 | 7.395 | 2.865 | 0.004 | W8 |

表 12-5 中 P 值等于 0.032<0.05 说明数据与模型不匹配；数据匹配良好的模型运算出 Chi-square 的值是越小越好，但是初始模型的 Chi-square 值为 3995.873，卡方自由度比值等于 65.506 远远大于 2，因此假设模型不能被接受。另外表 12-6 中估算出的未标准化回归系数（Estimate）非常不合理，高新技术产品国际竞争力对 IMS 指数的路径系数、政府作用对出口退税对数值的路径系数以及生产率对综合生产率的路径系数与其他的路径系数相比都出现了较大的偏差；此外以技术创新与高新技术产品国际竞争力之间的关系为例，一国的高新技术产品竞争力与技术创新应该是正相关的关系，可是模型计算出的结果却是负相关的，而且影响的力度仅有 0.001，出现了模型违反估计的现象。考虑到高新技术产品竞争力与技术创新之间的相关关系，修改模型并计算图 12-3、图 12-4：

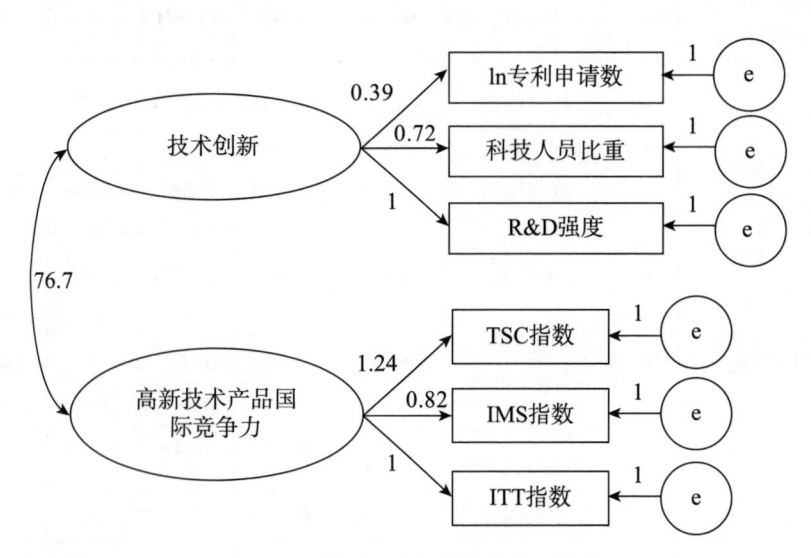

图 12-3 模型 1 非标准化回归系数图

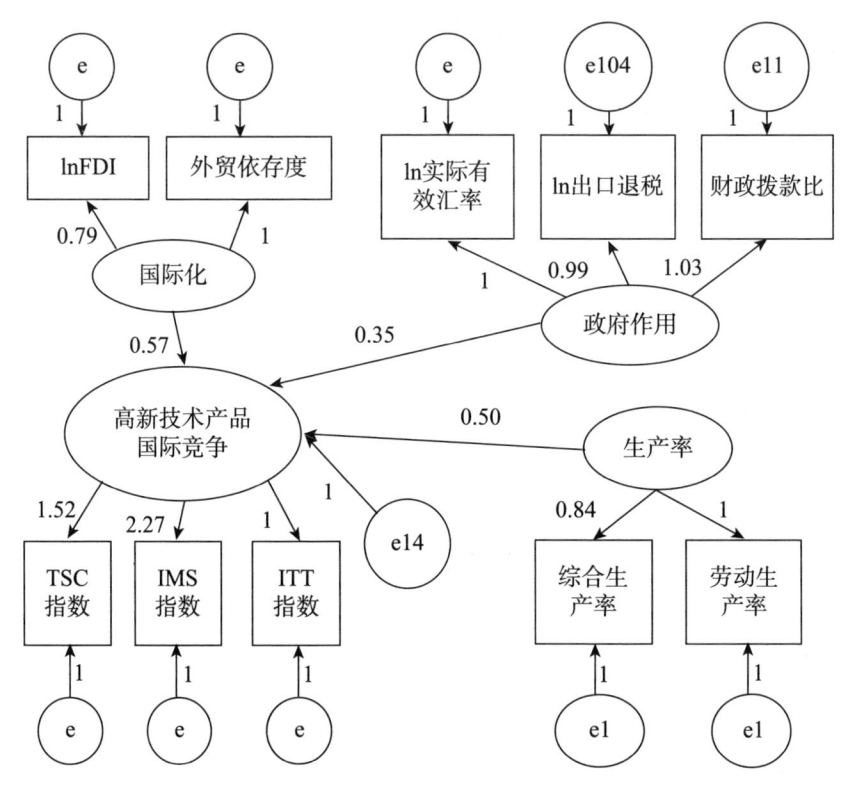

图 12-4 模型 2 非标准化回归系数图

## 12.3.2 拟合度分析及模型修正

#### 12.3.2.1 模型一

根据模型的估计结果,"高新技术产品国际竞争力与技术创新"模型的各项适配度统计量整理如下:

表 12-7 模型一 CMIN

| Model | NPAR | CMIN | DF | P | CMIN/DF |
|---|---|---|---|---|---|
| Default model | 19 | 14.064 | 8 | 0.473 | 1.758 |

从表中得出模型中待估计的自由参数为 19 个,自由度等于 8,适配度卡方值(Chi-square)是 14.064(越小越好),显著性概率 $P=0.473>0.05$,接受虚无假设,表示假设模型与样本数据可以适配。此外卡方自由度比值 =

1.758<2.000,说明模型可以被接受。

表 12-8 "高新技术产品国际竞争力与技术创新"模型适配度检验摘要表

| 统计检验量 | 适配的标准或临界值 | 检验结果数据 | 模型适配判断 |
|---|---|---|---|
| 绝对适配度指数 | | | |
| RMR | <0.05 | 0.023 | 是 |
| RMSEA | <0.05 优良，<0.08 良好 | 0.001 | 是 |
| GFI | >0.90 以上 | 0.958 | 是 |
| AGFI | >0.90 以上 | 0.935 | 是 |
| 增值适配度指数 | | | |
| NFI | >0.90 以上 | 0.964 | 是 |
| RFI | >0.90 以上 | 0.953 | 是 |
| IFI | >0.90 以上 | 1.000 | 是 |
| TLI（NNFI） | >0.90 以上 | 1.000 | 是 |
| CFI | >0.90 以上 | 1.000 | 是 |
| 简约适配度指数 | | | |
| PGFI | >0.50 以上 | 0.626 | 是 |
| PNFI | >0.50 以上 | 0.745 | 是 |
| PCFI | >0.50 以上 | 0.773 | 是 |
| CN | >200 | 268 | 是 |
| ACI | 理论模型值小于独立模型值，且同时小于饱和模型值 | 105.020<156.000 105.020<1441.461 | 是 |
| CAIC | 理论模型值小于独立模型值，且同时小于饱和模型值 | 221.074<491.269 221.074<1493.040 | 是 |

表 12-8 的模型适配判断结果显示，"高新技术产品国际竞争力与技术创新"模型拟合很好，可以被接受。

表 12-9 为非标准化的回归系数及显著性检验摘要表，Estimate 估计值是非标准化的回归系数（即图 12-3-1 中的路径系数）；CR 为检验统计量，临界比值为 $t$ 检验的 $t$ 值，此值大于 1.96 表示达到 0.05 显著水平；P 值为显著性，表中 CR 值均大于 1.96；"＊＊＊"表示 P<0.001<0.05，表中显示四条

直接效果的回归系数均达到显著水平。

表 12-9 模型一 Regression Weights

| | | | Estimate | S.E. | C.R. | P | Label |
|---|---|---|---|---|---|---|---|
| IMS 指数 | ← | 高新技术产品国际竞争力 | 0.823 | 0.221 | 5.845 | *** | par_1 |
| TSC 指数 | ← | 高新技术产品国际竞争力 | 1.241 | 0.195 | 8.072 | *** | par_2 |
| ln 专利申请数 | ← | 技术创新 | 0.387 | 0.277 | 6.424 | *** | par_3 |
| 科技人员比重 | ← | 技术创新 | 0.722 | 0.130 | 3.427 | *** | par_4 |

表 12-10-1 模型一 Covariances

| | | | Estimate | S.E. | C.R. | P | Label |
|---|---|---|---|---|---|---|---|
| 技术创新 | ↔ | 高新技术产品国际竞争力 | 76.668 | 3.029 | 12.168 | 0.030 | par_5 |

表 12-10-2 模型一 Correlations

| | | | Estimate |
|---|---|---|---|
| 技术创新 | ↔ | 高新技术产品国际竞争力 | 0.742 |

表 12-10 告诉我们，高新技术产品国际竞争力与技术创新两个外因变量间的协方差为 76.668，临界比值为 12.168，达到 0.05 显著水平，两个外因变量间呈显著的正相关，积差相关系数等于 0.742。

#### 12.3.2.2 模型二

模型二的主要适配度统计量如下：

表 12-11 模型二 CMIN

| Model | NPAR | CMIN | DF | P | CMIN/DF |
|---|---|---|---|---|---|
| Default model | 33 | 216.586 | 32 | 0.000 | 6.768 |

从表 12-11 可以看出，模型二的两个主要绝对适配度指数——适配度卡方值（Chi-square）216.586 很大，P 值 0.000<0.05，达到显著水平，拒绝虚

无假设，说明假设模型与观察数据无法适配，模型有待进一步修正。修正模型要参考输出报表中的修正指标（Modification Indices），从模型输出结果的修正指标中我们可以发现：

表 12-12-1　模型二 Modification Indices（Group number 1 – Default model）

Covariances

|  |  |  | M. I. | Par Change |
|---|---|---|---|---|
| e10 | ↔ | 国际化 | 19.311 | 0.987 |
| e2 | ↔ | e3 | 69.968 | 1.323 |
| e9 | ↔ | e11 | 4.451 | 0.421 |

表 12-12-2　Regression Weights

|  |  |  | M. I. | Par Change |
|---|---|---|---|---|
| ln 出口退税 | ← | 国际化 | 9.311 | 0.196 |
| ln 出口退税 | ← | 高新技术产品国际竞争力 | 19.623 | 1.323 |
| ln 出口退税 | ← | TSC 指数 | 6.277 | 5.447 |

表 12-12-1 的 M. I. 值是协方差修正指标、Par Change 是估计协方差参数改变，将误差项 e2、e3 有固定参数改为自由参数，则至少可以降低卡方值 69.968，相较原先界定的模型参数该变量会增大 1.323。适配度好的模型的卡方值越小越好，因此将可以减少卡方值最大的误差项 e2、e3 之间增列有共变关系。同时表 12-12-2 告诉我们新增如表所示的路径可以改善模型的卡方值大小，考虑到路径的解释意义，删除指标出口退税对数值，得到以下结果：

表 12-13　修改后模型二 CMIN

| Model | NPAR | CMIN | DF | P | CMIN/DF |
|---|---|---|---|---|---|
| Default model | 31 | 42.849 | 23 | 0.291 | 1.863 |

根据表 12-13，修改后的模型二的适配度卡方值为 42.849，降低了 173.737；P 值增大到 0.291>0.05，接受虚无假设，说明假设模型与观察数据适配；卡方自由度比值 1.863 小于 2，表明模型可以被接受。同时表 12-13 的表中无可参考的修正指标值，说明模型无需进一步的修正，接着看表 12-14

模型适配度检验摘要表，由模型适配判断可以得出修改后的模型二是可以被接受的。

表 12-14 修改后模型二模型适配度检验摘要表

| 统计检验量 | 适配的标准或临界值 | 检验结果数据 | 模型适配判断 |
| --- | --- | --- | --- |
| 绝对适配度指数 | | | |
| RMR | <0.05 | 0.020 | 是 |
| RMSEA | <0.05 优良，<0.08 良好 | 0.063 | 是 |
| GFI | >0.90 以上 | 0.965 | 是 |
| AGFI | >0.90 以上 | 0.945 | 是 |
| 增值适配度指数 | | | |
| NFI | >0.90 以上 | 0.977 | 是 |
| RFI | >0.90 以上 | 0.950 | 是 |
| IFI | >0.90 以上 | 0.992 | 是 |
| TLI（NNFI） | >0.90 以上 | 0.980 | 是 |
| CFI | >0.90 以上 | 0.991 | 是 |
| 简约适配度指数 | | | |
| PGFI | >0.50 以上 | 0.618 | 是 |
| PNFI | >0.50 以上 | 0.734 | 是 |
| PCFI | >0.50 以上 | 0.758 | 是 |
| CN | >200 | 310 | 是 |
| ACI | 理论模型值小于独立模型值，且同时小于饱和模型值 | 99.414<102.000<br>99.414<933.931 | 是 |
| CAIC | 理论模型值小于独立模型值，且同时小于饱和模型值 | 189.899<234.773<br>189.899<970.103 | 是 |

表 12-15 修改后模型二 Modification Indices（Group number 1 – Default model）

| Covariances | | Regression Weights | |
| --- | --- | --- | --- |
| M.I. | Par Change | M.I | Par Change |

表 12-16　修改后模型二 Regression Weights

| | | | Estimate | S. E. | C. R. | P | Label |
|---|---|---|---|---|---|---|---|
| 高新技术产品国际竞争力 | ← | 国际化 | .614 | .003 | 5.251 | *** | W9 |
| 高新技术产品国际竞争力 | ← | 政府作用 | .409 | .077 | 2.118 | .027 | W11 |
| 高新技术产品国际竞争力 | ← | 生产率 | .520 | .000 | 1.979 | .041 | W12 |
| IMS 指数 | ← | 高新技术产品国际竞争力 | 1.817 | 2.135 | 4.600 | *** | W1 |
| TSC 指数 | ← | 高新技术产品国际竞争力 | 1.621 | .327 | 4.953 | *** | W2 |
| 财政科技拨款比 | ← | 政府作用 | 1.177 | 1.552 | 3.114 | .017 | W6 |
| lnFDI | ← | 国际化 | .882 | .010 | 8.127 | *** | W7 |
| 综合生产率 | ← | 生产率 | .749 | 2.616 | 2.121 | .034 | W8 |

表 12-16 为非标准化的回归系数及显著性检验摘要表，Estimate 估计值是非标准化的回归系数（图 12-4 修改后模型二）；CR 为检验统计量，临界比值为 t 检验的 t 值，此值大于 1.96 表示达到 0.05 显著水平；P 值为显著性，表中 CR 值均大于 1.96；"***"表示 P<0.001<0.05，表中显示了 W9、W1、W2 和 W7 四条直接效果的回归系数均达到显著水平，$P_{w11}$ = 0.027、$P_{w12}$ = 0.041、$P_{w6}$ = 0.017、$P_{w8}$ = 0.034 均小于 0.05，说明 W11、W12、W6 和 W8 四条直接效果的回归系数均达到显著水平。由此得出，修改后的模型二适配度很好，可以被接受。

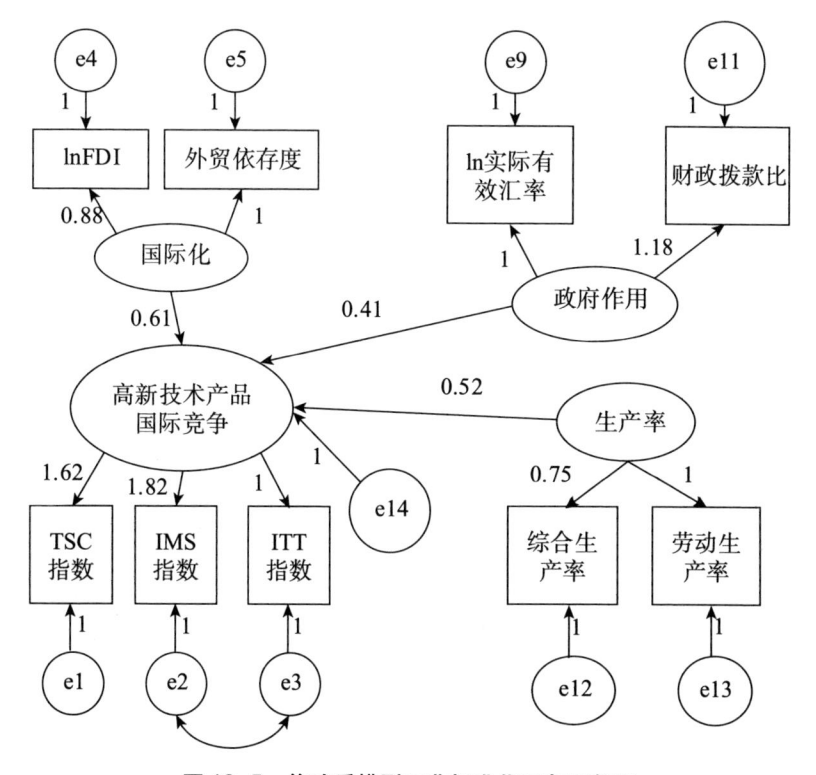

图 12-5 修改后模型二非标准化回归系数图

## 12.3.3 模型结果

通过 AMOS17.0 的结构方程分析，来判别高新技术产品国际竞争力影响因素的影响力度。模型一是高新技术产品国际竞争力与技术创新的共生模型，说明高新技术产品国际竞争力与技术创新之间相互作用；修改后模型二的外源潜在变量为高新技术产品国际竞争力，包括国际化、生产率、政府作用三个内源潜在变量。通过对这三个内源潜在变量的多个观测变量的分析，说明国际化、生产率、政府作用对高新技术产品国际竞争力的作用。

由图 12-5 模型以标准化回归系数图的结果分析可以得到高新技术产品国际竞争力与技术创新的协方差为 76.668；指标 ln 专利申请数、科技人员比重、R&D 强度在潜变量"技术创新"的因素负荷量分别为 0.523、0.741、0.939；指标 TSC 指数、IMS 指数、ITT 指数在潜变量"高新技术产品国际竞争力"的因素负荷量分别是 0.886、0.769、0.834；除了指标 ln 专利申请数的因素负荷量较小之外，其他五个指标的因素负荷量都大于 0.74。

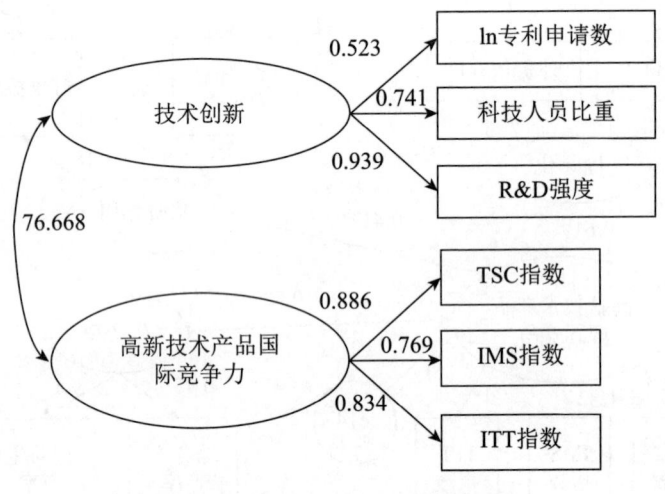

图 12-6　模型一标准化回归系数图

图 12-7 揭示了高新技术产品国际竞争力、国际化、生产率、政府作用这四个潜在变量之间的直接效果（路径系数）和潜在变量对指标变量的标准化回归系数即因素负荷量。国际化对高新技术产品国际竞争力的直接效果为 0.647、政府作用对高新技术产品国际竞争力的直接效果为 0.462、生产率对高新技术产品国际竞争力的直接效果为 0.583；指标 lnFDI，外贸依存度在潜在变量"国际化"的因素负荷量分别是 0.823、0.784；指标 ln 实际有效汇率、财政拨款比在潜在变量"政府作用"的因素负荷量分别是 0.769、0.737；指标综合生产率、劳动生产率在潜在变量"生产率"的因素负荷量分别是 0.773、0.804；指标 TSC 指数、IMS 指数、ITT 指数在潜变量"高新技术产品国际竞争力"的因素负荷量分别是 0.875、0.759、0.831；九个测量指标的因素负荷值均大于 0.73。

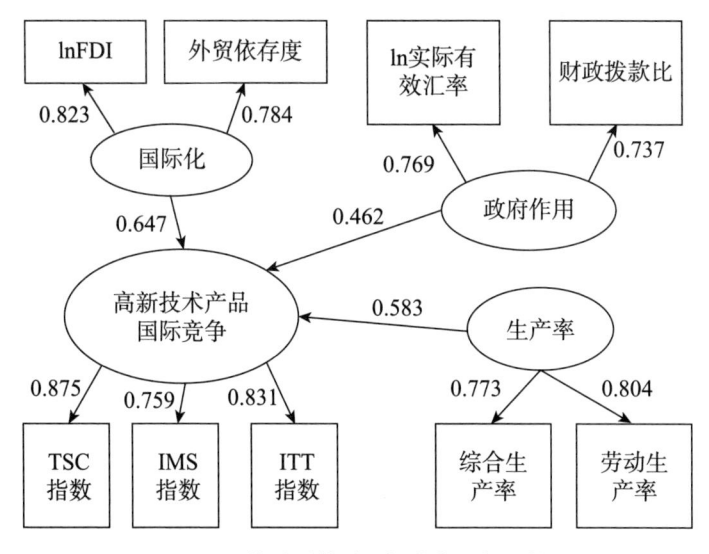

图 12-7　修改后模型二标准化回归系数图

## 12.4　本章小结

本章首先介绍了结构方程的相关理论，接着在借鉴其他指标体系的基础上选定了模型所用的指标变量和潜在变量，利用 AMOS17.0 分别建立了高新技术产品国际竞争力与技术创新的共生模型以及国际化、政府作用、生产率对高新技术产品国际竞争力影响分析模型，得出高新技术产品国际竞争力与技术创新的相互作用明显，且显现出明显的正相关关系；国际化、生产率、政府作用对高新技术产品国际竞争力都有重要的影响，其影响力度依次减弱。

# 第13章 提高我国高新技术产品国际竞争力的对策建议

## 13.1 高新技术产品国际竞争力影响因素实证结果分析

### 13.1.1 指标变量实证结果分析

在图 12-6 和图 12-7 的基础上，可以将指标变量（测量指标）与潜在变量之间的关系总结如下：

技术创新的指标变量有三个，分别是 ln 专利申请数、科技人员比重和 R&D 强度。如果 ln 专利申请数增加 1 个单位，技术创新增加 0.523 个单位；科技人员比重改变 1 个单位，技术创新相应改变 0.741 个单位。R&D 强度增加 1 个单位，技术创新增加 0.939 个单位。R&D 强度越强，科技人员比重越大，专利申请数越多则技术创新就会越多。

对于高新技术产品国际竞争力而言，TSC 指数增加 1 个单位，竞争力增加 0.886 个单位；IMS 指数增加 1 个单位，竞争力增加 0.769 个单位；ITT 指数改变 1 个单位，竞争力同向改变 0.834 个单位。一个国家高新技术产品的 TSC 指数、IMS 指数、ITT 指数越大就说明这个国家越具有竞争优势。

衡量一个国家国际化程度高低，这里用 lnFDI 和外贸依存度两个指标，外贸依存度提高 1 个单位，国际化的程度就加深 0.784 个单位；lnFDI 提高 1 个单位，国际化的程度也加深 0.823 个单位。外贸依存度越大，就说明一个国家参加国际化的程度越高；接受 FDI 的值越大，就说明经济越开放，国际化程度就更高。

财政拨款的多少直接反映了政府对于高新技术产业的重视程度，由分析可以看出，财政拨款比增加 1 个单位，就体现了政府重视了 0.737 个单位；汇率的波动情况体现的是政府干预对外经济的情况，ln 实际有效汇率变动 1 个单位，政府干预程度变动 0.769 个单位。

综合生产率和劳动生产率是衡量一个国家生产效率大小的重要而且常用的指标，劳动生产率增加 1 个单位，生产率就会增加 0.804 个单位；综合生产率增加 1 个单位，生产率增加 0.773 个单位。生产率越高，一国的竞争就越具有优势。

### 13.1.2　潜在变量（影响因素）实证结果分析

四个内源潜在变量分别是国际化、政府作用、生产率和技术创新，国际化对高新技术产品国际竞争力的直接效果为 0.647、政府作用对高新技术产品国际竞争力的直接效果为 0.462、生产率对高新技术产品国际竞争力的直接效果为 0.583，即国际化的程度加深 1 个单位（如 FDI 值越大），高新技术产品国际竞争力增加 0.647 个单位；政府干预愈强，高新技术产品就愈具有竞争优势，政府干预增加 1 个单位，高新技术产品竞争力增加 0.462 个单位；生产效率增加 1 个单位，高新技术产品的竞争优势就提高 0.583 个单位。科技创新与高新技术产品国际竞争力是高度的正相关关系，技术水平越高，产品就越有科技含量，更具有竞争优势；产品竞争力越强，就越有实力和资本进行产品的技术创新。

## 13.2　提高我国高新技术产品国际竞争力的对策建议

从图 12-6 和图 12-7 模型的结果可以得出：

图 13-1　影响因素对高新技术产品国际竞争力的影响效果

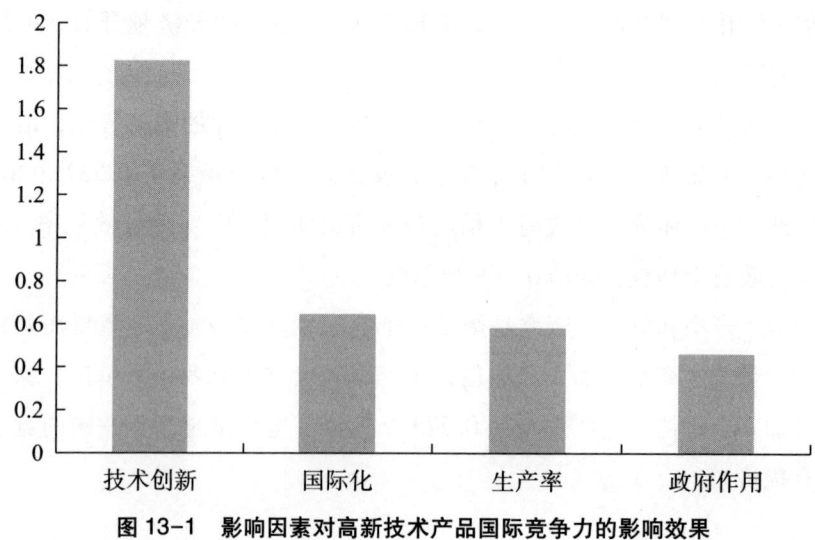

## 13.2.1　综合运用政府政策

从图 12-6 可以看到政府作用对高新技术产业有较强的影响效果，因此为缩短高新技术产业和产品出口与发达国家之间的差距，提高我国高新技术产品的国际竞争力，政府需要综合运用财税、政府采购、金融等政策，突出适用范围，明确政策重点，增强引导性，推动高新技术产业发展。

在符合 WTO 规定的前提下，政府应该结合经济全球化产业结构调整和转移的特点研究和制定出财税政策、投资政策、科技政策、贸易政策、协调产业政策等推动高新技术产业发展和提高产品竞争力的政策，如作为财政激励机制的出口退税制度，接受出口退税的出口企业的产品在国际市场上易于在价格竞争中获得优势。政府要积极地开拓海外市场基金，支持高新技术企业开拓国际市场，及时向高新技术出口产品提供出口信贷和信用保险服务，如中国进出口银行对《中国高新技术产品出口目录》中的产品提供优惠利率的出口信贷[51]。此外，要给予高新技术产品出口金融方面的支持，完善资本市场，优先安排高新技术产品出口企业在国内外股票上市等。

鼓励企业自主创新政策，促进自主知识产权高新技术产品的出口。这些政策有税收优惠、政府援助、创业投资、政府采购等。政府还可以批准设立高新技术产品出口的买方信贷和卖方信贷。由银行实行优先贷款原则，简化信贷手续，降低贷款利率，对从事高新技术产品出口的企业给予优先贷款支持。以税收政策为例，"技术准备金"制度、鼓励加速折旧等都有助于企业增加技术创新投入[52]。

加大对知识产权的保护力度。我国高新技术企业对自己研发出来的高新科技成果没有保护意识，导致很多国内研究出来的先进技术被国外抢先申请专利或商标，而我国产品出口到国外还要受到国外知识产权的制约，向外国支付专利费，这对竞争力本来就不强的我国高新技术企业来说更是雪上加霜。所以，我国高新技术企业应该增强保护知识产权的意识。另一方面，国家立法部门应该制定有广泛约束力的法律法规。该法规既要体现政府加强管理的目的，又要体现政府大力促进高新技术产品出口发展；既要为高新技术产业的经营者营造一个宽松和公平的外部环境，又要提供有力的从事高技术产品出口的法律保障和明确目标，从而促进高新技术产业的发展及高新技术产品出口的顺利进行。

## 13.2.2 增强高新技术产业生产率竞争力

生产率对于产品竞争力的影响是不可忽视的。综合生产率决定了出口产业供给方面的能力。生产率的提高既有可能使产品因成本的降低也有可能因技术含量的增加而更具有竞争力。生产率与出口之间还存在着正向相关相互促进的作用[53]。

结合生产率的影响因素，提高高新技术产业生产率除了合理运用政府出台的相关政策之外，作为高新技术产品出口企业首先要发展人力资本，加大人力资本投入，建立人力资本吸聚机制。人力资本是所有产业发展的基础，研究表明劳动力素质对生产率的作用十分明显，特别是高新技术行业生产技术的充分利用，在很大程度上依赖于是否拥有充足的高技术、管理人才[54]。因此发展我国自己的高新技术企业，提高产品国际竞争力，建立起一支高科技人才队伍是十分重要的。近年来由于各种各样的原因，我国人才队伍流失现象严重，直接影响了我国高新技术产业的发展，今后我们必须重视人才队伍的培养和建设，在高科技人才的培养、引进、使用上进一步加大力度，使我国的高科技产业发展不仅成为国内人才，而且成为国外人才发挥才能的舞台。

优化企业规模。高新技术产业的规模经济作用十分显著。经济学中规模效应（规模经济）告诉我们因为生产规模扩大后，变动成本同比例增加而固定成本不增加，所以单位产品成本就会下降，带来成本优势，对企业发展起到促进作用[55]。但是同时要避免当规模扩大到一定程度时，出现规模不经济。

加大 R&D 投入，促进技术进步。对于高新技术产品出口企业来说，技术是企业发展的前提，技术水平的提高，一方面改善了产品的生产条件，缩短产品的生产周期；另一方面，可以推出更新、科技含量更高的产品。所以企业在发展中一定要重视这个问题，但不只是强调科技研发的投入量，更重要的是，研发投入要能够真正形成促进企业发展的关键力量。

### 13.2.3 提高高新技术产业国际化水平的同时有效保护国内市场

对于高新技术产品出口企业而言，进行对外贸易的同时不可避免地被纳入国际化交流的浪潮。我国高新技术产品在国际市场上冲击其他国家产品的同时，国内市场也受到发达国家产品的挑战。为了提高我国高新技术产品国际竞争力，我们要做到统筹兼顾。

吸引外商直接投资，发挥外商直接投资的正面作用，限制其负面影响。把利用外资同扩大出口、发展外向型经济相结合，把引资的重点从单纯吸引外资为主转到引进先进技术、现代化管理方式和专门人才上来。把引进的技术与国内配套产业的发展相结合，延长产业价值链，使技术创新立足于我国比较优势，实现产业升级。要注意逐步减少并消除外商直接投资的"超国民待遇"和"非国民待遇"，对中外企业实行统一的国民待遇。引导外商增加对技术密集型产业的投资，相应减少对一般加工工业的投资。80 年代后期以来，国际直接投资的产业分布具有由资源和劳动密集型产业向资本和技术密集型产业转变的趋势，因此应利用这一趋势，进一步重视吸引大型跨国公司的直接投资，引导外资更多地进入高新技术产业。

利用 WTO 规则和各国发展高新技术产业的通行做法，有效保护国内市场。加强国内高新技术产品市场和国内高新技术产业发展的有效保护，改变国内地区之间市场分割的局面。目前，由于经济发达国家跨国公司的进入以及大量国外高新技术产品涌入我国，国内部分高新技术产品市场被国外跨国公司的产品所占领，已经严重威胁着我国高新技术企业和高新技术产业的生存和发展。因而，在加快国内高新技术产业化发展的同时，应当借鉴经济发达国家对于本国高新技术产业和高新技术企业发展保护的经验，利用世界贸易组织有关技术产业保护的规则，对于我国国内的高新技术产业和高新技术企业的发展提供尽可能多的市场保护，减少跨国公司对于我国高新技术产业和高新技术产品出口贸易发展的消极影响，为我国高新技术企业提供尽可能大的发展空间。

## 13.2.4 促进高新技术企业技术创新

技术创新在高新技术产品国际竞争力提升中的作用，可以在其之间共生模型中得到证实。通过模型 12-5，进一步证实了高新技术产品国际竞争力与技术创新之间具有较强的相关性。利用技术创新与高新技术产品国际竞争力之间的共生关系，可以将技术创新作为培育和提升高新技术产品国际竞争力的重要方式。

建立轻松自由的创新环境，不断接纳新的想法，使员工在一种放松的环境中进行创新，使员工的创意能够自由发挥，并且能够允许创新失败，激励员工毫无顾忌地积极参与创新，尽管每个人的创新知识是有限的，渐进的，但当所有的努力加起来必定产生深远的影响[56]。

加大科技研发投入。高新技术产品竞争的根本点在于技术优势的竞争，不具有先进技术的高新技术产品是不可能具备竞争力的。我国要发展自己的高新技术产品就必须努力提高企业的科技水平，加大对企业的科技开发投入。国家和企业对科技活动投入的多少，直接决定了高新技术产业现在和将来在国际市场上竞争力的大小。我国企业的科技投入长期偏低，造成的直接后果是企业产品技术含量低，技术创新能力差，缺乏国际竞争力。为了改变这种局面，我们必须加大企业的科技研发投入，提高企业技术创新的能力，国家应制定相关政策鼓励企业自主研发，提高产品的国际竞争力。只有这样才能提高我国自由产品技术水平的先进性，扩大产品在国际市场的份额，提高产品的竞争优势。

加强国内外科学技术力量的联合与合作。以高新技术产业开发区和科技园区为基地、以技术市场为纽带推动我国产、学、研的紧密结合,加强我国大学和研究机构与生产企业的联系与合作。我国高新技术产品出口发展的重点要从区域之间的竞争转向区域之间的联合与合作发展。今后,我国高新技术产业开发区和大学科技园区应当逐步扭转高新技术产品出口加工贸易区的发展趋势,而使之真正成为我国高新技术产业化基地。在发展研究型大学和研究性企业的同时,也要利用当前科技全球化发展的趋势,进一步加强与国际科学技术发展的合作,包括在基础研究、应用研究和生产领域中的共同研究与开发方面的合作。

### 13.2.5 其他对策建议

增强品牌竞争力。高新技术企业的领导和管理层人员多为技术人员出身,往往有很强的技术意识,容易产生只要技术先进,就有竞争优势的观念。在当前的世界经济形势下,市场竞争不再只单纯地表现为产品质量、价格的竞争,而是进一步表现为企业整体品牌形象的竞争。随着科学技术的迅速发展,产品之间技术含量的差异日益缩小,同种产品在质量、性能、价格方面的差别越来越小,激烈的市场竞争迫使企业在营销方式上不断创新以适应环境。消费者在众多的同类商品中最终选择哪一品牌,往往取决于企业的品牌形象,即取决于社会公众对企业品牌的总体印象、看法和评价[57]。因此高新技术企业要增强品牌意识,突出市场营销的重要地位,在进行产品规划、价格制定、销售渠道选择、促销安排等方面要以市场为导向,满足顾客的需要。高新技术产品市场竞争激烈,只有塑造出具有独特价值定位的高科技品牌才能在激烈的竞争中立于不败之地。

调整高新技术产品的出口结构,向高技术、高附加值方向发展。在第二章的现状分析中,可以看出我国除计算机与通信技术和电子技术类产品的出口规模比较理想之外,其他几类产品的出口规模都不大,高新技术产品出口结构严重不平衡,这种产品出口结构形成了对信息与通信技术类的严重依赖。此外,我国高新技术产业主要是出口主体产品的零部件和附件,而主体产品整件出口较少。这种相对集中、涉及的产业链附加值低的出口产品结构意味着：同样领域的高新技术产品，我国的产品要较发达国家同类产品的附加值低很多，相应地，同样质量或同样数量的高新技术品，我国本土企业能够获得的经济效益也比较低。为此，一方面政府要出台相关的优惠政策，同时还要依附于技术创新，不断提高企业的自主创新能力，培育出高新技术产品新的增长点，将更多的具有高技术、高附加值的市场开发潜力的高新技术产品推向国际市场。

提高我国高新技术产品国际竞争力，不是一朝一夕的事情，需要一个长久的过程。在这个过程中不仅需要政府的大力扶持、与国外的紧密合作，更需要企业本身具有竞争意识、培养自主创新，只有多方面的积极配合与努力才能将我国高新技术产品的国际竞争力提高到一个新的台阶。

## 13.3 本章小结

在第 11 章和第 12 章分析的基础上，以模型分析结果为出发点，提出要综合运用政府政策，增强高新技术产业生产率竞争力，提高高新技术产业国际化水平，同时有效保护国内市场，促进高新技术企业技术创新，增强品牌竞争力，调整高新技术产品的出口结构，以向高技术、高附加值方向发展来提升高新技术产品国际竞争力。

# 参考文献

［1］ 李庆东，李艳杰，白若玉. 企业核心竞争能力及其评价指标体系研究［J］. 工业技术经济，2002（5）：36-37.

［2］ 郭斌. 企业核心能力生命周期论［J］. 科研管理，2001（1）：92-100.

［3］ 张华. 核心刚性、核心能力与企业知识创新［J］. 科学管理研究，2002（5）：5-8.

［4］ 夏方欣. 顾客价值与企业核心竞争力［J］. 价值工程，2006（11）：32-34.

［5］ PRAHALAD C. K，GARY H. The Core Competency of the Corporation［J］. Harvard Business Review. 1990，（5-6）：79-90.

［6］ KESLER M，KLOSTAD D，CLARK W. E. Third generat ion R&D：the key to leveraging core competence［J］. The Columbia Journal of World Business. 1993，（4）：67-76.

［7］ D. LEONARD-BARTON. "Core capability and core rigidities：A paradox in managing new product development,"［J］. Strat. Manage. 1992，13：111-125.

［8］ MARKO TORKKELI，MARKKU TUOMINEN. The contribution of technology selection to core competencies. International［J］. journal of production economics. 2002，77：271-284.

［9］ MEYER M. H，JAMES M. U. The Product Family and the Dynamics of Core Capability［J］. Sloan Management Review. 1993，spring：29-47.

［10］ ANDREAPRENCIPE. Technological competencies and product's evolutionary dynamics：a case study form the aero-engine industry［J］. Research Policy. 1997，（25）：1261-1276.

[11] PATEL P, PAVITT K. The techno logical competencies of the world's largest firm s: complex and path dependent, but not much variety [J]. Research Policy. 1997, 26: 141-156.

[12] HENDERSON R, COCKBURN I Measuring Competence? Exploring Firm Effects in Pharmaceutical Research [J]. Long Range Planning. 1995, 4: 128-129.

[13] DURAND, THOMAS Strategizing for innovation: competence analysis in assessing strategic change. In A. Heene and R. Sanchez, Editors, Competence-based Strategic Management [J]. John Wiley, Chichester, UK. 1997, 127-150.

[14] TSCHIRKY H, KORUNA SM, LICHTENTHALER E. Technology marketing: a firm's core competence? [J]. International Journal of Technology Management. 2004, 27 (2-3): 115-122.

[15] MAJOR E, ASCH D, CORDEY-HAYES M. Foresight as a core competence [J]. FUTURES. 2001, 33 (2): 91-107.

[16] HAFEEZ K, ZHANG YB, MALAK N. Core competence for sustainable competitive advantage: A structured methodology for identifying core competence [J]. IEEE TRANSACTIONS ON ENGINEERING MANAGEMENT 49. 2002 FEB, (1): 28-35.

[17] TUCKER, ROBERT B. Innovation: The new core competency [J]. IEEE Engineering Management Review. 2002, 30 (4): 112-115.

[18] FLEURY, AFONSO FLEURY, MARIA TEREZA. Competitive strategies and core competencies Perspectives for the internationalisation of industry in Brazil [J]. Integrated Manufacturing Systems. 2003, 14 (1): 16-25.

[19] GEERT DUYSTERS, JOHN HAGEDOORN. Core competences and company performance in the world-wide computer industry [J]. Journal of High Technology Management Research. 2000, 11 (1): 75-91.

[20] GILGEOUS V, PARVEEN. K. Building Growth on Core Competences - A Practical Approach [J]. Emerald Group Publishing Ltd. 2001, 12: 217-227.

[21] LEEMANN, JAMES E. Delivering business value by linking behavioral EHS competencies to corporate core competencies [J]. Corporate Environmental

Strategy. 2005, 12 (1-2): 3-15.

[22] GARY HAMEL, PRAHAHAD C K. Strategy as Stretch and Leverage [J]. Harvard Business Review. 1993, (3-4): 28-42.

[23] GARY HAMEL, PRAHAHAD. Competing For The Future [J]. Harvard Business Review. 1994, (7-8): 28-47.

[24] COOMBS, ROD, Core competencies and the strategic management of R&D [J]. R&D management. 1996, 26 (4): 345-355.

[25] HEENE A, RON S. Competence-based Strategic Management. Chichester [J]. John Wiley. 1997: 127-150.

[26] KLEIN J, GEE D, JONES H. Analysing clusters of skills in R&D-core competencies, metaphors, visualization, and the role of IT [J]. R&D Management. 1998, 28 (1): 37-42.

[27] AIDAN O'DRISCOLL DAVID CARSON, AUDREY GILMORE. The competence trap: Exploring issues in winning and sustaining core competence [J]. Irish Journal of Management. 2001, 22 (1): 73-91.

[28] Y. DOZ, "Managing core competency for corporate renewal: Toward a managerial theory of core competencies," in Core Competency-Based Strategy, A. Campbell and K. Luchs, Eds. London, UK. Int [M]. Thomson Business Press. 1997: 53-81.

[29] BANERJEE P. Resource dependence and core competence: insights from Indian software firms [J]. Technovation. 2003 23 (3): 251-263.

[30] BRANZEI O, THORNHILL S. From ordinary resources to extraordinary performance: environmental moderators of competitive advantage [J]. Strategic Organization. 2006, 4 (1): 11-41.

[31] CLARK DN, SCOTT DN. Core competence strategy making and scientific research: the case of hort research, New Zealand [J]. Strategic Change. 2000. 9 (8): 495-507.

[32] JULES GODDARD. The Architecture of Core Competence. Business [J]. Strategy Review. 1997, 8 (1): 43-52.

[33] HANS BAKKER, WYNFORD JONES, MICHELE NICHOLS Using core competences to develop new business [J]. Long Range Planning. 1994, 27 (6): 13-27.

[34] PETTS, NIGEL. Building Growth on Core Competences - A Practical Approach [J]. Long Range Planning. 1997, (8): 551-561.

[35] WALSH ST, BOYLAN RL, MCDERMOTT C, PAULSON A. The semiconductor silicon industry roadmap: epochs driven by the dynamics between disruptive technologies and core competencies [J]. Technological Forecasting and Social Change. 2005, 72 (2): 213-236.

[36] GALLON M. R, STILLMAN H. M, COATES D. Putting core competence into practice [J]. Research Technology Management. 1995, (5): 20-28.

[37] XU, QINGRUI, WANG, YI, CHEN, JIN, etc Putting core competencies into market: Core competence-based platform approach [C]. IEEE International Engineering Management Conference. 2000: 173-178.

[38] HAMILTON R. D, ESKIN E D. Assessing Competitors: The Gap between strategic Intent and Core Capability [J]. Long range planning. 199, 8 (31): 406-417.

[39] MARKIDES, PETER J. WILLIAMSON. Related diversification, core competences and corporate performance [J]. Strategic Management Journal. Volume 15, Special Issue, 1994: 149-165.

[40] HENDERSON R. Measuring Competence? Exploring firm effects in pharmaceutical research. Strategic Management Journal [J]. Winter Special Issue. 1994, (15): 63-84.

[41] AMY SNYDE and WILLIAM H. EBELING. Targeting a Company's Real Core Competencies [J]. Journal of Business Strategy. 1992, 13 (6): 26-32.

[42] BRANZEI O, THORNHILL S. From ordinary resources to extraordinary performance: environmental moderators of competitive advantage [J]. Strategic Organization. 2006, 4 (1): 11-41.

[43] PETER FRANKLIN Competitive advantage and core competences. Strategic

Change. Volume 6, Issue 7, 1997: 371-375.

[44] DUTTA S, NARASIMHAN O, RAJIV S. Conceptualizing and measuring capabilities methodology and empirical application [J]. Strategic Management Journal. 2005, 26 (3): 277-285.

[45] SANCHEZ R. Understanding competence-based management: identifying and managing five modes of competence [J]. Journal of Business Research. 2004, 57 (5): 518-532.

[46] 王毅, 陈劲, 许庆瑞. 企业核心能力测度方法述评 [J]. 科技管理研究, 2000 (1): 5-8.

[47] 王毅, 陈劲, 许庆瑞. 企业核心能力: 理论溯源与逻辑结构剖析 [J]. 管理科学学报, 2000 (3): 24-32.

[48] 郭斌, 蔡宁. 企业核心能力审计: 指标体系与测度方法 [J]. 系统工程理论与实践, 2001 (9): 7-15.

[49] 魏江, 叶学锋. 基于模糊方法的核心能力识别和评价系统 [J]. 科研管理, 2001 (2): 96-103.

[50] 杜纲, 姚长佳, 王军平. 企业能力的关键维度及分析模型 [J]. 天津大学学报 (社会科学版), 2002, 4 (2): 104-109.

[51] 汤湘希. 企业核心竞争力评价与会计信息解读研究 [J]. 财会通讯 (学术版), 2006 (4): 3-12.

[52] 赵向飞, 董雪静. 企业核心竞争力的动态模糊评价模型 [J]. 统计与决策, 2005 (6): 135-137.

[53] 莫兰琼, 刘东升, 张敏. 基于技术创新的企业核心竞争力评价指标体系研究 [J]. 价值工程, 2005 (2): 34-36.

[54] 袁岩. 浅谈企业核心竞争力评价指标体系的设计 [J]. 价值工程, 2006 (4): 95-97.

[55] 王毅, 陈劲. 企业核心能力高标定位研究 [J]. 管理工程学报, 2002 (4): 22-27.

[56] 曹兴, 陈琦. 基于模糊方法的企业核心能力评价 [J]. 系统工程, 2006 (10): 50-54.

[57] 戴俊良,刘承水. 企业竞争战略之研究:核心竞争力评价及应用[J]. 中央财经大学学报,2008(1):34-41.

[58] 李仁安,李梅. 企业核心竞争力分析与评价[J]. 武汉工业大学学报,2000(2):73-76.

[59] 马飞,王利政. 基于内在结构的企业核心竞争力评价体系[J]. 吉林大学学报(工学版),2004(1):163-167.

[60] 韩建明. 企业核心竞争力评价模型研究[J]. 中北大学学报(自然科学版),2005(6):462-465.

[61] 赫连志巍,范晶. 企业核心竞争力评价指标体系及应用研究[J]. 燕山大学学报(哲学社会科学版),2005(4):48-51.

[62] 聂亚菲,曾昭法. 商业银行核心竞争力评价研究:基于顾客满意度[J]. 金融纵横,2007(23):20-22.

[63] 汪卫斌. 基于主成分的熵权双基点技术企业核心竞争力评价[J]. 湖南大学学报(社会科学版),2008(3):68-72.

[64] 张金隆,汪佳. 基于DEA的企业核心能力评价[J]. 武汉理工大学学报(信息与管理工程版),2007(6):103-106.

[65] 陈传明. 核心能力刚性、影响及其超越[J]. 现代管理科学,2002(12):3-5.

[66] 邹国庆,徐庆仑. 核心能力的构成维度及其特性.[J] 中国工业经济,2005(5):96-103.

[67] 田红云. 论企业核心刚性的成因及其超越[J]. 生产力研究,2003(4):273-275.

[68] 谢佩洪,于克信. 论企业核心刚性及其治理[J]. 云南财贸学院学报,2005(3):85-87.

[69] 易法敏,樊胜,左美云. 核心刚性与动态核心能力[J]. 经济问题探索,2005(6):66-69.

[70] 理查得.R.纳尔逊,悉尼.G.温特. 经济变迁的演化理论[M]. 胡世凯,译. 北京:商务印书馆.1997:114-130.

[71] 陈松涛,陈传明. 企业核心能力刚性的表现及评价指标设计[J]. 科学

学与科学技术管理, 2004 (1): 69-73.

[72] LEVINTHAL D. A. & MARCH J. G. Myopia of learning [J]. Strategic Management Journal. 1993, (14): 95-112.

[73] BETTIS R. W, PRAHALAD C. K. The dominant logic: Retrospective and Extension [J]. Strategic Management Journal. 1995, 16 (1): 5-14.

[74] 王淼, 潘学峰, 葛雍. 企业核心能力刚性的超越 [J]. 软科学, 2003 (5): 60-62.

[75] 毛武兴, 许庆瑞, 陈劲. 动态环境中企业核心能力和刚性问题的研究: 以信息通信企业的技术能力演变为例 [J]. 电子科技大学学报 (社科版), 2006 (2): 52-54.

[76] 王锡秋. 基于顾客价值的核心刚性量化分析 [J]. 控制与决策, 2005 (1): 87-90.

[77] VALARIE·A·ZEITHAML. "Consumer Perception of Price, Quality, and Value: A Means-End Model and Synthesis of Evidence" [J]. Journal of Marketing. 1988, 52 (7): 2-22.

[78] ANDERSON E. W. and SULLIVANu, M. W. The Antecedents and Consequences of Customer Satisfaction for Firm [J] s. Marketing Science. 1993, 12: 125-143.

[79] GALE B. T. Managing Customer Value: Creating Quality and Service That Customer Can See. New York [M]. The Free Press. 1994: 25-54.

[80] BUTZ H. E. Jr. and GOODSTEIN L. D. Measuring Customer Value: Gaining the Strategic Advantage [J]. Organizational Dynamics Win. 1996, 24: 63-77.

[81] 石军伟. 顾客价值、战略逻辑创新与企业核心竞争力 [J]. 贵州财经学院学报, 2002 (3): 5-9.

[82] 黄定轩, 赵勇, 陈光. 企业核心能力与顾客群体划分研究 [J]. 电子科技大学学报 (社科版), 2002 (4): 52-54.

[83] 胡恩华, 毛翠云, 王道勍. 基于顾客价值的企业核心竞争力分析 [J]. 科学管理研究, 2003 (1): 87-92.

[84] 许可, 徐二明. 基于核心能力生命周期的企业经营战略选择 [J]. 首

都经济贸易大学学报, 2001 (5): 37-41.

[85] 吴小立. 企业核心能力生命周期分析 [J]. 价值工程, 2002 (6): 7-11.

[86] 张光灿. 试论基于生命周期的企业核心能力管理策略 [J]. 现代管理科学, 2005 (11): 79-80.

[87] 徐伟, 赵海山. 技术型企业核心竞争力的成长轨迹研究 [J]. 科学学与科学技术管理, 2005 (10): 149-153.

[88] 马卫东. 基于企业生命周期的企业动态能力演变研究 [J]. 价值工程, 2008 (6): 122-125.

[89] 李存芳, 蒋业香, 周德群. 企业核心竞争力决定模型构建与评价实证 [J]. 商业经济与管理, 2006 (6): 42-46.

[90] D. J. TEECE, G PISANO and A. SHUEN, Dynamic Capabilities land Strategic Management [J]. Strategic Management Journal. 1997, 18: 509-533.

[91] 张华. 核心刚性、核心能力与企业知识创新 [J]. 科学管理研究, 2002 (5): 5-8.

[92] 许正良, 徐颖, 王利政. 企业核心竞争力结构解析 [J]. 中国软科学, 2004 (5): 82-87.

[93] 毛武兴, 闫同柱, 刘景江. 我国企业核心能力的培育与提高: 战略、路径与案例研究 [J]. 科研管理, 2004 (2): 37-43.

[94] 戴和忠, 范钧, 王秀昕. 基于企业核心能力的资源外购战略 [J]. 科研管理, 2001, 22 (2): 112-117.

[95] 李钢. 企业竞争力研究的新视角: 企业在产品市场与要素市场的竞争 [J]. 中国工业经济, 2007 (1): 61-67.

[96] 邱皖森. 企业核心竞争能力的内涵及构建 [J]. 华东经济管理, 2003 (5): 81-82.

[97] B. A. BAVEIA M. JAMIL. Dynamics of core competencies in leading multinational companies [J]. California Management Review. 1998, 40 (4): 117-132.

[98] JOSEPH LAMPEL. The core competencies of effective project execution: the challenge of diversity [J]. International Journal of Project Management. 2001,

(19): 471-483.

[99] LJUNGQUIST U. Core competency beyond identification: presentation of a model [J]. Management Decision. 2007, 45 (3): 393-402.

[100] DEMIRBAG M, TATOGLU E, GLAISTERl K. W., Factors influencing perceptions of performance: the case of western FDI in an emerging market [J]. International Business Review. 2007, 16 (3): 310-336.

[101] 王毅. 我国企业核心能力实证研究 [J]. 管理科学学报, 2002 (2): 74-82.

[102] 王锡秋, 席酉民. 顾客导向的核心能力价值分析 [J]. 国有资产管理, 2004 (7), 58-60.

[103] 余伟萍, 陈维政, 任佩瑜. 中国企业核心竞争力要素实证研究 [J]. 社会科学战线, 2003 (5): 82-98.

[104] 王毅, 陈劲, 许庆瑞. 企业核心能力概念框架研究: 三层次模型 [J]. 中南工业大学学报 (社会科学版), 2000, 6 (2): 117-120.

[105] 王炜, 王宗军. 核心能力视角下的企业扩张潜力的评价体系与模型 [J]. 统计与决策, 2009 (2): 178-181.

[106] 刘小元. 资源型企业核心竞争力评价方法的研究 [J]. 科技与管理, 2005 (1): 33-35.

[107] 董俊武, 黄江圳, 陈震红. 基于知识的动态能力演化模型研究 [J]. 中国工业经济, 2004 (2): 77-85.

[108] ChHARNESa. W. W. COOoPER Preface to topics in Data Envelopment Analysis [J]. Annals of Operations Research. 1985, 2: 59-94.

[109] 魏权龄. 评价相对有效性的 DEA 方法 [M]. 北京: 中国人民大学出版社, 1988: 76-111.

[110] 王智宁, 吴应宇, 叶新凤. 企业核心能力衰败的机理分析与诱因识别 [J]. 科学学与科学技术管理, 2008 (4) 130-134.

[111] 祝爱民, 于丽娟. 核心能力的刚性与柔性及其平衡 [J]. 科学学与科学技术管理, 2006 (2): 144-149.

[112] 聂鸣, 张利斌, 卢玉廷. 灰靶理论在高科技企业核心刚性识别中的应

用[J]. 统计研究, 2005 (6): 62-65.

[113] 吴碧波. 集群核心刚性的超越：基于组织创新视角[J]. 价值工程, 2007 (12): 49-51.

[114] 张鹏程, 张利斌, 侯祖戎, 朱乾宇. 企业核心刚性进化机制研究：基于CAS视角[J]. 中国工业经济, 2006 (7): 117-123.

[115] 于文波. 知识联盟与企业核心能力刚度克服[J]. 企业经济, 2004 (4): 84-87.

[116] 陈琦. 企业核心能力刚性的产生及其超越[J]. 求索, 2007 (6): 42-43.

[117] 陈华, 刘静华. 高科技企业克服技术创新核心刚性对策的系统分析[J]. 科学学与科学技术管理, 2008 (10): 88-92.

[118] 冯进路, 冯绍彬. 企业核心能力刚性的产生及克服[J]. 科研管理, 2005 (2): 120-125.

[119] 张利斌, 聂鸣, 彭岚. 高科技企业核心刚性影响因素的靶心度分析[J]. 统计与决策, 2004 (12): 141-142.

[120] FREDRIK HACKIN, MARTIN INGANAS, Christian etc Core rigidities in the innovation process: a structured benchmark on knowledge management challenges [J]. International Journal of Technology Management (IJTM). 2009, 45: 3-4.

[121] 张利斌, 葛天平. 核心刚性成因新探：基于复杂性科学和哲学视角[J]. 当代经济, 2005 (4): 29-30.

[122] 陈华, 徐莉. 高科技企业克服技术创新核心刚性的对策研究[J]. 科技进步与对策, 2006 (8): 90-92.

[123] 童煜, 甘碧群. 构建基于顾客价值的企业核心能力[J]. 中南财经政法大学学报, 2004 (2): 109-112.

[124] 韩梅. 顾客价值导向的服务品牌构建路径研究[J]. 中央财经大学学报, 2007 (10): 84-90.

[125] 刘石兰. 顾客价值与组织能力的关系研究[J]. 科学学与科学技术管理, 2008 (1): 121-125.

[126] 刘石兰. 国外顾客价值研究的新进展[J]. 价值工程, 2008 (5): 47-49.

[127] 陈建勋,王发葆.基于二分法的顾客资产价值测评与分析[J].统计与决策,2008(1):53-55.

[128] 蒋才芳,易必武.基于顾客价值的服务企业竞争力提升策略[J].吉首大学学报(自然科学版),2006(5):120-123.

[129] ATHANASSOPOULS A. D. Customer Satisfaction Cues to Support Market Segmentation and Explain Switching Behavior [J]. Journal of Business Research. 2000, 47: 191-207.

[130] 李敏,杜在仙,石旭光.从参展商角度研究基于顾客价值的纺织服装专业会展竞争力[J].东华大学学报(自然科学版),2008(5):577-582.

[131] 任学锋,李坤,顾培亮.顾客价值战略与企业竞争优势[J].南开学报,2001(5):84-89.

[132] 薄湘平,尹红.基于顾客价值的服务企业顾客忠诚管理探析[J].财经理论与践,2005(1):99-102.

[133] 徐建平,杨亚平.基于顾客价值的核心竞争力识别[J].技术经济,2007(8):1-6.

[134] 董大海,权小妍,马秀芳.基于顾客价值的竞争战略开发方法[J].系统工程,2004(7):20-25.

[135] 武永红,范秀成.基于顾客价值的企业竞争力整合模型探析[J].中国软科学,2004(11):86-92.

[136] MASELLA C. and RANGONE A. A contingent approach to the design of vendor selection systems for different types of cooperative customer/suppliers relationships [J]. International Journal of Production Management. 2000, 20: 70-84.

[137] 白长虹.西方的顾客价值研究及其实践启示[J].南开管理评论,2001(2):51-55.

[138] MOLLER K and TORRONEN P. Business suppliers' value creation potential A capability-based analysis [J]. Industrial Marketing Management. 2003, 32: 109-118.

[139] FLINT WOODRUFF and GARDIAL. Customer value change in industrial

marketing relationships: A call for new strategies and research [J]. Industrial Marketing Management. 1997 (3): 163-173.

[140] SWEENEY J. C. and SOUTAR C. N. Consumer perceived value: The development of a multiple item scale [J]. Journal of Retailing. 2001, 77: 203-220.

[141] 马媛, 王立英, 王炳成. 基于顾客价值的企业竞争优势的构建 [J]. 生产力研究, 2008 (4): 121-122.

[142] 何琳, 丁慧平. 基于顾客价值的物流企业能力要素分析及评价 [J]. 复旦学报（自然科学版）, 2007 (4): 497-504.

[143] HOMBURG CHRISTIAN, BETTINA RUDOLPH. Customer Satisfaction in Industrial Market: Dimensional and Multiple Role Issues [J]. Journal of Business Research. 2001, 52: 15-33.

[144] Moller K. Role of competences in creating customer value: a value-creation logic approach [J]. Industrial Marketing Management. 2006, 35: 913-924.

[145] BERGHMAN L and MATTHYSSENS P. Building competences for new customer value creation: an exploratory study [J]. Industrial Marketing Management. 2006, 35: 961-973.

[146] ZERBINI F, GOLFETTO F and GIBBERT M. Marketing of competence: exploring the resource-based content of value-for-customers through a case study analysis [J]. Industrial Marketing Management. 2006, 33: 1-15.

[147] GOLFETTO, F, and GIBBERT, M. Marketing competencies and the sources of customer value in business markets [J]. Industrial Marketing Management. 2006, 35: 904-912.

[148] PARASUEAMAN. Reflections on Gaining Competitive Advantage through Customer Value [J]. Journal of the Academy of Marketing Science. 1997, 25 (2): 154-161.

[149] HELFAT CE, PETERAF MA. The dynamic resource-based view: capability lifecycles [J]. Strategic Management Journal. 2003, 24 (10): 997-1010.

[150] 崔志, 王吉发, 冯晋. 基于生命周期理论的企业转型路径模型研究 [J]. 预测, 2006 (6): 22-27.

[151] 张明龙, 官仲章. 基于综合竞争力的产业集群生命周期 [J]. 河南科技大学学报（社会科学版）, 2008（2）: 80-83.

[152] 胡美琴, 李元旭, 骆守俭. 企业生命周期与企业家. 管理周期匹配下的动态竞争力模型 [J]. 当代财经, 2006（1）: 76-88.

[153] 曹裕, 陈晓红, 王傅强. 我国企业不同生命周期阶段竞争力. 演化模式实证研究 [J]. 统计研究, 2009（1）: 87-95.

[154] 胡美琴, 李元旭, 骆守俭. 企业生命周期与企业家管理周期匹配下的动态竞争力模型 [J]. 当代财经, 2006（1）: 76-79.

[155] 陈又星. 企业生命周期不同发展阶段变革特征比较研究 [J]. 经济与管理, 2004（2）: 51-53.

[156] GUO BIN. Life Cycle View of Firm's Core Competence: Chinese manufacturing industry a case [C]. IEEE International Engineering Management Conference. 2000: 363-36.

[157] 桂萍, 谢科范. 企业核心竞争力的生命周期 [J]. 科研管理, 2002（3）: 20-24.

[158] 孙习祥, 聂鸣, 谢芳. 基于企业生命周期的经营模式跃迁路径研究 [J]. 科技进步与对策, 2007（9）: 158-160.

[159] 何凌云. 企业生命周期模糊边界上可持续竞争力塑造 [J]. 现代管理科学, 2004（8）: 52-53.

[160] 刘丙明, 陶永宏, 杨海松. 产业集群核心能力生命周期理论研究 [J]. 价值工程, 2008（4）: 21-23.

[161] 王兴元. 品牌生态学产生的背景与研究框架 [J]. 科技进步与对策, 2004（7）: 121-123.

[162] 王兴元. 品牌区域市场资源竞争及品牌分布规律 [J]. 南开管理评论, 2000（1）: 16-19.

[163] 王兴元. 品牌生态位测度及其评价方法研究 [J]. 预测, 2006（5）: 60-64.

[164] 辛冲, 石春生. 组织创新与技术创新思辨 [J]. 企业管理, 2008（2）.

[165] 傅家骥, 仝允桓, 高建, 等. 技术创新学 [M]. 北京: 清华大学出版

社，1998：66-68.

[166] 薛允达. 企业技术创新的动力机制探讨 [J]. 企业活力，2007（10）：23-28.

[167] 黄津孚. WTO 与人才战略 [J]. 经济管理，2002（5）：6-9.

[168] BESSANT J.（1999）DevelopingContinuousImprovementCapability [J] International Journal of Innovation Management，2（4），409-429.

[169] 陈锦华. 新世纪寄语叮 [J]. 企业管理，2001（1）：1.

[170] 王国顺. 技术、制度与企业效率 [M]. 北京：中国经济出版社，2005.

[171] 柳卸林. 中国创新管理前沿（第一辑）[M]. 北京：北京理工大学出版社，2004.

[172] 刘德强，姜秀珍，陈俊芳. 虚拟经营战略：一个全新的经营理念 [J]. 市场营销导刊，2002（4）13-19.

[173] 胡大立. 企业竞争力论 [M]. 北京：经济管理出版社，2001.

[174] [美] 詹姆斯·柯林斯，杰里·波拉斯. 企业不败 [M]. 北京：新华出版社，1996.

[175] 韩中和. 企业竞争力—理论与案例分析 [M]. 上海：复旦大学出版社，2000.

[176] 金暗. 中国企业竞争力报告 [M]. 北京：社会科学文献出版社，2003.

[177] 王核发. 基于动态能力管的企业竞争力及其演化研究 [D]. 浙江大学博士论文，2005.

[178] 王皓. 中国高新技术产业国际竞争力与科技资源配置效率关系的实证分析 [J]. 财贸研究，2009（1）：8-12.

[179] 陈同仇. 国际贸易 [M]. 北京：对外经济贸易大学出版社，1997：108-111.

[180] 保罗·克鲁格曼. 国际经济学 [M]. 北京：中国人民大学，1998：116.

[181] 迈克尔·波特. 国家竞争优势 [M]. 陈小悦，译. 北京：华夏出版社，1997：134-135.

[182] 张政. 浅谈出口商品竞争力的测定 [J]. 外国经济与管理，1994：48-54.

[183] 张金昌. 国际竞争力评价的理论和方法研究 [D]. 中国社会科学院研究生院博士学位论文, 2001: 72-74.

[184] 程春梅, 张凤新, 陈欣烨. 对外贸易竞争力评价指标体系的理论思考 [J]. 经济师, 2004 (12): 61.

[185] 许培源, 唐志峰. 我国水产品出口的竞争力分析 [J]. 哈尔滨学院学报, 2006 (12): 28.

[186] LALL S. "The technological structure and performance of developing country manufactured exports, 1985-1998" [J]. Oxford Development Studies, 2000 (3): 337-369.

[187] 周星, 付英. 产业国际竞争力评价指标体系探究 [J]. 科研管理, 2000 (3): 68.

[188] LEE, CHUNG H, MICHAEL G. PLUMMER. "Economic Development in China and Its Implications for East Asia," University of Hawaii-Manoa and Johns Hopkins University School of Advanced International Studies-Bologna, Working Paper. 2004: 4-11.

[189] 段志顺. 我国出口退税影响出口贸易与经济增长的理论及实证研究 [D]. 湖南大学硕士学位论文, 2007: 46.

[190] 陈洪元. 人民币汇率变动对 FDI 影响的实证分析 [J]. 知识经济, 2010: 39.

[191] 吴明隆. 结构方程模型: AMOS 的操作与应用 [M]. 重庆: 重庆大学出版社, 2009: 8-36.